翔知羽白OD系列丛书

王炎强　曹小川　译
阎　明　心　梅　审校

激活组织能量

运用脑神经科学重塑无惧组织

The Fear-free Organization

Vital Insights from Neuroscience to Transform Your Business Culture

[英] 保罗 · 布朗（Paul Brown）
琼 · 金斯利（Joan Kingsley）　著
苏 · 帕特森（Sue Paterson）

電子工業出版社
Publishing House of Electronics Industry
北京 · BEIJING

图书在版编目（CIP）数据

激活组织能量：运用脑神经科学重塑无惧组织 /（英）保罗・布朗（Paul Brown），（英）琼・金斯利（Joan Kingsley），（英）苏・帕特森（Sue Paterson）著；王炎强，曹小川译. —北京：电子工业出版社，2021.3
（翔知羽白OD系列丛书）
书名原文：The Fear-free Organization: Vital Insights from Neuroscience to Transform Your Business Culture
ISBN 978-7-121-40388-0

Ⅰ. ①激… Ⅱ. ①保… ②琼… ③苏… ④王… ⑤曹… Ⅲ. ①神经科学－应用－企业管理－组织管理学 Ⅳ. ①F272.9

中国版本图书馆CIP数据核字（2021）第013046号

责任编辑：杨洪军
印　　刷：天津千鹤文化传播有限公司
装　　订：天津千鹤文化传播有限公司
出版发行：电子工业出版社
　　　　　北京市海淀区万寿路173信箱　　邮编100036
开　　本：720×1 000　1/16　　印张：17.5　　字数：256千字
版　　次：2021年3月第1版
印　　次：2021年4月第2次印刷
定　　价：75.00元
凡所购买电子工业出版社图书有缺损问题，请向购买书店调换。若书店售缺，请与本社发行部联系，联系及邮购电话：（010）88254888，88258888。
质量投诉请发邮件至zlts@phei.com.cn，盗版侵权举报请发邮件至dbqq@phei.com.cn。
本书咨询联系方式：（010）88254199，sjb@phei.com.cn。

序

我最初接触本书是在2020年2月初，那时国内正值新冠肺炎疫情时期，举国上下都进入了居家隔离状态。当时我在家中每天都密切关注疫情的进展情况，朋友圈也被疫情的紧张气氛笼罩着，当读到这本有关恐惧情绪对大脑、人和组织的影响的书时便产生了极大的兴趣。

书中讲到了大脑如何调动能量、处理人际关系，以及文化氛围如何影响大脑的能量状态，我顿时感到无比兴奋。本书对渴望不断有创新突破的创业CEO和管理者来说非常值得一读，它从脑神经科学的角度清晰地讲述了组织中的人际关系、情绪感受，以及组织文化是如何影响大脑调动能量的，进而影响组织中的业务创新并帮助组织更好地适应变化。

本书从脑神经科学的角度联系到人、关系、能量、心智模式、文化、领导力和变革等方面，使人思考相关问题时，思路豁然开朗。管理学、领导力和组织发展方面的研究告诉我们什么是重要的（如基于信任的文化），而本书让我们明白为什么这些很重要。

这里分享本书带给我们的两个重要启示。

第一，大脑调动能量的过程给了我们一个非常重要的信息：在恐惧和压力下，人的大脑会本能地调动能量以处理生存需求，而非用于创新。

书中提到："大脑只占人体体重的3%左右，却需要人体可利用能量的20%~25%才能运转，两者极不成比例（Harmon，2009）。大脑是身体中持续耗能最高的器官之一，很容易受到能量供应中断的影响。在压力

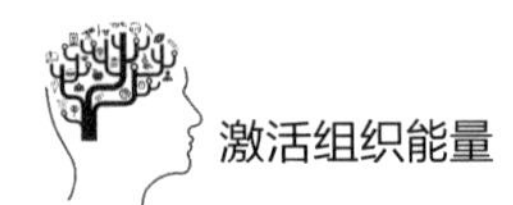

下，流向大脑部分的血液，被转移到了大脑的压力管理部分，其他部分就没有可用的能量了，人们在压力下反而会变得更加低效。压力越大，人们就越无法调整和适应环境，这不是依靠意志或意图就能改变的，而是大脑的运作方式决定的。正是‘逃跑/战斗/僵住’的情绪，将能量转移到了应对真实或想象中的威胁上。威胁虽然是想象中的，对于大脑而言却是真实的。”

所以在面临压力的情况下，大脑最好的选择就是做它最擅长的事：调节一切，只为生存。理解这点对于当今很多企业家和管理者具有非常现实的意义。面对越来越加剧的混沌、复杂和不确定性，企业比以往任何时候都更需要快速响应和不断创新，这也意味着管理者不见得知道所有答案，所有人都需要不断学习新的知识并拓展新的能力，这往往会带给个体以生存和学习的双重焦虑。当我们理解了人们在恐惧、焦虑和压力下大脑会本能地调动能量以处理生存需求，而非用于创新，就应该好好思考在组织中营造有助于释放人们创新能量的氛围，而不是让人们在恐惧和压力下看似努力地工作。

第二，本书一方面从脑神经科学的角度诠释了恐惧驱动的文化可能对组织造成的伤害，另一方面讲述了大脑的适应性，但是这种适应性需要企业创建良好的组织氛围。在阅读这些内容的过程中，我也感受到了那些极大激活个体创新能量的组织所创建的文化，和那些有意无意中让恐惧驱动成为组织的主导文化的差异。后者在不少组织中都存在，所展现的往往是组织中的人普遍感受到缺乏安全感，工作似乎都很努力但就是出不了令人满意的结果。这种状态会令组织的上上下下都很沮丧，但是CEO和其他管理者往往还是会习惯性地从自己擅长的业务角度思考问题，而不太能意识到这种状况跟自己的领导方式和组织文化之间有什么关系。对于那些处于创业阶段的企业，即使创始人对文化很重视，往往也会因为文化建设是重要而不紧急的事而被一拖再拖。

带着对这些组织痛点的思考看本书时，它就如同一面镜子，让我更清晰地看到了文化对组织中人际关系的影响。通过自己工作中的实践，我对《激活组织能量》这个书名有了感性的认识。我相信由于环境的混沌、复杂、不确定等因素，人的创新潜能的释放会对组织越来越重要，创建能够激活组织能量的文化会是企业发展的必要课题。

本书非常有建设性地提出了创建“无惧组织”的愿景和指导思想，对于企业家、HR和OD实践者而言，这样的指导思想能够对创新型组织的发展有所帮助。本书作者在后记中也很欣喜地提到这本书与同一年出版的《重塑组织：进化型组织的创建之道》有异曲同工之处。也许《重塑组织：进化型组织的创建之道》中青色组织的理念对很多管理者来说还有些陌生，而本书中关于创建无惧组织的文化的实践也许是通向青色组织的很好的路径。

在我即将完成这篇序时，2020年就要过去了。这一年整个世界的格局发生了巨大变化，我们已经感受到未来所面对的可能是更大的不确定性。企业会面临前所未有的挑战，但是同时也会有很多机遇。同时，我们翔知羽白OD中心也将走入新的阶段。在过去的10年间，翔知羽白OD中心将世界领先的组织发展理论和实践带到了中国，我们也逐步形成了深受大家喜爱的翔知羽白OD学院，陆续翻译并引进了对OD实践者非常有指导意义的相关图书（如《组织发展：OD和HR实践者指南》和《隐性过程：破解组织变革的五大潜在力量》）。我们也欣喜地看到越来越多的创业CEO和管理者开始关注组织。在我们最近一次工作坊的对话环节，一位CEO说：“HR需要更懂业务，管理者需要更懂组织。”的确，在未来的10年里，我们将看到更多东方与西方智慧融合的组织实践，而组织发展的多元融合和创新实践也将是一个令人兴奋和充满可能性的领域。这个领域在中国的实践需要由勇于探索、不怕失败，进行终身学习的创业CEO、管理者、HR和OD实践者共同进行！如果读者朋友对更多组织发展的学习资源和中西创新融合的实践感兴趣，欢迎联系我们或关注我们的官网:www.ioc-od.com。

最后，我衷心祝愿更多的企业家、管理者、HR和OD实践者能从本书中获得启发，能够创造性地建立并维系组织的文化，释放组织的创新潜能，创造非凡的客户价值，让企业健康、可持续地发展！

翔知羽白OD中心 心梅

2020年12月30日

前言

写本书的想法酝酿已久。我和琼·金斯利20年前就商量要写本关于职场文化中的“恐惧”情绪所产生的影响的书。但当时神经科学还是一门新兴学科，方兴未艾。过去20年，脑科学的跨越式发展为我们的研究提供了更多理论支持。21世纪人们对大脑机制有了更深入的了解。正如20世纪的基因研究一样，脑科学正逐渐揭开大脑的神秘面纱，使我们了解大脑如何掌控身体并塑造出每一个人。

可以肯定的是，任何人类行为包括思想在内都有其特定的神经化学基础。我们身体所有的活动都由化学反应激发，活动本身也产生特定的化学反应。恐惧让大脑持续产生具有侵害性的皮质醇，皮质醇短期对人体有益。例如，使人保持唤醒状态，注意力更加集中等。但皮质醇持续释放会损伤大脑细胞，造成早醒、思虑过度，破坏人体免疫系统等问题。生活中，持续的焦虑和不确定性会带来工作压力，一方面大脑需要调动资源来应对压力，另一方面适当的工作压力可以使人有更好的表现。这就像开车时一脚踩油门一脚踩刹车，车子一顿一顿，急停急走。组织学将其称为工作压力。1965年马斯洛出版了《优心态管理》一书，当时没什么人关注，后来Wiley出版社于1998年再版，书名为《马斯洛论管理》。书中阐述了如何发挥人员优势潜力，推动组织运行。马斯洛从人的角度探讨了组织和人员关系的重要性。他提出五大类36条管理原则。第一大类是信任。这36条原则现在读起来就像童子军军规，但马斯洛的发现被现代脑科学所证实，信任是有效管理中至关重要的变量，而人际关系是关键信号的载体，可以决定能否建立信任。

15年前，苏·帕特森加入我们的讨论。她在石油开采行业工作多年，有丰富的企业领导经验。她的加入让这本书开始有了雏形。Kogan Page出版社很感兴趣，投入编辑力量，完成本书的出版。本书希望管理者及人力资源工作者不仅把人看作生产者、执行者或生产力模范，而且把人看作拥有无限潜能的个体，让人的大脑能够被释放出来引导大脑能量，追寻有意义的目标。

正如后记中所言，有证据表明没有恐惧的系统能催生非凡的业绩，为企业带来健康的可持续发展。

保罗

于越南西贡河内

引言

你说过的话别人可能会忘记，你做过的事别人也不会记住，但你带给他们的感受是会被铭记在心的。

Maya Angelou

恐惧已经成了职场文化中最强的动力。绝大多数老板都有意或无意地利用恐惧维系秩序。试想一下，你或你认识的人是不是经常感到恐惧：害怕被认为懒惰；害怕被解雇；害怕受到不公正的批评；害怕被背后捅刀子；害怕升职没轮到你；害怕被蒙在鼓里，受排挤，开会不叫你，处处被人穿小鞋，甚至被别人取而代之；或者害怕总是最后一个知道真相的人；害怕不被组织需要?

恐惧很容易取代兴奋和热情，成为工作的主要动力。恐惧很容易被当作管理工具使用，因为没有什么比利用他人的恐惧更容易了。

但是神经科学告诉我们，恐惧文化并不健康，对人和企业都有破坏性，影响员工的身心健康。企业需要付出金钱和时间成本解决恐惧给员工带来的困扰。恐惧文化导致企业效率低下、缺乏竞争力和创新力。即使这样的企业能存活，也不可能做大做强。

企业最大的挑战就是打破恐惧造成的恶性循环。为了解决这一挑战，我们要从脑科学中了解恐惧在各个方面给个体带来的渐进破坏性影响，然后看看人际关系对大脑的影响，了解信任背后的生物学基础。信任是恐惧的最好解药，也是新型组织方式的内核，有助于取代原有的以绩效为驱动的模式，这种模式损害了企业更大的福祉。

21世纪前半叶是生物学快速发展的时代，这在脑科学领域体现得尤为明显。人们开始认识“自我”的神经生物学原理，了解大脑如何塑造人类个体。

这对社会生活的方方面面产生了巨大影响，包括人们如何看待工作中的人、人与工作的关系、人际关系、职场未来等，以及人类的精力如何集中在金钱和社会利益上。

脑科学的最新研究加深了我们对人际关系如何构建大脑的认识，同时也让我们看到人际关系在一生中对大脑产生的持续性的情绪影响，无论影响是好是坏。

这些知识的应用对领导者和管理者来说至关重要，对于人们如何调动能量实现组织目标，以及工作中人际关系的真正意义有着重要影响。凡是能熟练运用脑科学的组织都高度重视人际关系，注意避免简单粗暴、唯绩效、走流程的工作方式。

本书的目的就是以普通读者能够理解的方式，向人们展示在营利性活动（包括社会和财务活动）中运用人的能量的基础是什么。本书希望利用现代脑科学的知识帮助人们建立无惧组织。

无惧组织中没有“小黑屋”，没有内敌，没有坏人。无惧组织绝不容忍恶意欺凌、诽谤中伤、流言蜚语、搬弄是非；坚决反对大搞破坏，玩弄权术，为晋升而进行政治博弈；对结党营私、暴虐专控的政策说“不”。在无惧组织中，组织领导者明白如果有人担惊受怕，他们就会把更多的时间花在怎么存活下来上，而没有时间去思考如何高效工作。在无惧组织中，人们为了理想而奋斗，敢于冒险，勇于创新，挑战现状，探索新知，有担当，有作为。

本书作者谴责组织内的恐惧，任何组织内都不应该有恐惧，因为恐惧不会带来任何好处。通过探讨神经科学领域的新发现，人们会了解如何把自己塑造成不同的个体，而不是像从同一个模子里刻出来的一样。人们会明白如何进行自我调整，实现自我发展目标，引导自己成为激励他人的领导者。

我们调查了那些将恐惧作为管理工具的企业，采访了企业员工和前雇员，呈现并探讨了真实企业环境中恐惧文化带来的负面效应。我们用科学证据说明职场中恐惧的破坏性，让管理层认识到全新的、更加高效健康、更低成本的企业组织方式，明白如何通过激发能量和合作的情绪实现企业成功运作。

本书不会提供可以按部就班的行为模式，企业领导不可能通过简单照搬就取得成功。本书更关注个人的发展与成长。人不是从模子里刻出来的，不可能做了甲就能实现乙。每个人生来都是一套复杂的系统，大脑是其中一部分。大脑先天由基因决定，后天经过个人经验雕琢；大脑由能量驱动，处在动态当中。先天后天相互作用最终决定了人的思维方式、感情知觉及行为模式。

持续过度的恐惧可以改变大脑功能，进而干扰正常的决策机制。书中描述了如何识别过度恐惧并加以纠正，介绍了如何在组织中运用有关自我的神经科学知识，建立强大的领导管理模式，树立无恐惧、可持续的企业文化。最后我们弘扬无惧组织的工作理念，无惧组织将是职场之未来。

目录

第1部分　人

03 记忆的机理

04 人际关系

05 信任

第2部分　组织、能量流动和利润

06 工作环境中的恐惧

10 变化、适应力和流动

11 无惧组织

第1部分

人

01

恐惧的基本要素和自我发展

通过自身经历和内在体验，我们知道自己有意识的行为都源自欲望和恐惧。直觉告诉我们，别人和其他高级动物也如此，试图逃避疼痛死亡，寻求快乐愉悦。我们被冲动所支配，冲动是如此有效，以至于我们的行动都有利于自我保护及人类种族的生存。饥饿、爱、疼痛、恐惧是上述内在冲动的表现，支配着个体的直觉，实现自我保护。同时作为社会人，我们在与其他人的关系中受到情绪的影响，例如，同情、骄傲、憎恨、渴望权力、怜悯等。所有这些原始冲动很难用语言描述，但它们是人类活动的源泉。如果没有这些强大的基本驱动力，所有的人类活动也将随之停止。

爱因斯坦（1938年）

所有情绪中，恐惧最令人沮丧。恐惧很快会让人感到无助，进而完全崩溃。似乎由此引发，也或许是与生俱来的，人们会表现出极为强烈的愿望，做最大努力尝试摆脱恐惧。即使最极端的恐惧在初始阶段常常也是一剂强劲的兴奋剂。恐惧或绝望中的人或动物都能展现出非凡的力量，显然他们也非常危险。

达尔文（1872年）

引言

从出生开始，恐惧是人类一生中最原始的情绪，是大脑和心智发展的关键驱动力，因此恐惧在自我发展过程中扮演着重要角色。恐惧对人类生存至关重要，然而持续的恐惧也会给人类带来灾难。

脑科学的发展证明，创伤、虐待（心理及生理的）对大脑结构和功能有长期的破坏性影响。恐惧会造成大脑构造的剧烈变化，改变人的觉知和想法。

本章我们探索恐惧在人类一生的发展中所扮演的角色；描述什么是恐惧，人类如何感知恐惧，也就是说，恐惧来袭时大脑会发生什么；讨论恐惧为什么如此容易被触发，为什么很容易被用作管理工具。恐惧是八种基本情绪之一，在此背景下本书探讨人际关系中的情绪体验在多大程度上影响人类的心理成长与发展。

情绪定义了我们是谁

人类非常复杂，同时也非常简单，更重要的是，人类的适应能力极强，比其他哺乳动物拥有更加明显的进化优势。先说说简单之处。人类有三大能力（仅此三项）：会思考，能行动，有感受。

这三大能力的基础是八种情绪，这是在至少200万年的进化过程中形成的，是人类复杂的原因。

情绪是天生的。人类大脑结构和情绪一同进化。情绪创造出的动态人际能量是维系整个社会系统（作为人类的整个存在）的基础。情绪是真实的生理活动，无论人类能否意识到它，情绪一直都在。不管人类喜不喜欢，情绪总会发生。情绪可以触发行动。

情绪创造了人类的心理世界。从这个意义上说，通过心理成长，情绪创造了我们。心理成长和身体发育并行，但远不如身体发育那么明显，也不容易被理解。

身体发育的主要驱动力是遗传基因和食物供给。心理成长的主要驱动力是情绪和成长过程中创造情绪环境的人。这就是养育的本质：父母给孩子创造环境。从生下来的第一天的第一分钟起，人际关系中的情绪就开始影响我们的心理。子宫里的情绪变化也会对发育中的大脑产生深远影响，继而影响胎儿对外部世界的无意识假设。后天经验也会影响大脑，使每个人都有独一无二的大脑，但每个大脑的构成物质并无二致。

情绪是构成生活方式的基色，也是情感、理念和态度形成的基础。我们一刻也离不开情绪，情绪是我们一切的基石。情绪支撑着我们所有的思想和行动。没有情绪，人就是机器。

情绪百科

八种基本情绪（见表1.1）：

恐惧、愤怒、厌恶、羞耻、悲伤、

惊吓/惊奇、兴奋/喜悦、信任/爱

如果没有信任，我们会努力构建亲密关系吗？没有喜悦，我们可以忍受生活吗？没有恐惧，我们会意识到危险吗？没有愤怒，我们会去争取重要的东西吗？没有厌恶，我们能知道什么是有毒的吗？没有羞耻，我们能知道什么是正确的吗？没有悲伤，我们能知道谁或什么对我们来说是重要的吗？没有惊奇，我们会对世界上各种可能的事物感到兴奋吗？

八种基本情绪中，五种能保护我们，让我们知道危险所在（表1.1顶部），两种让我们积极地与人、物和行动产生互动（表1.1底部），一种情绪能将我们推向其他两个方向（表1.1中间）。恐惧、愤怒、厌恶、羞耻和悲伤的情绪保护我们的安全，让我们做好应对危险的准备。与逃避/回避有关的情绪包括逃跑/战斗/害怕/僵住。激动/喜悦和信任/爱这两种情绪与成长中的依恋和归属感相关。惊吓/惊奇要么将我们引向逃避/回避，要么引向依恋。如果引向回避，惊讶表现为“震惊—惊悚”的惊吓。如果引向依恋，惊讶就表现为意想不到的惊喜。

表 1.1　八种基本情绪

八种基本情绪	反应	主要生物质
恐惧 愤怒 厌恶 羞耻 悲伤	生存 逃避 / 回避 逃跑 / 战斗 / 害怕 / 僵住	压力 皮质醇
惊吓 / 惊奇	生存 / 依恋	
兴奋 / 喜悦 信任 / 爱	依恋 惊奇 欢乐 成长	激励 / 愉悦 多巴胺 去甲肾上腺素 血清素 催产素

从数量上看，更多的情绪与逃避/回避有关。八种基本情绪中有五种与回避相关，只有两种与依恋相关，另外一种左右摇摆。在野外，说得好听一些，逃跑/战斗/僵住非常有用，害怕能让我们活下来。在复杂的人类丛林，与害怕有关的反应很有用，但也会带来大问题。

人类社会已经完全不同于远古时期的社会，但生物原动力仍然驱动着我们。逃避/回避比依恋情绪更容易被触发，我们虽然不知道这背后的道理，但结论不足为奇。如果能明白这一点，就不难理解为什么组织更容易利用恐惧情绪来运作。恐惧情绪最容易被触发，因为恐惧与生存联系得最紧密，也是最快让人精疲力竭的路径。

从组织的角度看，领导者如果了解支撑思考、行动和感受的八种基本情绪，工作起来就会更有效。因为他们可以意识到自己的情绪和行为，同样也可以意识到自己的行为如何触发他人的情绪。我们将看到，在组织中触发兴奋/喜悦和信任/爱为主的依恋情绪要比鼓励任何逃跑/战斗/害怕/僵住的情绪更有成效，而触发恐惧则最具破坏性。在逃跑/战斗/害怕/僵住的情绪主导下，人们会把更多精力放在如何生存上，而不能集中精力做好业务。如果惊奇情绪能朝着兴奋/喜悦的方向发展，通常就能带来高水平的创造力。

我们先要从更高层次了解一下大脑是如何工作的，第2章会详细介绍情绪如何支配我们的感受。

大脑是什么

20世纪末以前，人们一直认为大脑只是接收和发送信息的交换系统，就像复杂的电话交换机。现在我们知道，人们之前对大脑的认识太过简单。

人生来具有高度复杂的大脑结构，能够同时运行多个并行系统。其他动物可能也一样，但大脑中与复杂思维、逻辑、理性决策相关的区域可能只存在于人脑。即使一些动物能够做出选择，其他哺乳动物的大脑也远没有达到人脑的复杂程度，因为它们缺乏语言表达能力。

所有非人类动物都有本能反射行为。例如，鸟类筑巢迁徙；大西洋鲑鱼能够准确无误地找到三年前的出生地；蜜蜂收集花粉返回蜂巢，通过复杂的舞蹈告诉其他蜜蜂花粉的位置、距离。而人类大脑具有创意、回顾过去、展望未来、制订计划并根据计划改变环境的功能，凭借上述功能人类在进化过程中展现了最强的适应能力。这是了不起的进化优势，是所有人类活动的基础，造就了人类的希望、绝望、梦想和毁灭。我们将在第10章对此进行深入讨论。

大脑由大约860亿个脑细胞（神经元）组成，是一套并行的系统，只是每个系统的功能不同。尽管大脑的每个区域都有其特定用途，但大脑有无数信息传播路径。信息通过电化学信号在细胞间隙（突触）中传递。这些间隙由一种名为神经递质的特殊化学物质控制（见图1.1）。

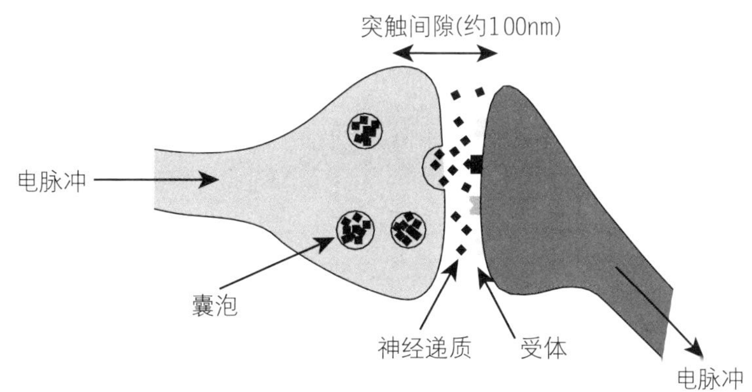

图1.1　突触：神经脉冲转化为化学信息（神经递质）

在疲劳、抑郁或恋爱等不同状态下突触的神经化学物质促进或阻碍信息传递。在强烈的情绪反应中，情况尤其如此。

当神经元处于静止或放电状态时，电信号不同的频率和模式构成了神经元信息传递的代码。所以人类的每个感觉、思考和行动，无论简单还是复杂，都由大脑中的这些系统管理；系统不间断地接收身体内外部的监控信息，很多时候我们根本没有意识到这一过程。

与人际关系实际体验相关的情绪正是控制上述过程的开关。

从生理上看，感觉是什么

情绪总伴随着生理反应。心跳加快，反胃恶心，手心出汗，肌肉颤抖，这些我们都很熟悉。我们会放声大笑，嘶声痛哭，东躲西藏，瘫在原地，摩拳擦掌，自卫反击或激情缠绵。这只是我们能注意到的较为强烈的反应。事实上，每天成千上万的生理反应和互动控制着我们的行为，它们是构建未来行动的基础，但我们根本没有意识到它们的存在。

所谓“感觉”，是有意识的觉知和潜在的、通常无意识的情绪的微妙组合。这里不是指平时说的“受伤的感觉”这类，而是指能产生生理反应的所有情绪。它们持续支配人的“心态”或“态度”。在感觉层面上，生理反应可能非常短暂，几乎感觉不到。例如，想想明天要穿什么，喜欢这件衬衫而不喜欢另一件，选择这条领带而不是那条。感觉通常难以察觉，是支配我们所有选择背后各种情绪的提炼和组合。身体的生理机能有固定模式。如果我们能更关注这些感觉，就能更深入地感知到其背后的情绪。

我觉得不太对劲

在所有情绪中，恐惧对人的影响最大。

第2章我们会更详细介绍，人类大脑基本分成三部分：新皮质脑（认知脑），古哺乳动物脑（边缘脑），以及维持所有身体系统运转的爬行动物脑（脑干）。不用说有思想，早在大脑进化出思考能力之前，大脑就能感知、感觉和嗅出危险。这种能力对人类的生存大有裨益。

大脑是一个多级结构，在数百万年的时间里进化得非常缓慢。它最初只有脑干，脑干中又长出嗅叶，嗅叶由“吸收和分析气味”的细胞组成（戈尔曼，1995）。这就是所有原始生命都知道什么能吃、什么不能吃的原因。嗅叶是嗅觉最为敏感的那部分大脑，蛇的嗅叶与其作为嗅觉器官的分叉舌头相连，所以嗅叶有时被称为“蛇脑”，它是情绪脑的根基。

人类后来进化出“嗅脑”，字面意思是“有鼻子的大脑”。这一精妙的功能让大脑有了记忆。生物体不仅可以通过气味区分鱼和鸟，而且能记住这些动物的样子。

人类有了记忆就有了初步决策的能力。一旦有了这个能力，大脑的进化就进入了一个飞跃的阶段，于是形成了新皮质脑（认知脑）。记忆不仅驱动刺激反应，而且开始成为意识的基础。因此，情绪比思维、逻辑、决策，以及最重要的记忆出现得早，它与这些密不可分。

神经学家安东尼奥·达马西奥在开创性的著作《笛卡尔的错误》一书中描述了当大脑的情绪中心受到伤害时，人如何失去保持理性、决策和理解世界的能力。这一点只要看看阿尔茨海默症就能够理解，它的基本症状就是记忆丧失。可悲的是，一旦没有了记忆，记忆创造的“自我”也就随之消失了。

复杂的思考脑能够接收情绪脑发出的信息，它与情绪脑并行活动，让人类嗅出危险，做出反应，想办法远离伤害。能够“感觉不太对劲”对组织非常有用。但也意味着我们要耳聪目明，留意情绪雷达系统接收到的信号。实际上，我们常常忽视情绪信号，认为情绪不如思想重要。但其实正是情绪给我们提供了数据，思想才能做出如何行动的合理判断。有人认为情绪遮蔽了清晰的思路，这是非常错误的想法（这本身就是一种感觉）。事实上，情况恰恰相反——我们常常忽视重要信息。只要感觉本身是清晰的，跟着感觉做出的决策往往是最佳决策。感觉和情绪如果受到压制，就会产生混乱；但它们也不会因为被压制而减少作用。

这听着虽然不舒服，却是事实。作为情绪系统的产物，是感觉而非思考在支配着决策（Goleman，1995；Brown 和 Hales，2012）。组织中高质量的决策都离不开情绪的因素。

害怕与生俱来

恐惧在人的成长过程中扮演着重要角色。人人生来都会害怕，害怕与生俱来。有些可怕的事物刻在我们的基因中，如大爆炸、高空、蛇、蜘蛛、狮子、老虎和熊等。有些让人害怕的事情是后天习得的，那是父母该教孩子的地方（尽管很快会被孩子忽视）。

无论恐惧从哪里来（先天遗传或后天学习），大脑都有个回路，确保我们不仅能够学会害怕什么，而且永远不会忘记，无论对此是有意识还是无意识。有些记忆有意识（显性记忆），而有些记忆无意识（隐性记忆）；隐藏的记忆可能会突然浮现在意识中，如当记忆被唤醒时。

记忆和回忆与大脑中的海马状结构有关，这部分被称为“海马体”。杏仁核和海马体一起处于大脑深处，在鼻子和眼睛后面，有两个相互连接的小杏仁状结构。杏仁核位于脑干上方与情绪脑连接的古老通道上。杏仁核的主要作用是保护安全，确保生存。杏仁核接收并处理外部信息。

> 杏仁核直接从各种外部感官（如视觉、听觉、嗅觉、触觉、疼痛等）系统获得信息，将所有信息在杏仁核汇总。
>
> LeDoux（2010）

如果收到的信息表明威胁迫在眉睫，杏仁核就会立即行动，启动输出

模式，协同所有参与情绪反应的系统做出反应。所以，当突然遇到危险时，你可能会僵住不动，血压心率飙升，释放压力荷尔蒙，这些都是杏仁核输出的结果（LeDoux，2010）。

杏仁核就像效率极高的雷达加空管员，以十亿分之一秒的速度查出问题，然后向身体下命令采取必要的行动。杏仁核和海马体同时负责向整个身心系统释放荷尔蒙。尽管这些是独立的记忆系统，但当情绪与记忆交汇时，它们协同发挥作用（Phelps，2004）。

涉及恐惧，杏仁核在所有哺乳动物（包括人类）的生存中起着核心作用。

> 逃离危险是所有动物为了生存必须做的事情……重要的是，大脑可以发现危险，快速做出必要反应……人类和黏糊糊的爬行动物都是如此。生物进化似乎很好地保留了这一功能。
>
> LeDoux（1996）

当危险以任何形式或伪装出现时，信息通过两个信息系统在大脑中传递。例如，你在牧场上看到一群奶牛，看似安全，但突然窜出一只公牛，或看到不信任的老板过来。信息通过图1.2中的“高路”或“低路”，在十亿分之一秒内到达杏仁核。杏仁核会开启身体各种应急系统，激活战斗或逃跑的荷尔蒙；引发自主神经系统反应（心跳加速，手心出汗，胃部肌肉收紧）；告知身体的运动系统做出适当反应（跑、走、爬、藏、打、咬、咆哮、尖叫、僵住、不说话、不社交，直到那个混蛋离开）。肾上腺素迅速遍布全身，再回到大脑。尽管目前还不清楚肾上腺素为什么返回大脑，但原因肯定与生存相关，它强化了脑部对危险事件的记忆（LeDoux，1996）。

与高路并行，危险信号也通过另一个神经系统传递到思考脑，思考脑需要一点时间弄清楚发生了什么。这是理解事物的过程，如图1.2所示的“高路”。信号随后转发至杏仁核，但这次是通过感觉大脑的思考后到达杏仁核。然后在理性逻辑的基础上做出情绪反应进而提出生存策略或正确决策。这是人类的进化优势。

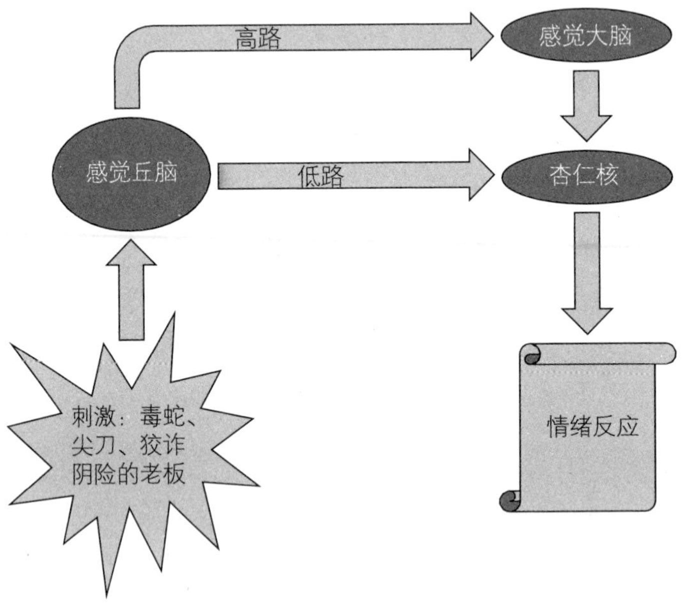

图 1.2　情绪路线

因此，无论面对的是毒蛇、尖刀还是狡诈阴险的老板，大脑应对恐惧的机制都一样。然而在这种人际环境中，进化也会带来问题。杏仁核无法区分现实和隐喻，组织内部危机四伏。这类危险最好通过清晰的思考和冷静的情绪来处理，冷静的情绪已经和思考融为一体，成了有智慧的情感。

记忆

大脑最基本、最重要的工作是信息捕捉、信息编码和信息存储，它能够记录每次经历的细节，无论过程是简单还是复杂。从出生开始，一生的学习和知识储备会构成独一无二的自传式记忆（Damasio，1999），这造就了每个人独有的大脑模式。大脑模式通过生命最初几分钟、几天和几个月中产生的情绪得以激活。随后在人际互动过程中受情绪的影响而不断发展。

情绪是感觉系统的基色，它决定感觉的模式，甚至在婴儿出生前就开始影响人的感觉。但最有效的影响发生在活跃的亲子关系中。人类后天的学习依赖于经验，而如何学习则很大程度上取决于亲子关系中的情绪。

早期学习受情绪影响非常大，这一阶段的经历和情绪密不可分。每次经历都伴随着人类赖以生存的基本情绪。即使情绪最终成熟，也离不开调节基本情绪的能力。最重要的是，我们对自己的感觉和对自我的感知都来自早期关系中的情绪体验。

人际关系的体验至关重要，它决定了人通过心理成长和发展成为一个自主的成年人的过程，这就是人类的简单性和复杂性所在。

在这个过程中恐惧是有效的学习工具。传播恐惧比展示爱意容易得多。恐惧是八种情绪中最基本的情绪，对生存至关重要。和其他情绪一样，恐惧会传染；不用说话，不用发声，就能传播恐惧。面对恐惧，即使短暂的一瞬间，人们也可能胆战心惊。

神经科学研究表明，不同物种的杏仁核天生能对该物种相关的信号（叫声、面部表情、肢体语言）做出反应（LeDoux，1996）。在动物界，非语言交流对生存至关重要。在人类亲子关系中，非语言信息在婴儿早期学习中起着关键作用。丰富的面部表情胜过千言万语。

早年学到和经历的东西不太可能还记得（有意识地回忆起来）。但我们经历过的所有令人恐惧的事情都被植入了杏仁核并被存储为神经元，可在任何时候被触发——这些是我们最基本、最强大的学习经历。恐惧体验在每个人的成长过程中都至关重要。第3章将详细探讨记忆如何塑造人类。

 长大成人：变化与适应能力

> 快速成长的大脑：从出生开始，婴儿的脑细胞就飞速增殖，构建的神经网络可能塑造一生的经历。婴儿出生后的前三年至关重要。
>
> Nash（1997）

人类的大脑比任何物种的大脑都复杂得多。人类婴儿出生时大脑由860亿个神经元组成。在生命的最初几天，会产生数万亿个新的连接——比人类实际需要的多得多。所以婴儿大部分时间都在睡觉就没什么可奇怪的了。

大脑先天提供了框架基础，人类大脑本身也被赋予了极强的可塑性，它在整个生命周期能适应环境、学习，变得聪明。虽然遗传学、大脑解剖学方面的个体特征可能有限，但人类之间的差异是无限的（Posner 和 Levitin，1997）。

10岁之前，“脑子不用就会锈掉”。可能从生命早期一直持续到青春期，通过一个修剪的过程，大脑会失去那些没有被利用的神经元连接，形成并强化对婴儿和儿童大脑成长特别重要的那部分连接（Goleman，1995）。这是发展的关键期。大脑的物理形状和设计受情绪体验影响显著。亲子之间的依恋关系至关重要，因为它会影响大脑的发育。如果没有足够的情绪食粮，或者在发育关键阶段停止供给情绪食粮，那么大脑的情

感发育可能会受阻。

八种基本情绪的表达和体验贯穿整个童年，但早年的恐惧体验是决定一个人内心情感世界的核心因素。恐惧是压倒其他一切的最主要情绪——理由很充分。如果生命受到威胁，你别无选择，活命最重要。这个决定不是源于思考脑，而是情绪脑；你甚至还没反应过来发生了什么，杏仁核就进入了生存模式。这一点与组织中的生存完全相关。工作中触发恐惧时，求生优先于创造力、独立思考、决策或者对组织的依恋。是选择做正确的事，还是做让老板满意的事？在“唯唯诺诺”的文化中，毫无疑问，恐惧将横行肆虐。

因为恐惧在危险消退后很久还会留在我们的记忆系统中，所以它是一种简单而强大的教导和控制工具。如前文所述，恐惧发生时，强效化学物质急速从大脑传到身体再返回大脑。因此杏仁核中与恐惧相关的记忆得到强化。第4章将探讨持续和无处不在的恐惧的侵蚀效应。

当然，在童年的自然成长中，认识危险并在一生中记住危险非常重要，如玩火、与陌生人说话、吃有毒的东西、跳之前不看路等。格林童话大都以生存为主题。对于生活在森林附近的德国孩子来说，《小红帽》里会吃人的大灰狼就不仅是寓言故事里的一个角色。

认识恐惧不仅是出生之后的事。科学家研究了发育中的胎儿，证实大脑在子宫中就开始运作，它对外部刺激的反应和新生儿大脑回路并无二致（Nash，1997）。母亲受的创伤无疑会对发育中胎儿的杏仁核系统产生影响。极度焦虑或抑郁的准妈妈有可能让肚子里的胎儿出现同样的情绪。

对婴儿及还不会说话的幼儿来说，学习发生在大脑和心智的无意识区域。储存在杏仁核中的记忆是象征性、隐含的（无意识的），即使可以理解，也可能是以图像的形式呈现的。回忆和有意识的记忆需要思考和言语能力。

有意识觉知和无意识记忆之间的区别很难理解。有关大脑/心智/情绪/生理/心理的一个基本认识是，意识只是精神世界的冰山一角。通过有意识觉知所能获得的一切在最初都是无意识的，但无意识领域大多数事物永远不会被有意识的觉知所认识。

人体内部每时每刻都在发生各种活动，以支持我们的生存，但我们可能永远不会意识到这些活动。尽管身体所有器官和功能都由大脑调节监控，但我们通常无法觉知——除非哪里出了问题。

> 大脑在没有很强觉知下完成其行为目标。在整个动物王国，无觉知是精神生活的常态，而非例外。如果我们不需要用有意识的感觉来解释某些动物的情绪行为，那也不需要解释人类相同的行为。情绪反应很大程度上是无意识产生的。
>
> LeDoux（1996）

习得语言之后，人类拥有可以利用（显性）的记忆，同时也形成了自我觉知。大脑记忆系统分两个层次：基于杏仁核的隐性记忆存储系统与原始情绪脑相连；基于海马体的显性记忆存储系统与复杂的思考脑相连。两个层次又相互连接。但是，基于恐惧的情绪反应来自无意识，并且与一个人没有记忆的经历有关。这完全有可能，而且经常发生。这就是为什么有时候我们的情绪反应毫无道理可言。虽然这样的情绪反应对大脑是有道理的，对有意识的自我却没有。大脑的运作原则就是“所见即所得”（Kahneman，2011）。

人人皆知早年生活经历会影响人一辈子。但在具体的某个人身上找到明确的因果关系就很难。婴儿来到这个世界并非完全白纸一张，子宫内的生活已经让他们做好迎接外部世界的准备；降生到新世界后，他们还需要

大量的输入来开发自身潜力。不管本性如何，后天培养对人的成长影响不可低估。自尊、自立、自信的基础来自亲子关系中的恐惧体验。恃强凌弱的父亲对任何孩子来说都不是好事；专横霸道、报复心强的母亲常常是灾难的根源。神经学家对婴儿大脑进行研究，结果表明言语和身体暴力会给发育中的大脑留下不可磨灭的伤疤。

> 毫无疑问，出生后大脑的树突生长和突触形成“对体验非常敏感”……以及“完全依赖经验”……应该强调，主要看护者是婴儿环境中最重要的刺激来源和调节器，也是儿童体验的主要源泉……Scheflen（1981）认为，在神经发育过程中，负责出生后大脑发育的树突激增和突触形成受到人际活动和个人内心活动影响较大。
>
> Schore（1994）

然而，如果成长的情绪动力被破坏而先天的潜力仍被保留，那么人们会以尴尬的方式向世界展示自我。

> 克里斯蒂安的父亲是国王，他总有一天要接替父亲掌管国家。这是与生俱来的权力，不是可不可能的问题，只是什么时候的问题。克里斯蒂安母亲去世时，他只有2岁。他的父亲，克里斯蒂安六世整天花天酒地，对儿子不闻不问；甩手给助手看管年幼的王子，助手唯一感兴趣的是消磨王子的意志和权力。他们不停地羞辱、压制、贬低王子。鞭子、辱骂和恐吓就是他们的獠牙。克里斯蒂安七世登基成为国王时还不到17岁。当时外人都以为他精神不正常。但和成年后的他打过交道的人都能看出，在他精神混沌背后蕴藏着很好的智力，尚待开发。只要……
>
> Enquist 和 Nunnally（2002）

克里斯蒂安七世是极端的例子，这说明恐惧能带来严重的破坏。

通常一般人早期的恐惧没这么严重，后果也肯定没克里斯蒂安七世那么糟糕，但这仍然会弱化人的能力。不断唠叨和批评对发育中的头脑可以造成同样的伤害，就像雕刻家不小心把凿子掉在大理石上一样。无处不在的低水平的恐惧能渗透到发育的心智中，抑制孩子的创造力。在不经意间给孩子传递的恐惧信息会影响其一生：

> 幼年时失去做事的能力……都是从不会穿袜子开始的，最后导致没有生存能力。
>
> Goncharov（1859）

无论幼年时的恐惧形式如何，都会形成影响一辈子的模式。本书主要探讨组织里弥漫的恐惧，这种恐惧是由人际关系主导的。童年时人际关系形成的模式对成年后人际关系有深远影响。毕竟我们一生中首次遇到的老板就是父母。

模式

我和我的模式

你无数次提醒自己：下次不要再以同样方式做事；绝不要再掉入同一个坑里；一定要从错误中吸取教训；要选择对自己有益的关系；不要为别人的不良行为感到失望。尽管多次暗下决心，发誓绝不重蹈覆辙，但多少次还是陷入同样的旧模式。为什么模式如此难以打破?

大脑、心智和身体源于同一基因图谱：遵循相同的生理学和生物学原

理。心理概莫如此，人的心理源于大脑系统创造的神经模式。

建模是大脑的基本功能——人类和动物的大脑都如此。不同大脑区域的神经元之间存在系统的互动模式，秩序由此产生，否则数十亿个神经元会在相互连接中产生混乱。这一模式被称为神经模式（LeDoux，1996）。

神经模式可以产生心理模式或“图像”，科学家目前还不清楚其成因。神经学家安东尼奥·达马西奥（Damasio，1999）使用“图像”一词只是比喻，因为图像包括来自身体的感官输入（音调、触觉、嗅觉、颜色、形状），情绪输入，时空关系，动作运动，具体及抽象的流程和实体。

脑海中每时每刻都在产生想法，但很难用一个词来描述高度复杂的神经过程，因此达马西奥采用了“头脑中放电影”的说法。当神经学家研究人类认识事物表征（人、地点、事物如何在大脑中再现）的神经过程时，所想到的就是“头脑中放电影”。

无论是神经模式、心理过程模式，还是人际关系模式，都意味着模式是稳定的。稳定性对任何有机体的生存都至关重要。

> 生命活动在身体的边界内进行。生命存在于一定边界内……边界把内部环境和外部环境分开……没有边界就没有身体，没有身体就没有有机体。生命需要边界。
>
> Damasio（1999）

每个人的模式中都有自己的知觉。人通过记忆感知事物——有些记忆是有意识的，但大部分被储存起来以备不时之需。记忆和知觉的一部分是情绪，在所有情绪中，恐惧排在首位。对事物、人、地点和事件的认识依赖过往经历。如果有过可怕的经历，今后任何类似的经历都可能被视为威胁。

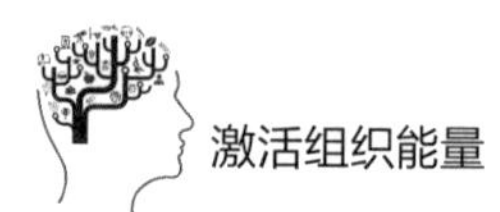

既然能避开害怕的人、地点和事物，那为什么人们还会重复那些有潜在伤害的行为呢？这有点令人难以捉摸。

我们小的时候就要学会生存。孩子总能想出好的生存办法。如果生存是一场游戏的话，那么成功的策略至关重要。孩子不能选择自己的出生环境，如果生在乱世，这个孩子就会想尽办法活下来。日复一日，周围的危险便司空见惯，成为生活的常态。

常态意味着稳定。常态与稳定这两者你中有我，我中有你。环境的任何变化都会给稳定带来威胁，让人感觉非常可怕。冒险进入未知领域总是有风险的。不仅人如此，变形虫也会为了生存适应环境——只是它们不知道自己有这个能力。

人类喜欢习惯，而习惯又难以改掉。

长大成人后进入社会，人们还是喜欢寻找熟悉的环境。我们常常不知不觉被吸引到自己觉得比较安全的环境中，也就是那些我们熟悉的环境中。如果对一个人来说熟悉等同于危险，那他就会不知不觉身处恐惧和危险之中。

帕特丽夏模式

帕特丽夏是一个典型的例子。

帕特丽夏在郊区长大，周围多数家庭重视传统价值观。不幸的是，这些价值观在帕特丽夏家中并没有真正实现。帕特丽夏的母亲对女儿悉心照顾，溺爱有加。但她脾气暴躁，总是担惊受怕、沮丧失望，精神压力大。帕特丽夏的父亲喜欢沾花惹草。他虽然很爱帕特丽夏，但很少在家，即使是星期天也不着家，平时更不怎么回家吃饭。帕特丽夏的母亲说，家庭是她的全部。但她每天都抱怨婚姻

毁了她的生活；抱怨男人一无是处，永远不能相信男人的话，一句真话都没有。她经常感到焦虑，维持婚姻只是为了女儿，因此她总和帕特丽夏说，为了女儿，她牺牲了个人幸福。

帕特丽夏饱受折磨，左右为难。一方面觉得有责任照顾母亲，另一方面想逃离这个家。她尊敬父亲，不喜欢母亲总教她恨自己的父亲。帕特丽夏羡慕父亲自由自在的生活。帕特丽夏聪明伶俐、心灵手巧、漂亮可爱，学习成绩优异。她喜欢写作——这让她从现实中暂时逃避。16岁的时候，帕特丽夏的生活发生了巨变。一天放学回家，她看到母亲手里攥着父亲与另一个女人卿卿我我的照片，母亲整个人都要疯掉了。帕特丽夏跑到父亲的商店，一气之下把货架上的东西全都扔到地上。在这之后她的愤怒一直没有消退。此后40年，她没和父亲说过一句话，直到他弥留之际。

后来一有机会，帕特丽夏就躲到国外生活和工作。几年后回到家乡，在一家公司上班。公司上层领导都是男性，女性都是下层普通员工。男人只管发号施令，所有的事情都是女人做。公司的男人傲慢粗鲁，蔑视欺负女人。他们只是开会，发号施令，然后就不见踪影。帕特丽夏非常能干，她知道怎么和这些男人共事。然而在事业蒸蒸日上的时候，有一天帕特丽夏对公司董事会主席大发脾气（就像当年在父亲商店里一样），后来她被公司毫不客气地解雇了。帕特丽夏并没有一蹶不振，在同一行业另一家公司找到了工作，干得非常出色。

帕特丽夏一生未婚，她觉得让她结婚还不如死了算了。

她患有广场恐惧症，只能服用抗抑郁药来控制。她喜欢和那些毁了其他女人生活的男人在一起，她把这些男人当作好朋友。她觉得这些男人聪明、幽默，和他们在一起很有意思。她觉得自己是他们中的一员。帕特丽夏之前也有几个很好的女性朋友，但她搞不懂这些人为何要维持在她看来都是无望的婚姻。帕特丽夏讨厌和别人出去吃饭，尤其是周日。即使有约，她也常常爽约。她对爱情感到失望。因为广场恐惧症，帕特丽夏时常不愿外出。

一朝被蛇咬，十年怕井绳

如果模式嵌入大脑深处，是不是一辈子要与其为伴？虽然老狗学不会新把戏，但人类拥有高度复杂的大脑，能够适应不断变化的环境。人类很可能是唯一既有会思考的大脑，又有会感觉的大脑，还能将两者合二为一的生物；同时，人类也是唯一知道思考和感受内容，主动适应环境，通过语言、艺术和音乐创造性地表达自己的物种。

情绪虽然非常强大，但人类审视自己、从经验中学习、理解世界、制定新策略，想出新办法的能力也一样强大。

我们不能用制造问题的思路来解决问题（爱因斯坦，1938）。阿尔伯特·爱因斯坦以他无限的智慧，从科学中提炼出人生哲理。从某种意义上说，人人都是科学家，能够从生活中不断提炼出对世界及人与人关系的假设。

在模式形成的童年时期，我们对世界的假设基于经验和学习。我们知道什么安全，什么可怕。如果一个孩子被狗咬了，他会认为所有的狗都很危险。这样想最安全。行为基于对未来事件的预测，预测则基于经验，经验形成知觉，知觉离不开情绪。换句话说，一朝被蛇咬，十年怕井绳。

模式、想法、假设和预测决定了人一生的行为。逻辑帮助我们适应环境并提出新的生存应对之道。

组织也有模式

在科层制组织中，政策、流程和战略由组织高层决定和驱动。但讲到人的时候，正好相反。组织如果能多考虑人的情绪，也许可以运行得更好，因为情绪是业务真正的驱动力——它可以让人能量满满，也可以让人像泄了气的皮球。

组织也有模式。

> 文化意味着群体中某种程度的结构稳定性……我们说某个东西是“与文化相关的”，这意味着它不仅被大家所共识，而且有深层次的影响，持久稳定。“深层次”是指人们对它不太有意识，而且它无形无影。
>
> 更深层的模式化或融合可以增加稳定性。文化是连贯的整体，是群体礼仪、氛围、价值和行为的总和。模式化和融合可以说是文化的本质。
>
> Schein（1992）

随着组织努力进行全球化运作，组织变得更加多元化并具有高度的适应能力，领导力发展和变革项目也比比皆是。大家越来越重视“组织文化”，这是好事。但有人错误地认为，只要写一份使命宣言，提出组织价值观，换个领导，制定新的人力资源规定，组织文化变革就自然随之而来。

讲到“文化”，真正重要的是在组织内工作的感受，因为感受反过来会影响员工做事的方式（Schein，1992）。就像改变人一样，变革组织不是小事情，它会造成不稳定，有时会极具破坏性。

适应

适应是指通过调整内部流程，更好地适合外部环境。改变就是变得完全不同。人并非生来就要改变，但人为适应而生。适应是自然过程，对生存至关重要。对组织和个人都是如此。

在大脑的多层结构中，主要的驱动因素处在底层系统。大脑进化是自下而上，而非自上而下。一个人再聪明、再有天赋、受过再高的教育，如果内心充斥着恐惧和厌恶，那么这些破坏性的情绪也有可能给自己和他人带来混乱和伤害。恃强凌弱的老板可能凭借狡猾的手段和专业能力升职，但这些人在处事中会伤害很多人。书呆子也有自己的感受，一些软件工程师受了气就在全球范围大肆破坏网络、发泄愤怒、威胁网络安全。

要解决破坏性的行为模式，最好从问题源头（情绪）开始。适应性行为的产生是自下而上的。

许多管理学大师收大笔学费，教你通过改变思维建立自信。他们说只要告诉自己你有多棒，告诉自己你有多强大，告诉自己你是真正快乐的人就可以实现。如果试过这种“正面思考的力量”，你就知道虽然它确实能让你在短时间内感觉良好，但最后你并没什么真正的变化。瞬时的满足感会立即反馈到大脑的激励系统，但自我意识的真正转变，即自信的建立需要建立在洞察力的基础上。也就是说要向内看，有了感觉之后要知道感觉是什么，为什么有这样的感觉。

很久以前各大航空公司就发现，不敢坐飞机的人不会因为做几节放松

操，听几次航空安全讲座或者告诉自己往好的方面想就变得胆大起来。“坐飞机很安全，我不怕！”高呼再多口号也不会消除任何人的恐惧——不管恐惧是理性还是非理性的。因此，航空公司专门制作节目，讲解飞机制造的过程、空气动力学常识，以及飞机发出的可怕声音来自哪里（Watson，2001）。知识就是力量，知道为什么是那个样子，懂了背后的知识就能建立不同的行为模式来适应不断变化的世界。

总有人认为行为模式不好，但模式是生存必不可少的工具。识别与应对绊倒你的那种模式和了解它运作的原理同样重要。扬长避短才是处世之道。

科学家用放大镜观察世界，以便尽可能看到更多细节。我们也需要用同样的观察模式，这样才能了解它们背后的情绪及它们所依据的假设：

- 模式的形成期通常是童年，我们要看看当时外部世界发生了什么，触发该行为模式的情绪是什么？
- 既然模式能够带来安全感，有利于生存，那么这种模式有何优点，你得到了什么好处，它有何价值？

如果模式是我们的一部分，那么有没有可能大幅度调整自己，让我们有不一样的想法、感觉和行为呢？如果认命的话，我们大可接受现状，但这样可能是致命的。认为没有多少知识可以真正改变现状就像自我实现的预言：人的意志和决心，不管带来正面结果还是负面结果，都是对未来的预测。预测是大脑的基本功能。

进化带给大脑（人类和其他动物）的神奇之处在于大脑内部有仿真器，能够每十亿分之一秒就对身体活动进行预测。

“自我”与帕特丽夏·丘奇兰德（Patricia Churchland）所说的内部仿真器有很大的联系。仿真器利用环境在大脑中形成的认知图

> 像，让我们模拟应对各种情况的行动。我们一直都在用仿真器——包括点什么菜，以及讨论美军采取行动可能导致的后果。仿真器的进化可能是产生人类意识的关键一步。
>
> Volk（2003）

换句话说，在决定晚餐买什么时，大脑会想象食物的色香味，想象品尝的感觉，想象自己能吃多少，看看是不是多买一点留着下顿再吃，想象朋友或家人会不会喜欢。最终决定买什么取决于对这顿饭的预测。

有些预测我们能觉察到，但更多时候我们根本意识不到。记忆依靠储存大量的模式，这些模式附加了情绪信息，让我们所做的一切都有规律可循；包括开车、烤蛋糕、结婚、制订假期计划等。预测未来需要学习和记忆（未来可能只是下一秒）。感知基于过去的经验，决定了我们的选择（如点菜时要想想之前吃过的哪个菜口感比较好）。如果你在某个地方有过糟糕的经历，你可能就会认为那个地方给你带来坏运气。例如，你不太可能想重回一下事故现场。

人们一般认为记忆与发生过的事情和遇到过的人相关，但其实记忆与大脑的精神状态关系更大。记忆是不可缺少的生物属性，即使是细胞也有记忆。

每个有生命的有机体都存储着大量的知识，这些知识在整个生命周期中都被用来提高生存机会。

> 生物学家都知道非常小的空间可以储存大量信息，这一事实解开了之前的谜团：为什么即使最小的细胞也可以储存像人类这样复杂生命体的全部信息。包括长什么颜色的眼睛，有没有思考能力，胚胎中颚骨首先发育侧面的小孔，以便后来神经生长可以通过等。所

有这些信息都保存在细胞很小的一部分当中，以长链DNA分子的形式存在，在这样的分子中大约50个原子可以记录一比特的细胞信息。

Feynman（1999）

每个人的内在都有足够的资源来适应环境：有些是先天具备，有些属于后天习得，有时自己都不知道我们居然有这些知识。向内看，获得洞察力，了解模式和其中包含的情绪都是自我发展的基础。

适应和学习同时发生。自我发展和自我创造都是学习过程。我们知道的很多东西要么与生俱来，要么通过经验获得，但无论学习是在细胞水平上、源于遗传的知识，还是与环境文化相关；不管是父母或者老师强行教的，还是自愿选择学的，大脑都会通过学习不断进化，而进化是为了更好地学习。学习可以更改神经网络。虽然硬接线和软件是有用的隐喻，能帮助我们更好地理解哪些是先天遗传的，哪些是后天习得的，但大脑比计算机复杂得多。与计算机相比，个体更为复杂、更有趣、更独特、更有可塑性。影响和改变大脑功能的因素众多。有些我们可以选择，例如，改变精神状态的物质，而有些则像恶意收购一样，完全不受我们控制。

自我塑造（发展管理自我的能力）的重中之重就是自我认知。要明白有些事情你知道，有些可能还不知道，但这些事情每天都在影响你的选择和决策及人际关系。

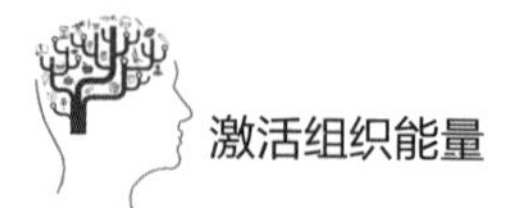

参考文献

Brown, PT and Hales, B（2012）Neuroscience for neuro-leadership：Feelings not thinking rule decision-making, *Developing Leaders*, issue 6, pp 28–37

Damasio, AR（1994）*Descartes' Error*： *Emotion, reason and the human brain*, 1st edn, GP Putnam' s Sons, New York

Damasio, AR（1999）*The Feeling of What Happens*, 1st edn, Houghton Mifflin Harcourt, New York

Darwin, C（1872）*The Expression of the Emotions in Man and Animals*, new edn, ed P Ekman, HarperCollins, London

Einstein, A（1938）Albert Einstein' s commencement address： Swarthmore College Sesquicentenial, available at http：//swat150.swarthmore.edu/1938-albert-einsteins-commencement-address.html [accessed 5 December 2014]

Enquist, PO（2002）*The Physician's Visit*, trans T Nunnally, The Harvill Press, London

Feynman, R（1999）*The Pleasure of Finding Things Out*, ed J Robbins, Basic Books, New York

Goleman, D（1995）*Emotional Intelligence*, Bantam Books, New York, Toronto, London, Sydney, Auckland

Goncharov, I（1859）*Oblomov*, trans N Duddington, Everyman' s Library Kahneman, D（2011）*Thinking, Fast and Slow*, Farrar, Straus and Giroux, New York

LeDoux, J（1996）*The Emotional Brain*, Simon and Schuster, New York

LeDoux, J（2010）The amygdala in 5 minutes, *Big Think*, available at http：//bigthink.com/videos/the-amygdala-in-5-minutes [accessed 6 December 2014]

Nash, JM（1997）Fertile minds, *Time*, 3 February 1997

Phelps, EA（2004）Human emotion and memory： Interactions of the amygdala and hippocampal complex, *Current Opinion in Neurobiology*, *14*, pp

198–202, available at： www.sciencedirect.com [accessed 13 April 2014]

Posner, MI and Levitin, DJ（1997）*Mind and Brain Sciences in the 21st Century*, ed RL Solso, A Bradford Book, MIT Press Cambridge, MA； London, UK

Schein, EH（1992）*Organizational Culture and Leadership*, 4th edn, Jossey-Bass, San Francisco, CA

Schore, AN（1994）*Affect Regulation and the Origin of the Self*： *The neurobiology of emotional development*, Lawrence Erlbaum Associates, Hills Dale, NJ

Volk, Tyler（2003）*The Self*： *From soul to brain,* eds J LeDoux, J Debiec and H Moss, New York Academy of Sciences, New York

Watson, C（2001）‘Fear of flying’ class helps even the unafraid, *Star Tribune*, available at http：//www.startribune.com/lifestyle/travel/11285421.html

02 大脑

引言

情绪是维系精神生活的纽带。它定义了我们眼中的自己，也决定了别人眼中的自己是什么模样。要认识大脑就一定要知道它如何使我们感到快乐、悲伤、害怕、厌恶或高兴，没什么比这更重要了。

LeDoux（1996）

本章将介绍人类感到恐惧时大脑所发生的变化。恐惧和八种基本情绪都会引发大脑的变化（信任/爱、兴奋/喜悦、恐惧、愤怒、厌恶、羞耻、悲伤和惊奇/惊吓）。这些变化可能涉及整个大脑。比如，影响大脑化学成分的构成，改变人的精神状态，并反映在体验上。

本章探索大脑结构及功能；大脑的组成细胞；神经通路与连接；大脑的多层结构；大脑各系统及其联系；大脑的化学构成及其在情绪体验中的作用。

通过组织中的案例，我们将探讨当恐惧动摇我们的自我意识时大脑会发生什么变化。

纯粹的想象

人脑可以将想象变成现实，这种魔法般的能力不是什么奇迹。非常简单，这是神经科学。它解开了复杂的大脑之谜，将梦想变成现实。

1976年，约翰·多纳休（John Donaghue）毕业于布朗大学，那时他打算读研究生，研究大脑是如何工作的，具体的研究课题是思想如何转变成行动。约翰·多纳休现在是布朗大学工程学与神经科学教授，他在实验室发明了一台名为“大脑之门”的机器。这个智能工具可以植入瘫痪的病人的运动皮层。微型传感器能够检测大脑信号并解码信号与运动的关系。当病人想象运动时，相应的信号能够通过头皮上的接口发送至计算机，计算机程序将指令转化为运动（Dreifus，2011）。

2014年6月12日，一名患有截瘫的少年从停在中场的轮椅上站了起来，为2014年的巴西世界杯揭幕赛开球。他身上穿着由大脑控制的智能外骨骼服，这套设备由北卡罗来纳州杜克大学的神经工程师米格尔·尼科莱利斯开发（Nicolelis，2012；Sample，2014）。和大脑之门一样，外骨骼服将脑电波变成运动。米格尔·尼科莱利斯相信在不久的将来，轮椅会成为历史。

2014年9月，哈佛大学的研究报告称，人类已经实现了脑际交流。两个人分别在印度和法国，通过大脑信号实现交流。大脑信号由二进制代码通过互联网传到数千英里以外的地方。通过非侵入性的大脑刺激，接收信息的人能通过周边视觉看到和接收到与信号相对应的闪光（Anon，2014）。

 欢迎来到掌管情绪的大脑

要搞清楚恐惧和其他情绪如何影响组织，我们先要明白掌管情绪的大脑是如何工作的。为此，我们要看一下可怕的经历会对大脑发育产生何种影响。

神经学家正在开发详细的人类大脑模型，试图摸清860亿个脑细胞是如何建立连接，进行信号交换的。先进的大脑扫描仪能生成大脑工作时的清晰影像。脑成像技术可实时监控处于思考、学习和记忆中的大脑。细胞生物学家正在研究经验如何改变人的感知，进而改变控制基因表达方式的神经化学。

最新的脑科学研究发现人际关系可以塑造大脑，人际关系能够从情绪和行为上影响大脑——包括好的影响和坏的影响。2013年9月12日的《华盛顿邮报》报道了一项最新发现，儿童时期遭受过虐待，缺乏他人的关爱会使孩子大脑受到终生的影响（Schulte，2013）。

懂得这些知识对领导者和管理者来说至关重要。它对我们看待工作中的人，他们与工作场所的关系，以及他们与彼此和客户的关系有着重要的影响。熟练运用脑科学的组织高度重视人际关系，能够避免工作中出现简单粗暴、唯绩效，以及走流程的问题。

随着大脑研究的深入，21世纪的神经科学把情绪放在大脑有效功能的核心位置上。

 综述

大脑是如何工作的？什么是思维？大脑能够创造思维吗？什么是自我？什么是意识？意识能被简化成神经元吗？感情从何而来？何谓情绪？

为什么会有情绪？大脑与情绪、感觉、想法和行为之间靠什么相互联系？几千年来，没人能说清楚这些问题的答案。科学家、哲学家、医生、心理学家、艺术家、诗人、剧作家和作家都想搞明白思维和大脑是什么，由此可见求索之路艰难而漫长。

科学家和医生试图通过神经解剖学了解大脑，找到大脑和身体之间的关系。写于公元前1700年的《艾德温·史密斯纸草文稿》是世界上已知最早的医学文献，书中材料可追溯到公元前3000年。该书记载了有关大脑、大脑解剖的内容，以及脑损伤对身体不同部位造成的影响。这是世界上有关大脑最早的文献。公元前1世纪，希波克拉底（Hippocrates）首次提出大脑可能由左半脑和右半脑组成，左右半脑具备“精神双重性”，能够独立工作。

哲学家一直尝试揭示大脑的本质，探索精神和肉体之间的关系。柏拉图生于公元前427年，他认为大脑是心理过程的基石。亚里士多德生于公元前384年，他认为心是感知和运动的中心，而不是脑（Gross，1995）。1596年出生于法国的勒内·笛卡尔被誉为现代哲学之父。他提出“二元论”，认为大脑和身体相互独立。从17世纪至今，笛卡尔的理论一直是人们认识大脑的基础。对笛卡尔来说，心理活动并非源于物质的大脑，而是灵魂与精神的非物质产物（Churchland和Sejnowski，1992）。

1859年，查尔斯·达尔文发表了《物种起源》。达尔文的理论掀起了一场人们对自我、自然世界和宇宙的思想革命。达尔文的理论为现代生物学、神经生理学和心理学奠定了基础（Wiley，1998）。在《人和动物的感情表达》（1872）一书中，达尔文提出论点认为人和动物有一部分共通的基本情绪，这些情绪可以在所有物种的行为中观察到。

达尔文通过个人观察收集信息，世界各地的同事也给达尔文提供相关

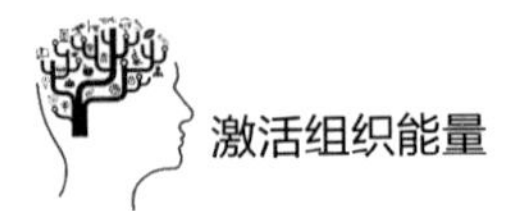

信息。他收集了包括婴儿、儿童、生理和心理病患及各种动物如何表达情绪的信息。达尔文的理论极大地影响了19世纪后期乃至今天对科学思维和科学探索的相关研究。

继达尔文之后，“英国神经学之父”约翰·哈林斯·杰克逊（John Hughlings Jackson）提出大脑进化论（Morrish，1999），用进化理论研究神经机能（Gillett和Franz，2013）。

杰克逊出生于1835年，他对大脑的理解非常简单直接。杰克逊对大脑研究兴趣浓厚，对此投入了极大的热情。杰克逊的理论彻底改变了人类对大脑科学和医学的理解。1878年，他建立了神经科学的理论框架。

国际科学界对杰克逊的赞誉源于他对癫痫的诊断研究。但讽刺的是，他的妻子伊丽莎白患了一系列癫痫病并最后死于癫痫发作。在她患病的过程中，杰克逊仔细观察了癫痫的发作模式。他发现癫痫从大脑一个区域转移到另一个区域时，身体抽搐的相应部位也不一样（York和Steinberg，2007；Sweeney，2009）。

杰克逊是神经科学的先驱，他提出了开创性的想法。但当时主流的观点仍然受笛卡尔理论的影响，认为人类大脑活动独立于身体的机械化功能（Damasio，1994）。杰克逊清楚大脑和思维之间一定存在着某种关系；复杂的人脑由生理系统和心理系统共同组成，二者协调一致。与情绪、思想、感觉和行动相关的各神经系统是相互连接的。他认为神经系统的机能就像感觉运动机器，按照达尔文理论分级排列。继赫伯特·斯潘塞（Herbert Spencer）之后，杰克逊也认为高等生命是由低等生命进化而来的（York和Steinberg，2011）。

杰克逊认为人脑高度复杂，是神经进化发展的产物；思维活动来自大

脑；心理领域的一切都有其生理基础。

杰克逊认为心理过程是大脑的功能之一。因此，心理学起源于神经生物学系统。他明确指出，大脑的某个具体区域与身体对应的区域相连。他提出大脑有三个不同的进化层次。每一层都包含其较低一层的组成部分。随着每一个层次的进化，它都包含了较低一层的功能（Hughlings Jackson，1884；York 和 Steinberg，2011）。

杰克逊提出的三个层次为：

- 低层：脊髓前角和运动神经核。
- 中层：运动皮质和基底神经节。
- 高层："身体再现"，由运动前区（额叶）皮质组成。

杰克逊提出假设，认为语言是思考和推理的基础，语言与行动有着错综复杂的联系。所以他后来进一步把情绪与行动联系了起来。

杰克逊的观点至关重要，这些观点奠定了现代神经学的基础。他的观点遍及神经科学的每个领域，包括神经学、精神病学和心理学。杰克逊的论文是临床神经生理学的基础。正是杰克逊的研究为西格蒙德·弗洛伊德（Sigmund Freud）的理论发展铺平了道路。

杰克逊的理论来自他对精神病患者的直接观察。今天神经学家利用现代技术可以直接看到人类思考、感觉和行动时大脑的状态。

情绪连接

19世纪后期，西格蒙德·弗洛伊德和威廉·詹姆斯（William James）两位心理学巨匠提出了以心灵和肉体（精神和身体）为基础的自我概念模型。他们的思想独树一帜，颠覆了人们对大脑的认知。使人们对情绪在思想和行动中的作用有了新的认识（Deigh，2001）。他们将性格及自我发展与人际关系联系了起来（例如，组织中人与人的关系）。这些理论在20世纪获得了进一步发展，心理治疗师、心理学家、社会学家及近期的神经学家都为理论的发展贡献了力量。

威廉·詹姆斯出生于1842年，被誉为“美国心理学之父”。借鉴达尔文理论，詹姆斯研究了大脑和情绪的关系，探究了身体和行为如何表达情绪。让他不解的是，当代生理学家只关心与感官和运动相关的大脑功能，而忽视大脑的情绪要素；心理学家主要关注知觉和意志的基本过程；不食人间烟火的哲学家在论文中也鲜有关于情绪的论述。

> 威廉·詹姆斯认为情绪产生于大脑和身体，身体的反应和情绪有内在的联系：
>
> 愤怒、爱、恐惧等情绪不仅会引发行为变化，还会引起态度及面部特征的改变，影响呼吸、血液循环和其他器官功能……一个人有没有害怕可以从声音和脸色看出来，尽管他可能会压抑其他迹象。
>
> James（1981）

威廉·詹姆斯出生于美国的精英家庭。父亲是神学家，收入丰厚，弟弟亨利·詹姆斯是小说家，妹妹爱丽丝·詹姆斯是一位日记作家。他的教父是拉尔夫·沃尔多·爱默生（Ralph Waldo Emerson）。医学专业毕业后，詹姆斯主要的工作是在哈佛大学研究生理学、哲学和心理学。他在哈佛大学开设了美国第一个心理学课程。他的大部分职业生涯都在哈佛度过。1890年，詹姆斯发表著作《心理学原理》。在这本长达1200页的巨作中，詹姆斯阐述了自己关于精神、意识流、自我意识、注意力、知觉、记忆、想象、直觉、意志及情绪等理论。

继达尔文和哈林斯·杰克逊之后，詹姆斯也认为大脑存在多级结构——它从较低和较高的内核进化而来。

19世纪后半叶，弗洛伊德基于他早期的神经科学方面的工作发展出精神分析理论；该理论假设心理精神活动源于无意识的神经生物系统。弗洛伊德的理论与达尔文的《物种起源》、《人和动物的感情表达》及休格林斯·杰克逊的理论一脉相承。

弗洛伊德首先是一名神经学家。在《科学心理学计划》一书中（Freud，1895），他尝试将大脑机能方面相关的神经生理学和神经解剖学知识用于神经精神研究。弗洛伊德相信，总有一天，神经学可以用于描述心理活动动态。“我们要记住，心理学目前所有的假设很有可能最终将以有机体的生物结构为基础”（Freud，1914，p 78，被 Solms 和 Saling引用，1986，p 413）。

在整个20世纪期间，科学家和心理学家都不清楚情绪由何而来；这是由于他们没办法对情绪进行测量、观察及做实验，也无法指出大脑系统哪个部分主管情绪。科学家对情绪的神秘之处也不感兴趣。情绪不被视为科学，因为情绪难以观察，太过主观，用科学方法很难对其进行研究。心理学家、精神病医生、神经学家和哲学家则关注与认知、知觉、计算及评估有关的理论（de Sousa，2003）。

19世纪90年代，俄罗斯心理学家伊凡·巴甫洛夫（Ivan Pavlov）通过狗的实验发现了经典的条件反射原理。巴甫洛夫发现狗听到铃声会产生条件反射流口水。通常铃声和流口水没有直接关系，但如果每次吃饭前就摇铃，狗听到铃声就会产生条件反射。这个发现的重点是过往经历会控制行为。

继巴甫洛夫之后，美国心理学家詹姆斯·沃森（James Watson）提出行为是人类心理学的基础，而非意识；所有人类心理都可以用刺激反应的模式来解释；不存在精神和意识（McLeod，2007）。20世纪50年代，行为学家、哈佛大学心理学教授斯金纳（Skinner）提出操作条件反射理论或奖励行为理论。斯金纳承认存在内在心理状态，他研究了行为的因果。操作条件反射通过强化来改变行为；正向鼓励强化行为；而惩罚则弱化行为。

行为主义之后又出现了认知革命。认知心理学理论关注内在心理状态；信息的接收、处理和存储；注意力、知觉、语言、记忆、知识习得和决策思考（McLeod，2007）。认知神经学家关注认知的生物基础，将大脑机制与思维、记忆、感知和注意力联系起来（LeDoux，2002）。

一直以来，认知革命深远地影响着科学、数学、信息处理、人工智能，以及社会科学等领域。

行为学派和认知学派已经成为心理治疗及组织教练和高管教练的理论基础，能极大地提升组织效率和有效性。这些理论为何能发挥作用?

- 行为疗法试图通过强化、消除和对抗性条件作用来改变适应不良的行为。
- 认知疗法侧重于发现和纠正非理性想法。
- 认知行为治疗术（CBT）融合两个学科，旨在改变适应不良的心理和行为习惯背后的想法。尽管治疗效果被证明存在很大的差异，CBT已经成为英国国家医疗服务体系首选的治疗模式。

认知科学还无法解决所有问题。认知科学没有涉及整个大脑；没有解释感知、记忆和思维如何协同工作；不考虑思维是如何从各种认知过程中产生的；无法解释是什么让每一个个体独一无二；也没有涉及自我本质的问题。所有这些理论模型的不足之处在于没有把人类特质融入其中。情绪

被排除在外，感受被视为累赘（LeDoux，2002）。如果我们要创建无惧组织，这个问题就必须得到解决。

汇聚一切：情绪的作用

19世纪末，神经学家开始研究大脑的组成。例如，古哺乳动物脑中的某些结构如何将大脑的古老原始区域与新皮质连接起来；神经生物结构如何产生情绪。1878年，保罗·布罗卡（Paul Broca）发现了边缘叶，它位于大脑脑干周围，包含与情绪有关的结构（Purves 等，2001）。1937年，康奈尔大学的解剖学家詹姆斯·帕佩兹（James Papez）试图找到主观情绪体验相关的神经信息回路（LeDoux，1996）。

保罗·麦克莱恩医生（Paul D. MacLean）是20世纪杰出的脑科学家。人类行为的冲突性质让他不解（一方面有理性，另一方面又充满野蛮粗暴）。他希望从神经解剖学和人脑进化中找到答案（Pearce，2008）。在布罗卡（Broca）和帕佩兹（Papez）的研究基础上，麦克莱恩综合前人的理论知识，构想了一个三合一的哺乳动物大脑层级模型。他称为三位一体大脑（见图2.1和附录2A）。毫不奇怪，麦克莱恩的模型与哈林斯·杰克逊对人类大脑的描述类似，把人脑分为三个层次，从低层次进化到更高层次：

1 爬行动物脑/脑干——大脑中最古老的部分，确保生存，调节身体机能。

2 古哺乳动物脑/边缘脑：情绪脑——负责情绪和记忆的大脑（见附录2B）。

3 新皮质脑/认知脑——在人类中高度进化，是语言的中枢，有逻辑

和自我思考的能力。

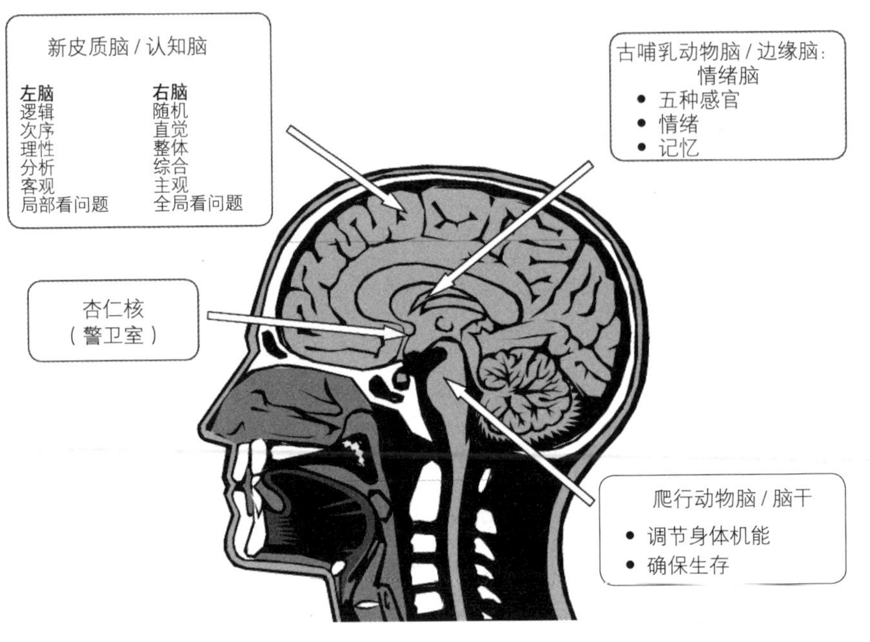

图2.1　三位一体大脑

麦克莱恩发现了情绪在人脑进化中的关键作用。他提出以下问题：“主观情绪体验存于大脑哪个部分？”和“大脑的功能回路源于脊椎动物的进化吗？如果是的话，回路是如何进化的？”（MacLean，1990，p 247；Newman 和 Harris，2009）麦克莱恩认识到边缘脑的发展与哺乳动物家庭生活的进化是同步的，他认为家庭（处理关系的能力）是哺乳动物大脑进化的核心要素，而这种能力在爬行动物中根本不存在。

> 边缘系统的进化是哺乳动物的进化史，而哺乳动物进化的历史又是家庭进化史。
>
> MacLean（1990）；Newman 和 Harris（2009）

麦克莱恩的三合一模型基于大脑自下而上的进化。底层是较古老的部分，较高一层的中心源自较低一层。人脑是自下而上生长的——从人类胚胎大脑发育中可以观察到这一点（Goleman，1995）

从进化角度看，人脑的设计缺乏美感，只是根据需要拼凑起来，就像随便拿几块布料缝起来当被子用。麦克莱恩把大脑的进化比作一栋房子，建好之后又加盖几个裙楼，最终融为一体（MacLean，1990；Newman 和 Harris，2009）。

和许多现代神经科学家和心理学家一样，麦克莱恩认为，思考脑和情绪脑虽然同时工作，但功能相互独立，而且它们使用不同的神经代码。因此，二者不需要信息交换。神经学家约瑟夫·勒杜（Joseph LeDoux）认为，这一论述很好地解释了为什么情绪和思考脑无关，情绪似乎常常独立于思考脑而起作用；以及为什么一些精神疾病可能由情绪脑与理性的思考脑分离而产生（LeDoux，1996）。另外，情绪脑可能占主导并凌驾于思考脑之上。许多婚姻破裂或者非理性行为的根源是酒精暂时损害了认知机制。可以肯定的是，如果思考离开情绪，尽管仍然可以做出决定，但无法构建意义也无法做出道德判断。

美国国会和乔治·布什总统将20世纪90年代命名为“脑的十年”。其实大脑研究在20年前就有了突破。20世纪70年代，神经科学研究发生了巨大的转变：研究重点转向情绪在思维和行为中的作用。安东尼奥·达马西奥和约瑟夫·勒杜两位神经学家推动了这一转变。他们提出关于情绪在大脑中作用的神经学概念，这一概念掀起了一场神经科学革命。麦克莱恩的三位一体大脑理论提供了非常有用的初始模型。

安东尼奥·达马西奥1944年生于葡萄牙，他是美国南加利福尼亚州大学的神经学教授。20世纪70年代，达马西奥是美国爱荷华州大学附属医院的教授兼神经科室主任。他研究的对象是前额叶受损的患者，每个前额叶受损的患者都失去了自由意志或者失去了做出知情选择的能力。达马西奥发现这与19世纪中期一位被深入研究的精神病患者菲尼亚斯·盖奇极其相似（Damasio，1994）。

菲尼亚斯·盖奇是建筑工地的工头，在佛蒙特州拉特兰的伯灵顿铁路负责铺轨工作。1848年的夏天，盖奇当时24岁。他当时正要把沙子压在火药和导火索上准备炸岩石，由于一时分神，手中的钢筋落在岩石上，产生火花后引发爆炸。钢筋从他的左脸颊、颅底、大脑前部穿过，刺穿头顶。令人难以置信的是，他不仅活了下来，而且意识清醒，能够讲述当时发生的事情。后来他的身体完全恢复，但盖奇的性格大变，个性完全和以前不同，常常做出不恰当的行为。他的雇主、家人和朋友说盖奇没礼貌、骂脏话、坐不住、没耐性、任性，总是制订浮夸的计划但很快就放弃（达马西奥，1994）。

达马西奥发现，他治疗的前额叶患者也有类似的行为，没有情绪表现，无法理性决策。至关重要的是，达马西奥把情绪问题和无法集中精力、无法理性决策、无法从错误中吸取教训及无法规划未来等问题联系起来。他得出结论，推理能力需要情绪的支持（Damasio 和 Hustvedt，2010；Damasio，1994）。

1995年，达马西奥和约瑟夫·勒杜在纽约共同组织并举办了神经科学学会第一次情绪国际研讨会。

约瑟夫·勒杜自20世纪70年代开始研究情绪。勒杜用动物模型研究情绪的神经基础。他主要研究情绪背后的大脑机制——“大脑如何识别激发情绪的刺激并做出反应，情绪学习如何发生，情绪记忆如何形成，无意识的过程如何产生有意识的情感”（LeDoux，1996）。

勒杜在研究恐惧时发现了大脑杏仁核的神经进出路径。搞清楚了当恐惧来袭时，杏仁核系统如何触发身体的各种生存机制；杏仁核如何储存情绪记忆；在我们思考和行动之前，杏仁核如何释放神经化学物质应对各种情况。杏仁核同时与爬行动物脑及思考脑相连，既有直接通路连接感觉丘脑（爬行动物脑），也有直接通路连接感观皮质（思考脑），而杏仁核本身位于产生情绪意义的哺乳动物脑上（LeDoux，1996）。

20世纪70年代出现了影像技术，可以在大脑思考、感觉和行动时记录大脑影像。1977年7月3日，核磁共振成像测试完成五个小时之后就有了首次人体扫描，作为第一个核磁共振原型。从那以后，活体大脑研究取得巨大进展。神经成像仪也越来越先进。神经科医生和神经学家对大脑内部的运作有了更深入的了解。

170亿个奇迹

万物汇聚靠连接。一个神经元接一个神经元，整个大脑和神经系统不断产生无数的连接（见图2.2 及附录2D）。

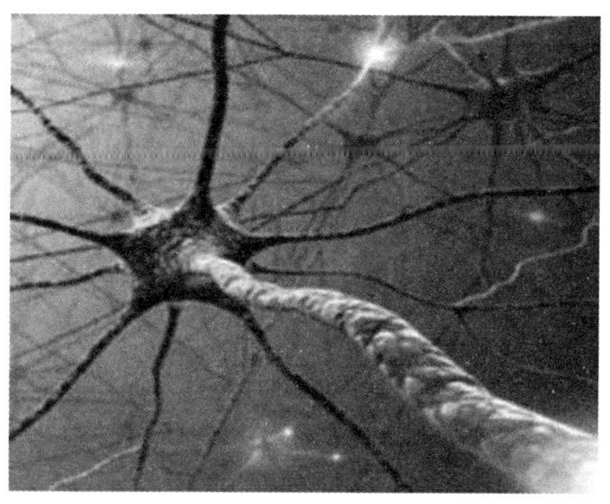

图2.2　神经元连接

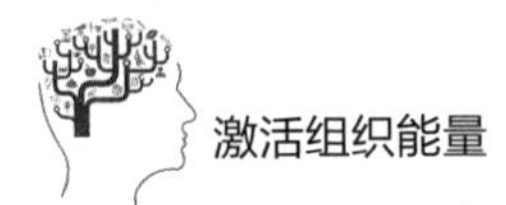

860亿个神经元中，有690亿个位于小脑（大脑后部帮助完善运动控制的结构），只有170亿个位于大脑皮质。大脑皮质负责思维、信仰和创造力。额叶和前额皮质与记忆、计划、认知、抽象思维、发起或抑制行为及学习有关，这里的神经元比视觉、其他感觉区域及运动皮质少得多。神经元数量的多少不重要，重要的是可能生成连接的数量，这决定了人和其他物种的区别。神经元树突尖端的树状末梢（aka aborization）与神经元网络建立大量连接，形成新的网络，再与其他神经元网络连接，形成更多的网络，不断叠加。增加的连接数量大到惊人（Gazzaniga，2011）。所有的连接加起来估计有上百万亿，真是太了不起了（Zimmer，2011）。

人为什么与众不同

人脑非常独特。没有哪个物种进化出像人类一样具有非凡适应能力和学习能力的大脑。人类是唯一有能力想象未来，并着手创造未来的物种，不仅可以把未来的憧憬讲给自己听，同时可以让其他成员知晓。这种能力的一种独特体现方式便是政治活动。在商业组织中这种能力也是必不可少的。

人类婴儿出生后大脑发育惊人，婴儿大脑可能每20秒钟就长出百万个新的神经元。可见从出生到青春期的经历对大脑发育和人的发展有多重要。人脑的神经网络直到大约24岁才完全成熟，这时思考脑的执行中枢才最终成型（Bainbridge，2008）。

大脑皮层的前部（前额叶皮层）被称为执行区。执行区是大脑的“主控中心”，它负责协调、平衡和连接大脑的不同区域。从青少年时期到20岁出头，执行区逐渐成熟。这就可以解释为什么青少年和年轻人更可能做

出冒险行为。

从外观大小和重量来看，人脑并非动物界体积最大的，但就大脑与身体的比例而言，人类大脑占比是最大的，而且比其他任何哺乳动物的大脑都更复杂。大脑被包裹在颅骨中狭小的区域内，大脑皮质褶皱大大增加了大脑的体积，显著扩大表面积（Sun 和 Hevner，2014）。人类大脑皮层的三分之二埋在大脑沟中（Bainbridge，2008）。

脊椎动物的大脑具有所有的基本结构和主要的神经通路。随着物种的进化，每个物种都发育出该物种特有的神经区域以适应特殊的需求和环境。从鱼到鸟，从狮子到老虎、熊，从猴子到人，进化创造了神经系统并给每个物种以最大的生存机会（LeDoux，1996）。

人类与其他物种差异最大的地方是所谓的意识问题。神经学在这个领域的研究至今无法给出令人满意的答案。“当今神经生物学中最核心的问题是大脑与思维的关系……”（Crick 和 Koch，1992）。

达马西奥列出了需要解决的主要问题：“首先，大脑如何构建思维？其次，大脑如何让思维有意识？”（Damasio，2010）神经学家认为，答案存在于科学之中，并来自大脑本身，从大脑的活动中能够获得解释。科学家相信，大脑和意识毫无疑问遵循其他脑功能所遵循的相同原理（Bainbridge，2008）。目前可以确定，思维是大脑的凸显特征。就像氢氧反应生成水，水加热后变成水蒸气一样，思维的出现也要经过大脑中的一些过程。（当然，思维功能的质量很大程度上取决于大脑的输入。但是，人类思维与自我密切相关，在有机体形成自我导向的过程中，思维至关重要。人类带着使命而来，能够想象未来，创造未来，而不仅是对当下的刺激做出反应。）这对于理解商业组织如何取得成功至关重要。

随着神经科学研究的深入，人们清楚地认识到，日常生活中的人际关系是形成神经连接的核心，它也赋予了生活的目的和意义。大脑定义了我们，大脑生长、发育、成熟都受到我们一生经历的人际关系的影响，早期大脑胚胎发育很大程度上决定了人的特性。不同发展阶段所处的社会环境让大脑告诉我们自己的社会地位和社会身份。社会环境决定了表达自我的特定文化方式，但自我的核心来自早期的大脑发育（Swaab，2014）。

大脑深处的情绪是一个人的名片

微笑是品牌标志，性格是名片，共事后留给别人的感受就是商标。

Jay Danzie

成也人际关系，败也人际关系，人际关系以各种方式改变着我们。

安德鲁要做一个项目。花费大量时间做了研究之后，他代表团队完成了报告："我为自己所做的一切感到非常自豪，我很在乎别人对我做得好的工作给予反馈和认可。"这些他都得到了。但几个月后，安德鲁无意中听到经理海伦和客户通电话。客户显然对安德鲁准备的材料很满意。"我简直不敢相信她说的话——海伦把我做的一切都说成是她做的。"安德鲁感到很难过，但没跟海伦说什么，继续上班。这件小事给安德鲁的心理带来非常不好的影响。他的信心受到打击，感觉自己被羞辱了。安德鲁一度非常渴望尽最大的努力把工作做好，但现在已经没了热情——做项目提不起劲头。他脑子里总有个小的声音告诉他："为什么还这么努力工作呀？"

经理抢了员工的功劳，这看似无关紧要，但对安德鲁影响巨大。“我对海伦的态度发生了变化。不像以前那么信任她了。工作时尽量保证自己干的活能够得到别人的表扬。”他工作的乐趣不大，不太愿意把好的想法讲出来，担心海伦又会说那是她的点子。

和海伦见面时，安德鲁心怀一丝怨恨。但又因自己对海伦的不好感觉反过来苛责自己。“我感到内疚，觉得自己不应该这么评判海伦。”他的精力没有放在工作上，而是耗在这些情绪中，没有以前那么有创造力了。

不知不觉中，海伦影响了安德鲁的大脑情绪系统，引发一连串的信号，释放大量神经化学物质。海伦并不知道她给安德鲁带来的伤害，如果有人告诉她，她肯定会说这是她最不想做的事。她只是想给客户留下好印象。海伦不会知道她的言行已经正中安德鲁恐惧系统的核心——杏仁核。一旦事关恐惧，杏仁核的作用至关重要。

杏仁核是所有情绪，特别是恐惧的基础和存储器。杏仁核的神经化学物质被触发后快速传递到大脑及身体各部，引发恐惧反应（LeDoux，1992；Bainbridge，2008）。在一个组织中，这是你最要避免将员工置于的境地。除非，你想让他们僵住、反抗你或者请病假。

正如第1章所言，人有八种基本情绪：信任/爱、兴奋/喜悦、恐惧、愤怒、厌恶、悲伤、羞耻和惊吓/惊奇。信任/爱和兴奋/喜悦是依恋情绪。恐惧、愤怒、厌恶、羞耻和悲伤是回避情绪。根据特性，惊奇可以被归纳为两类中的任意一类。在人脑的发展层次中，情绪先于认知。因为情绪关乎每时每刻的生存，所以情绪总优先于思维和逻辑，任何决策过程中情绪都会影响思考和逻辑。

人的经历离不开情绪。随着婴儿大脑的发育，大脑呈现分层结构（Schore，1994）。尽管DNA和基因构成决定大脑发育的结构，但大脑的实际组织结构很大程度受到人际关系的影响。和房子一样，砖块（神经元）决定了房屋结构，但内部装饰和家具（经历）决定了居住品质。

从生命最初的时刻起，人脑就被人际关系的经历和品质塑造，情绪是大脑发育的关键。正是情绪将大脑神经通路组织起来。人际关系包含了所有的情绪，影响着人一生中大脑神经元连接、神经化学反应及大脑功能的形成。别人对待我们的态度影响深远，能够影响我们对自己的感觉，有时会产生巨大的负面影响。就像安德鲁的例子，不经意的语言和行为会给人留下很深的伤害。极端的情况下，欺凌和虐待会造成情感伤害，让许多人永远无法愈合，一旦受到压力，伤口又会裂开。

长大成人之后，大脑保留了学习、发展和适应的能力。大脑神经元连接相当有可塑性，大脑天生具有以加拿大心理学家唐纳德·赫布（Donald Hebb）的名字命名的"赫布可塑性"（Hebbian plasticity）。1949年，赫布提出假设，认为相互联系和协作的突触通路可以永久地改变已激活通路的有效性（Haider，2008）。赫布认为两个神经细胞同时放电表明学习正在发生。"同时放电的细胞可以建立连接"。但这是一把双刃剑：大脑的学习不加选择，大脑并没有预设的模板，外部环境提供什么大脑就学习什么。大脑兼容并蓄，无论好的、坏的、美的、丑的，大脑都全盘接受。

领导者的"低路"

领导者和管理者在企业内加薪升职靠的是业务绩效。你爬得越高，你就离擅长的业务越远。随着管理责任的增加，你需要管理自己不在行或者没什么经验的事务：对人的管理。但不可避免地你还是会把注意力集中在擅长的事情上，而真正的人的工作就只能靠运气了。不幸的是，这意味着通常通过“低路”来管理和激励员工——“低路”简单粗暴，直抵杏仁核。如第1章所言，没有什么比恐惧能更快地到达杏仁核（Goleman，1995；LeDoux，1996）。但问题是，也没有什么比恐惧能更快地让人失去动力。

工作关系和社会关系的建立需要时间和努力。职场往往鼓励人们采用短期策略追求目标。因为大脑对威胁反应快，恐惧战术看起来能让人们更努力地工作、更快地完成任务、更长时间地工作。但他们真正努力做的只是保护自己（大脑就是这样工作的），剩下的都是表演。

恶语伤人六月寒

新闻集团要求不惜一切代价保证业务成功，工作要求从安迪·库尔森的办公室下达给库特纳和沃利斯，然后传达到新闻部和特写部，最后下达给下面的记者。随之而来的就是某种管理风格，经历过的人都将之描述为“恃强凌弱”，这可不是什么好公司。

Davies（2014）

有的工作环境毫不讲理、不通人情且容不得半点儿想象力。

玛莎是学校的明星运动员，她拿到过剑桥的蓝色奖章，也曾代表过英国参加国际划船比赛。玛莎事事顺心，自信友善。她想找一份和体育相关的工作。纽约一家顶级体育管理公司愿意要她，玛莎欣然接受了这份工作。

接下来的经历玛莎从来没碰到过，这让她措手不及。她从来没有被男生欺负过，公司男同事对她说话的方式让她震惊——准确地说，是骂她的方式。玛莎的老板希望她一开始就什么事都会做。没人教她，甚至没人告诉她文具柜在哪里。“我有很多问题要问，也不会羞于请教。但每次都被数落，以至于最后我都想钻到桌子下面。他们说的话都很难听。我的老板（我给他起了个绰号‘巴里大炮’），满嘴脏话，总是冲我大喊大叫，令人震惊和气愤。”那是一种男性主导的文化，在这种文化下，男同事都学着老板的口气，不敢说脏话反倒被认作胆小鬼。

“老实说，我不想辞职——这曾是我梦想中的工作。我从来没有认输过，也试着把这当成一种挑战。但现在说这份工作不容易已经是往好里说了。”玛莎理性的一面认为她可以扭转局面，而在情绪上却很受伤，这是由于她被恶言恶语伤得不轻。

恶语伤人六月寒。因为情绪神经系统，尤其是杏仁核，与生存有关，大脑对感知到的威胁会自动优先处理，立即做出反应。与言语或人身攻击有联系的话语会立即进入杏仁核，拉响警报。人们对恶言恶语、不当行为、不良关系和糟心的事非常敏感。许多研究表明，比起好事，坏事的威力更大（Baumeister 等，2001；Kahneman，2011；Sutton，2011）。

看看人脑的结构，就不难理解玛莎那略显矛盾的心理了。我们的大脑不仅三位一体，还分成两个截然不同的半脑：左半球（左脑）和右半球（右脑）。

左右半脑之间由一束三亿至八亿根的纤维（胼胝体）连接起来（McGilchrist，2009；Gazzaniga，2011）。在瘾君子的大脑中，核磁共振扫描显示胼胝体的结构完整性受损（Arnone 等，2008）。

越来越多的证据表明，（左脑/右脑）两个系统的生理和化学构成存

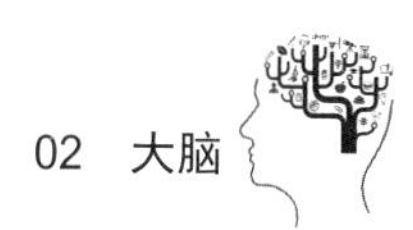

在差异，对行为的控制也有区别。因此，左右脑对信息的处理方式不一样（Schore，2012，见附录2C）。左脑主要关注逻辑和已知的事物。右脑对情绪敏感，并持续对未知事物进行扫描。

对人脑功能性侧化的认识主要归功于认知神经学家迈克尔·加扎尼加（Michael Gazzaniga），他被称为“现代裂脑科学教父”。他的研究对象是裂脑患者。为了治疗严重的癫痫发作，裂脑患者的胼胝体被切断。这种激进的手术疗法今天已经被药物疗法所取代。裂脑患者成为难得的研究对象，可以研究大脑两个半脑如何协同，又如何独立运作。例如，加扎尼加的研究揭示了两个半脑的差异，左侧一般负责语音和文字的理解，而右侧一般负责处理视觉空间信息及面部识别（Wolman，2012）。

玛莎负责逻辑的一侧大脑（左脑）试图理解粗鄙的行为，以及无处不在的愤怒，此外还要抑制右脑的情绪反应。玛莎一向是一个善于与他人进行团队合作的人，她力求客观，尽量不将粗鄙的行为和愤怒往心里去。但是对右脑来说，事事入心。

> 玛莎感受到了威胁。“我唯一关心的就是如何保护自己。我不习惯在口头上论战——我发现自己不知所措。”尽管她喜欢与客户共事，并感到与他们之间有良好的沟通，但办公室里的团队会议变得越来越困难。她的应对方法是尝试找借口不参加。这是由于她感到自己不被尊重。这样做的风险在于客户可能会发现她失去了自信，开始质疑她是否能干。

玛莎的老板和男同事都没有搞明白怎么回事。因为有些客户是著名的女明星运动员，他们专门招募了一名女员工，玛莎。他们觉得工作时开开玩笑很正常，认为玛莎过于情绪用事，反应过度了。如果她接受不了，也许可以考虑换个工作？他们没有明白，职场机会均等并不意味着不能有风格上的差异。

这份工作不容易——要有个人魅力、能谈天说地，同时还要谈成生意、和那些名媛大腕儿搞好关系，处理公关危机。该组织的文化是左脑驱动型的。

骂脏话（左脑负责）是宣泄情绪的方式——骂人也是组织中彰显主导权和领导力的方式。动物界的雄鹿深谙此道，它们在决斗时会用犄角顶住对方，拼尽全力争当鹿王。玛莎的老板和男同事们肯定知道，这些侮辱的脏话可能会让人从字面上理解，尤其会伤害那些不懂世故，无心防范的人。玛莎参加划船比赛时，队员全是女运动员。获奖后她得到和男人同等的尊重，不少男人钦佩她的成就，这都是事实，有报道也有记录，但这份工作中情况完全不同。玛莎成了软柿子，谁都喜欢欺负她，有人嫉妒她得过冠军。这是由于被左脑支配的人不懂得同情别人，也不会感同身受。

玛莎的问题看起来难以克服，但事实并非如此。在恶言恶语和挑衅冒犯的背后，是努力工作的人。尽管大多数情况下他们是出于善意。但是前进的道路上必须不仅有良好的意愿，还要采取行动：相互尊重；明白和不同的人说话方式应该不同；要知道所有难听的话都可能会被视为真正的威胁；这样才能熟悉真正的职场文化。

对文化的狂热

一家咨询集团的董事长告诉新任命的总经理，作为企业主他希望公司能像家庭一样经营。总经理喜欢这个概念。他是在一场董事会会议谈判破裂后被任命的，这场会议打破了三人原来的合作关系，只剩下董事长一人控制。新的总经理花了一年多的时间才弄清楚董事长来自一个非常不正常的家庭。董事长热衷于争吵和争执，把人们分成不同的派别，他制造了没人信任其他人的环境。“家庭”对董事长和他的总经理来说有着截然不同的含义。

看来在决定接受一份工作之前，最好先尽可能多地了解一下这个组织的文化。我们说的文化不是指发表的使命宣言中的承诺和陈词滥调，而是文字背后的真实状态。你可能选择不了出生的家庭，但可以选择在哪里工作，这只需一番调查而已。

下面故事中的公司使用了化名，公司的使命表述也做了相应的调整，请勿对号入座。

跨大西洋公司是一家全球金融服务公司，它是整个行业的领头羊，招募来自企业和政府的高端人才，新进的毕业生都来自名校。公司给予员工的待遇非常优厚，包括额外津贴、分红激励、高薪、诱人的奖金机制及医疗保险。

以下摘录于公司使命：

跨大西洋公司追求卓越，砥砺前行。我们相信追求卓越关乎知道什么是真实的，以及什么是可验证的。工作与待人应该讲原则，有操守。我们培育创新文化，鼓励独立思考。分歧和错误在所难免，获得真相需要高度开放，虽然不容易做到，但也要跳出舒适区。我们希望员工对待工作能够做到坚定自信，开诚布公。

詹姆斯被猎头选中参加跨大西洋公司的面试，这看上去机会难得。他查看了公司的使命，对这家不一般的公司非常感兴趣。招聘过程与他之前经历的完全不一样。面试问题很直接，有新意。招聘耗时15个月。“我接受了八轮面试，以及一天在岗考察。”最后詹姆斯被录用了。

四年后，詹姆斯伤痕累累，濒临崩溃，他决定辞职。

詹姆斯说："问题是真相只有一个——如果你没有看到，那就是你的综合能力不够。'开放'竟然是无休止的批评。但我学会了适应。大家都很傲慢，自我感觉良好。互相挑毛病，找对方麻烦。入职第二年公司一切都变了，管理层也换人了。原来大家都敢于冒险，随着业务越做越大，风险激增，大家变得越来越厌恶风险。新上任的总经理感到很害怕。我被告知工作不突出——必须要和某某人看齐。公司从不解雇任何人，只给他们降职，这是对人的极大侮辱，很让人受伤。他们限制你的工作范围，你什么也做不了。打着获得真相的旗号，我在会议上当着同事的面被公开指责。说是要相信公司的文化，要开放坦诚，有什么想法就说出来。但我最终发现，这些都是陷阱——他们这么做只是想套出更多信息。

"在一次管理层会议上，我看到公司一位非常资深的人被批得狗血喷头。他在公司多年，是元老级别的人物。如果他们对他都这样，对你肯定有过之而无不及。公司总有人请病假——压力太大、肠胃失调、恐慌、抑郁等。一方面，每个人都有一大堆工作，根本忙不完。另一方面，公司对员工的安排很有迷惑性，姿态摆得很高。这家公司提供高大上的医疗保险、带薪休假，员工可以使用公司的私人飞机。公司总部设在伦敦郊外，以前是一处奢华的乡村庄园。在那里，一流的健身设施、网球场、游泳池一应俱全，以及两家不错的员工餐厅。早晨上班到公司后基本不用出去了。尽管这看起来很理想，但很快就感觉与外界失去了联系，处处受人控制。

> “最终我不得不请求帮助，却因方式不当而受到指责。我尽力避免情绪用事，因为管理层说情绪会拖人后腿，所以人人都强调思考和逻辑。我从未见过这么多大男人掉眼泪。首席执行官参加了一个关于情商的研讨会，回来一直讲杏仁核，告诉我们要多用前额叶皮层想问题——运用逻辑。他说每个人都必须适应巨大的情绪反应。情绪爆发很正常，因为那是杏仁核的正常反应。但我们必须学会用逻辑控制情绪。”

詹姆斯又说：“大家都像得了斯德哥尔摩综合征，很害怕离开公司。管理层说出去肯定找不到工作，很多人就信了。”

这个故事令人震惊，但随着越来越多的公司眼看着收益上升到数千亿美元，赌注变得越来越高时，贪婪失控，价值观和原则被牺牲。

跨大西洋公司标榜创新驱动，它面向未来，在全球市场上崭露头角，为其他金融服务企业树立榜样。詹姆斯当初想着进入公司等着他的是兴奋、奇遇和创造力，认为自己进了一家充满关爱、倡导企业家精神的家庭式企业。他一开始觉得自己被邀请加入了一个提供安全感和支持的高级俱乐部。但詹姆斯后来发现公司的文化完全不是这样的。

跨大西洋公司用赤裸裸的恐惧管理员工。只有一个真理，那就是创始人的想法才是真理。“透明”变成了背后告密，说人闲话，从不质疑事情是如何做的。在金钱至上的行业他们却从不谈钱，钱成了不可言说的禁忌。最虚伪的是，说公司以价值观为导向，而非营利。这给人一种错觉，认为只有信任、忠诚和真理才最重要。

恐惧的负面效应显现，这导致跨大西洋公司开始付出代价。不少最优秀的人决定孤注一掷，辞职离开。詹姆斯辞职当年，公司的流失率达到了惊人的50%，留下的人不少都落下了心理或身体疾病。恐惧是致命的，该公司的组织文化基于恐惧与偏执，没有什么比每时每刻都要担心恐慌更能扼杀创造力、动力和生产力了。大脑完全在恐惧模式下时，唯一关心的只有生存，更别提什么专注、创造力和团队合作。当神经系统发出红色警戒时，需要全神贯注，不可能再注意其他任何事情。

詹姆斯出来的还算及时。他用了将近一年的时间才恢复过来，后来自己开始创业了。

信任/爱有什么用处

> 大脑用来干什么？简而言之，为了性。人类的大脑大得惊人，为我们编织了复杂的生活大网，大脑的每个部分都只为达到一个简单的目的：性。
>
> Gazzaniga（1997）

解剖学可以解释这一点，神经化学也支持这个观点。

大脑中的化学反应建立在爱、恐惧和各种情绪的基础上，形成无数的人类情感。神经递质是胎儿大脑发育的核心——开启基因潜能。例如，性别认同和最终选择哪种性倾向在出生之前就定了。这些化学反应产生持续的影响，从婴儿期、儿童期到青春期，贯穿人一生。神经可塑性意味着学习、经验和情绪可以改变大脑（见第1章）。神经元非常灵活，可以与其他神经元建立连接、断开连接，还能重建连接。大脑确实能够不断重组，尽管这并非易事（LeDoux，1996；LeDoux，2002）。如果你不会普通话可以学，让大脑创建新的路径却很难。如果真想学的话，是可以做得到的。学习新的情绪行为也不容易。

爱、关怀和善良在大脑中构建了良好的化学平衡，促进身心健康发展，恐惧恰恰相反。极度的恐惧会给人造成永久性的伤害。可怕的经历会给人造成心理创伤，同时会改变神经递质的释放、电信号的传递，导致神经元本身的变化。神经化学的微妙平衡一旦被打破，对内心世界的影响会导致健康问题（LeDoux，1996）。

詹姆斯的故事中，我们看到他如何失去自信，失去自我意识，失去理性思考和认知的能力。跨大西洋公司的恶劣环境造成员工大脑神经化学物质失衡，对情绪和身体造成极大伤害。詹姆斯说："我觉得有人从我脚下把地毯抽走，使我的信心大受打击。我感到恐慌、多疑、难过，连亲近的人都不想见。"

神经化学物质影响人的方方面面，包括个性、记忆、情绪、思维、注意力和行为等。如第1章所言，人际关系对于大脑化学物质的组成至关重要。在恐惧盛行的组织文化中，神经化学反应总体上对生产力、工作动机、问题解决、信任和能量有抑制作用。恐惧是提升个人有效性和组织能量的大敌。

大脑如何调动能量

本书第7章会专门讨论能量的问题，但本章先对人脑能量的研究做简要概述。

早在19世纪，安培和法拉第就发现电是一种物理现象。电的发现让神经学家开始研究大脑信号背后的电化学机制。

19世纪中叶，德国科学家赫尔曼·冯·赫尔姆霍茨（Herman von Helmholtz）发现，大脑中电信号的传输以生物方式进行。20世纪20年代，人们发现大脑和整个神经系统中传递信号的电脉冲与神经递质（神经化学物质）的释放有关。

神经递质在突触间释放，突触是神经元轴突末端之间的狭小间隙。

我们发现大脑每时每刻都有数十亿个活跃的突触，它们形成数万亿个突触的连接。这些突触能够调节大脑的信息流，是单向系统。释放神经化学物质的神经元叫突触前部，接收神经化学物质的神经元叫突触后部。接收信号的点叫树突。接收信号的神经元（突触后部）在接收后就变成发送信号的神经元（突触前部）。大量突触前部神经元轰击大量突触后部神经元形成“电暴”，“电暴”才能产生动作电位。

神经元从细胞体向轴突传递信息时，就会产生动作电位……动作电位是去极化电流活动的爆发。当神经元的电活动达到临界阈值时，……动作电位的大小总是相同……所有动作电位大小相同。因此，神经元要么达不到阈值，要么激发全动作电位，这就是“0和1”的原理。

Chudler

神经递质发送和接收信息需要在毫秒级别实现高度协调。整个过程是电—化学—电或电化学过程。

尽管很难想象，但神经元之间的电化学反应造就了人脑所有奇妙（有时是可怕）的成就。

LeDoux（2002）；Kaku（2014）

走出恐惧文化

恐惧是今天职场文化中最能挫伤积极性的情绪。绝大多数老板有意或无意利用恐惧维持秩序。在以绩效导向的文化中恐惧情绪随处可见。

恐惧很容易取代兴奋和热情，成为工作中（生存）动机的主要驱动因素。它很容易被用作管理工具，因为没有什么比利用他人的恐惧更容易了。

过度和持续的恐惧导致大脑功能变化，进而干扰决策，降低工作能力。我们知道过度恐惧可以被识别和纠正。组织领导和管理层要重视关于自我的神经科学，发展健康的领导和管理模式，建立没有恐惧的组织文化，实现业务的可持续发展。

应该对恃强凌弱、野蛮粗暴、贬低他人的行为零容忍。这些问题虽然难处理，但很容易发现。

恐惧隐匿在组织中，植根于实际发生的事情及个人对外界的感知。一个人认为真实的东西，其他人觉得不一定真实。个人感知来自人际关系及企业文化，不同人的看法有时甚至会完全对立。企业领导最困难的任务是在文化层面协调和引导大家的情绪反应。后面几章会讲具体如何操作。

参考文献

Anon (nd) A short history of brain research: 1st century to 1872, available at http://www.mybrain.co.uk/public/learn_history1.php [accessed 8 May 2014]

Anon (2014) Brain-to-brain 'telepathic' communication achieved for first time, *Daily Telegraph*, 8 September 2014, available at: http://www.telegraph.co.uk/news/worldnews/northamerica/usa/11077094/Brain-to-brain-telepathic-communication-achieved-for-first-time.html [accessed 8 September 2014]

Arnone, D, Barrick, TR, Chengappa, S, Mackay, CE, Clark, CA and Abou-Saleh, MT (2008) Corpus callosum damage in heavy marijuana use: Preliminary evidence from diffusion tensor tractography and tract-based spatial statistics, *NeuroImage*, 41 (3), pp 1067–74, doi:10.1016/j.neuroimage.2008.02.064

Bainbridge, D (2008) *Beyond the Zonules of Zinn*, Harvard University Press, Cambridge, MA; London, UK

Baumeister, RF, Bratslavsky, E, Finkeanauer, C and Vohs, KD (2001) Bad is stronger than good, *Review of General Psychology*, 5 (4), pp 323–70 available at: http://bobsutton.typepad.com/files/bad-is-stronger-than-good.pdf [accessed 9 August 2014]

Bear, MF, Connors, BW and Paradiso, MA (1996) *Neuroscience: Exploring the Brain* 3rd revision, Lippincott Williams and Wilkins, Baltimore

Chudler, EH (nd) *Neuroscience For Kids: Action potential*, available at: https://faculty.washington.edu/chudler/ap.html [accessed 4 September 2014]

Churchland, PS and Sejnowski, TJ (1992) *The Computational Brain*, 5th edn, The MIT Press, Cambridge, MA; London, UK

Crick, F and Koch, C (1992) The problem of consciousness: The hidden mind, *Scientific American*, pp 11–17, available at http://codatest4.library.caltech.

edu/329/1/Crick-Koch-92-Sci_Am.pdf [accessed 15 August 2014]

Damasio, AR (1994) *Descartes' Error: Emotion, reason, and the human brain*, 1st edn, GP Putnam's Sons, NY

Damasio, A (2010) *Self Comes To Mind: Constructing the conscious brain*, Pantheon Books, NY

Damasio, A and Hustvedt, S (2010) A legacy of behavioralism in the neurology of emotion, *Big Think*, available at: http://bigthink.com/videos/a-legacy-of-behavioralism-in-the-neurology-of-emotion [accessed 27 May 2014]

Danzie, J, Jay Danzie quotes, available at http://www.goodreads.com/quotes/792897-your-smile-is-your-logo-your-personality-is-your-business [accessed 11 December 2014]

Davies, N (2014) *Hack Attack*, Chatto and Windus, London

Deigh, J (2001) Emotions: The legacy of James and Freud, *International Journal of Psychoanalysis*, 82 (6), pp 1247–56, available at: http://doi.wiley.com/10.1516/J91T-TEJB-Q1Y5-K0RW [accessed 25 May 2014]

Dreifus, C (2011) A conversation with John P Donoghue: Connecting brains to the outside world, *New York Times*, available at: http://www.nytimes.com/2010/08/03/science/03conv.html?_r=0 [accessed 3 May 2014]

Freud, S (1895) *Project for a Scientific Psychology* (The Standard Edition, 1957), ed J Strachey, The Hogarth Press and The Institute of Psycho-Analysis, London

Freud, S (1914) *On Narcissism: An introduction* (*The Standard Edition, 1957*), ed J Strachey, *The Hogarth Press and The Institute of Psycho-Analysis*, London

Gazzaniga, MS (1997) What are brains for? in *Mind and Brain Sciences in the 21st Century*, ed RL Solso, pp 157–71, A Bradford Book, The MIT Press, Cambridge, MA; London, UK

Gazzaniga, MS (2011) *Who's in Charge?: Free will and the science of the brain*, 1st edn, Harper Collins, NY

Gillett, G and Franz, E (2013) John Hughlings Jackson: Bridging theory and clinical observation, *The Lancet,* 381 (9866), pp 528–29, available at http://www.thelancet.com/journals/a/article/PIIS0140-6736(13)60268-8/fulltext [accessed 1 May 2014]

Goleman, D (1995) *Emotional Intelligence*, Bantam Books, New York, Toronto, London, Sydney, Auckland

Greenfield, S (1997) *The Human Brain*, 1st edn, Basic Books, NY

Gross, CG (1995) Aristotle on the brain, *The Neuroscientist*, available at http://www.princeton.edu/~cggross/Neuroscientist_95-1.pdf [accessed 8 May 2014]

Haider, B (2008) Contributions of Yale neuroscience to Donald O Hebb' s organization of behavior, *The Yale Journal Of Biology And Medicine*, 81 (1), pp 11–18, available at http://www.pubmedcentral.nih.gov/articlerender.fcgi?artid=2442722&tool=pmcentrez&rendertype=abstract [accessed 4 August 2014]

Hughlings Jackson, J (1884) John Hughlings Jackson evolution and dissolution of the nervous system III, *Croonian Lectures,* available at http://www2.psykl.med.tum.de/klassiker/hughlings_jackson_croonian_III.html [accessed 1 May 2014]

James, W (1981) *The Principles of Psychology*, Harvard University Press, Cambridge, MA; London, UK

Kahneman, D (2011) *Thinking, Fast and Slow*, 1st edn, Farrar, Straus and Giroux, New York

Kaku, M (2014) *The Future of the Mind*, Doubleday, New York, London, Toronto, Sydney, Auckland

Keenan, JP, Gallup, GC and Falk, D (2003) *The Face in the Mirror: The Search for the origins of consciousness*, Harper Collins, New York

LeDoux, J (1992) Parallel memories: Putting emotions back into the brain, *Edge.org*, available at http://edge.org/conversation/parallel-memories-putting-emotions-back-into-the-brain [accessed 29 May 2014]

LeDoux, J (2002) *Synaptic Self: How our brains become who we are*, 1st edn, Viking, NY

LeDoux, J (1996) *The Emotional Brain*, Simon and Schuster, New York

Lieff, J (2012) A Cell Becomes a Neuron, available at www.jonLieff.md/blog/neuronal-plast/city-blog/a-cell-becomes-a-neuron [accessed 10 April 2015]

MacLean, P (1990) *The Triune Brain in Evolution*, Plenium Press, New York

McGilchrist, I (2009) *The Master and his Emissary*, Yale University Press, New Haven and London

McLeod, SA (2007) Cognitive psychology, available at http://www.simplypsychology.org/cognitive.html [accessed 26 May 2014]

Morrish, P (1999) John Hughlings Jackson. Father Of English Neurology, *Brain*, 122 (6), pp 1199–1200, available at: http://brain.oxfordjournals.org/content/122/6/1199.full [accessed 30 April 2014]

Newman, JD and Harris, JC (2009) *The scientific contributions of Paul D MacLean* (1913–2007), The Journal of Mental Disease, available at http://udn.nichd.nih.gov/pdf/Paul_D_MacLean_Contributions.pdf [accessed 21 June 2014]

Nicolelis, MAL (2012) Mind in motion, *Scientific American*, available at http://www.nicolelislab.net/wp-content/uploads/2012/11/SciAm2012_Nicolelis.

pdf [accessed 6 May 2014]

Panskepp, J (1998) *Affective Neuroscience: The foundations of human and animal emotions*, Oxford University Press, Oxford

Pearce, J (2008) Paul MacLean Obituary, *New York Times*, available at http://www.nytimes.com/2008/01/10/science/10maclean.html?_r=0 [accessed 21 June 2014]

Purves, D (2001) *Neuroscience*, 2nd edn, eds D Purves, GJ Augustine, D Fitzpatrick, LC Katz, A LaMantia, JO McNamara and SM Williams, Sinauer Associates, Sunderland, MA, available at: http://www.ncbi.nlm.nih.gov/books/NBK11060/ [accessed 24 June 2014]

Sample, I (2014) Mind-controlled robotic suit to debut at World Cup 2014, *The Guardian*, available at: http://www.theguardian.com/technology/2014/apr/01/mind-controlled-robotic-suit-exoskeleton-world-cup-2014 [accessed 6 May 2014]

Schore, A (2012) *The Science of the Art of Psychotherapy*, WW Norton and Company

Schore, AN (1994) *Affect Regulation and the Origin of the Self: The neurobiology of emotional development*, Lawrence Erlbaum Associates, Hills Dale, NJ

Schulte, B (2013) available at http://www.washingtonpost.com/local/new-report-finds-that-untreated-the-effects-of-child-abuse-and-neglect-can-last-a-lifetime/2013/09/12/1edc0bdc-1bc7-11e3-82ef-a059e54c49d0_story.html

Schutz, LE (2005) *Neuropsychology Review*, 15 (15), pp 11–27

Solms, M and Saling, M (1986) *A Moment of Transition: Two neuroscientific articles by Sigmund Freud*, The Institute of Psychoanalysis, Karnac Books, London

De Sousa, R (2003) *Emotion*, available at: http://plato.stanford.edu/entries/emotion/ [accessed 26 May 2014]

Sun, T and Hevner, RF (2014) Growth and folding of the mammalian cerebral cortex: from molecules to malformations, *Nature Reviews Neuroscience*, 15 (4), pp 217–32, available at http://dx.doi.org/10.1038/nrn3707 [accessed 15 July 2014]

Sutton, B (2011) Bad is stronger than good: Why eliminating the negative is more important than accentuating the positive, available at http://bobsutton.typepad.com/my_weblog/2011/10/bad-is-stronger-than-good-why-eliminating-the-negative-is-more-important-than-accentuating-the-posit.html [accessed 9 August 2014]

Swaab, DF (2014) *We Are Our Brains: A neurobiography of the brain from womb to Alzheimer's*, Penguin Random House, New York

Sweeney, MS (2009) *Brain – The Complete Mind: How it develops, how it works, and how to keep it sharp*, The National Georgraphic Society, Washington, DC

Wiley, JPJ (1998) Expressions: The visible link, *Smithsonian.com*, available at http://www.smithsonianmag.com/science-nature/expressions-the-visible-link-153844951/?no-ist [accessed 29 April 2014]

Wolman, D (2012) The split brain: A tale of two halves, *Nature*, 483 (7389), pp 260–63, available at http://www.nature.com/news/the-split-brain-a-tale-of-two-halves-1.10213 [accessed 8 August 2014]

York, GK and Steinberg, DA (2007) An introduction to the life and work of John Hughlings Jackson: Introduction, *Medical History*, Supplement, (26) p 3, available at: http://www.ncbi.nlm.nih.gov/pmc/articles/PMC2640105/ [accessed 1 May 2014]

York, GK and Steinberg, DA (2011) Hughlings Jackson's neurological ideas, *Brain: a journal of neurology*, 134 (Pt 10), pp 3106–13, available at: http://brain.oxfordjournals.org/content/134/10/3106.abstract [accessed 30 April 2014]

Zimmer, C (2011) 100 trillion connections, *Scientific American*, 304 (1), pp 58–63, available at: http://www.scientificamerican.com/article/100-trillion-connections/ [accessed 27 May 2014]

 附录2A 三位一体大脑

爬行动物脑/脑干

爬行动物脑，也称为脑干，围绕着脊髓顶端，是大脑最原始的部分。爬行动物脑存在于所有具有最小神经系统的物种和所有脊椎动物中。它负责调节人类的基本生命功能、呼吸、身体器官新陈代谢、半反射节律运动；协调运动与视觉等其他感官信息；控制身体平衡、控制肢体运动及手指的精细运动。爬行动物脑保证身体平稳运转，与有意识的思考或学习无关。大脑的情绪中心起源于脑干顶部。由薄薄一层细胞组成的嗅叶是最原始的情绪中心。它由吸收和分析气味的细胞组成，使得原始物种能够识别敌人，避免危险。爬行动物的嗅叶特别发达（Goleman，1995）。

古哺乳动物脑/边缘脑

边缘系统包括大脑的情绪中心及相关系统，它被称为古哺乳动物脑，这是因为它的进化与第一批哺乳动物的出现有关。哺乳动物父母和幼仔之间有效的关系对生存至关重要。边缘系统与爬行动物脑（尤其是嗅觉中枢）有连接，向上一直延伸到新皮质。尽管边缘系统主要与情绪有关，但它与行为、记忆和动机也有联系。边缘系统由前皮质和亚皮质组成，还包

括围绕脑干及贯穿特定神经回路的连接系统。边缘系统给大脑增加了情绪功能。“边缘系统呈拱形、来回弯曲——有很长一段缠绕在新进化的大脑系统外围……”（Bainbridge，2008）。

新皮质脑/认知脑

新皮质脑是大脑的思考中枢，它在大脑情绪层上增加了思考和理解的功能。新皮质脑仅在哺乳动物中存在（Bear 等，1996；Goleman，1995），它包含一系列记录分析信息的回路。新皮质脑负责接收信息，能够通过前额叶协调反应。新皮质脑通过复杂的回路接收信息，所以能够深思熟虑并快速做出反应。前额叶皮质能够有效管理情绪，在行动前权衡各种反应的利弊。左前额叶的功能类似神经调节器，可以关闭痛苦的情绪，控制原始情绪，并抑制右前额叶。右前额叶是恐惧和攻击等逃避/回避情绪的中枢。前额叶损伤会导致处理感觉的能力受损。前额叶受到损伤的话，大部分情绪就会消失（Bear 等，1996；Goleman，1995）。情绪中心启动后（如在极度危险的时候），可以影响大脑其他部分的功能，包括认知中心（Goleman，1995）。

 附录2B　情绪脑：主要的构成

杏仁核（amygdala）位于前脑，由两个杏仁状结构组成，所以称为杏仁核。[希腊语中的“杏仁（almond）”一词是“amygdalon”，而“amygdala”是复数，尽管和“数据（data）”一词一样，它通常以单数形式使用，指的是整个系统。]左右半脑各有一个杏仁核，位于颞叶的内表面，在耳内深处，两个杏仁核统称为“杏仁核”。恐惧来袭时，杏仁核的作用至关重要。杏仁核是人脑学习和记忆恐惧的地方，也是所有基本情绪的中枢，神经化学物质在杏仁核被触发，迅速传递到大脑及身体各部，

引发恐惧反应。对杏仁核的了解大多来自动物研究，以及对杏仁核结构受损的患者的研究。

患有罕见的类脂质蛋白沉积症（Urbach-Wiethe）的患者，其杏仁核会退化。这些患者不会感到恐惧或愤怒，也无法读懂他人的情绪表达。杏仁核系统从新皮质和嗅觉系统获取信息（Bainbridge，2008；LeDoux，1996）。

嗅觉脑是新皮质脑、认知脑的基础。它显然与嗅觉及控制由嗅觉引发的行为有关（Bear 等，1996）。

丘脑通常被认作大脑皮质的通道，它将接收到的感觉信息传递到大脑皮质，一般认为丘脑有助于记忆的巩固（Greenfield，1997）。

下丘脑位于前脑的底部，连接起开展复杂心理活动的前脑和原始的下部区域（LeDoux，1996）。下丘脑不到大脑质量的1%，但它对身体生理的影响巨大。下丘脑能够控制自主神经系统和脑垂体，也参与肾上腺素的传递（Bear 等，1996；LeDoux，1996）。

海马体对新记忆的形成起重要作用。海马体连接了大脑最重要的认知系统之一颞叶记忆系统。海马体与内隐情绪记忆系统并行工作，负责储存外显记忆和情绪状态（LeDoux，1996）。

基底神经节是皮质下前脑与身体运动有关的区域。人们认为杏仁核和基底神经节之间的相互作用与情绪行为有关（LeDoux，1996）

附录2C　左脑/右脑

左脑

- 语言能力发达。

- 运用语言的优势，为了自己想要得到的东西不惜说一些善意的谎言。
- 寻求确定性。
- 抑制逃避/回避情绪，除了愤怒。
- 关注具体事务（McGilchrist，2009；Panskepp，1998）。如果世界是森林，左脑只能看到眼前的几棵树。
- 把事情分成几个部分进行分析。
- 认为身体和大脑相互独立。
- 接受单一的非黑即白的解决方案。
- 抽象推理能力。

右脑

- 情绪大脑中枢。
- 迫使大脑立即处理危机。
- 右脑的语言是隐喻。
- 参与对故事的叙述。
- 参与个人意义构建。
- 共鸣、同情、道德和创造力均来自右脑。
- 是大脑中最复杂和高度进化的部分。
- 看到“大局（森林）”，能够把问题放在一定的情境中理解。
- 解决问题时，右脑会考虑多个可能的解决方案。
- 在字词间建立感知联系。
- 关注情绪变化，识别情绪的肢体语言。
- 统一的自我：自我的感觉（自我表达）属于右脑。

附录 2D　神经递质与荷尔蒙

神经递质	
乙酰胆碱	使肌肉运动和收缩
多巴胺	带来快乐和奖励的感觉；成瘾由多巴胺水平失衡造成
安多芬	强力麻醉剂，阻断疼痛
γ-氨基丁酸	神经元镇静剂
谷氨酸	负责学习和记忆
去甲肾上腺素	调节情绪、血压、心跳和性欲激发
血清素	与抑郁和焦虑有关；对正常睡眠和食欲至关重要
皮质醇	压力激素
氧可酮	社交纽带；在分娩和恋爱，以及更广泛的社会交往时分泌
荷尔蒙	
肾上腺素	恐惧荷尔蒙；让身体做好战斗或逃跑的准备，刺激心率
催乳激素	母乳喂养期间促进母乳分泌，但在全身范围内有超过 300 种已知的影响，包括社交关系
血管升压素	可以升高血压
睾酮	睾酮来自雄激素组的类固醇激素。它是男性睾丸产生的男性性激素；女性卵巢产生少量睾酮。睾酮存在于哺乳动物、爬行动物、鸟类和其他脊椎动物中
荷尔蒙	
雌激素	主要由卵巢产生的类固醇激素；一种雌性激素，存在于所有脊椎动物和一些昆虫中
黄体酮	脑垂体分泌的孕激素，刺激乳汁分泌

03 记忆的机理

引言

本章阐述记忆的力量，特别是恐惧给人留下的记忆。

记忆对人的自我感知至关重要。记忆是人类描述自我的基础，是对自己与他人关系的体验。记忆是我们感知、假设和归因的基础。神经学家认为，人一辈子所有的经历都以神经元的形式储存于大脑，但其中只有10%~20%能被人有意识地觉知。记忆储存在整个大脑神经系统，某些大脑结构在记忆的储存和提取过程中作用突出。

本章将探讨记忆对我们的感受和人际关系的影响，记忆如何帮助人与人之间建立化学反应；记忆绝非静态，而是受到大脑形成记忆时所处情境的影响。本章将讲述人早期的经历和人际关系所触发的记忆对组织有何影响。除此之外，本章还将探讨职场欺凌者如何本能地知道利用他人的恐惧，去欺负以及用手段摆布他人。

何谓记忆

不存在对当下的记忆，因为当下只是感知的对象，是之前所期待的未来，但记忆的对象是过去。所有的记忆都指向曾经的过去。因此，只有能感知时间的动物才有记忆，感知时间的器官就是记忆的器官。

亚里士多德

第1章我们讲过记忆和自我感知的关系：

- 记忆的形成机制；
- 大脑多层系统中记忆的储存；
- 记忆为何是决策的基础；
- 记忆如何嵌入大脑系统；
- 为何人的自我感知来自记忆。

本章以大脑知识为基础，讨论记忆对生活方方面面的影响，尤其是记忆如何影响决策过程。本章还讨论记忆转瞬即逝的特性，记忆是如何被扭曲、曲解和剪辑的。记忆对创造力至关重要，我们将了解深层次的神经机制如何影响创造性思维。艾瑞克·坎德尔（Eric Kandel）认为神经元是记忆储存的生理基础，记忆可以代际传承。

记忆对组织及个人都非常重要。每个员工都带着一生学到的知识和经验来工作。个人历史（记忆）影响人对其同事、经理、领导的看法。它不仅影响工作方式，也影响业绩和工作效率。

组织文化包括集体习俗、观念和社会行为，决定了组织的行事方式。组织文化离不开组织的历史（组织记忆）。尽管组织文化非常有价值，但

文化并没有像品牌一样被计入估值，也许应该把文化也计算在内才对。组织文化是组织行为的指南和试金石，对提高企业效率至关重要。

记忆的偏差

“这是真实的故事。电影中的故事发生在1987年的明尼苏达州。应幸存者要求，影片中的人名都是化名。出于对死者的尊重，故事所有情节都和当时发生的情况一模一样。”

很好的开场白，但一句真话也没有。

Snopes.com

一开始真实的故事一直被剪辑，有时一天剪辑多次，到最后面目全非，完全脱离事实。就像传话游戏一样，故事每传一次就变一点，传到最后就基本上和事实无关了，人的记忆也是如此。

记忆绝非万无一失且常常失真，它不是百分之百可靠。因为大脑的记忆存储涉及多个神经系统，回忆很难完全客观。回忆带有主观性，受个人感知、判断、认知、解释和情绪的影响。和大脑本身一样，记忆是流动的。同样的事情，不同的人有不同的经历；一个人对另一个人的记忆也会有偏差，会被情绪和过往经历所遮蔽（Churchland，2012）。

我们来看看下面的例子。

现年32岁的埃洛伊丝和约瑟夫回忆起当年上学时一起参加过的一个六岁生日聚会。埃洛伊丝回忆说，聚会很有趣，小丑克莱姆很搞笑。约瑟夫则一脸惊恐。他说他现在还清楚地记着当时自己被小丑吓得不轻，中途就不得不和妈妈回家。同一个派对，同一个小丑，不同的经历，不同的记忆！现在让时光快进26年。埃洛伊丝和约瑟夫在同一家社交媒体巨头公司工作。刚开完营销会议，两人正在核对会议记录。约瑟夫说："管理层新设的截止日期真的很难达到。"埃洛伊丝说："什么新的截止日期？我没有听到他们说有新的截止日期。"

同一个会议，同样的人，关注点不同，记忆就不一样！

烂笔头

中国有句谚语：好记性不如烂笔头。这就是为什么同样一件事情，事发时的记录比没有书面文字的回忆在法庭上更有分量。

记忆提取不像按下录音设备（不管是数字式还是其他类型）的重放按钮那么简单。人们回忆某人或某事时，大脑要经历重建和改造的过程（Fernyhough，2012）。记忆不准确会造成误解、错误归因和诬告等严重后果。随着司法系统引入DNA证据，那些由于目击证人的证词有误而被定罪的人得到平反，这些不少都是事发多年后才被翻案。1992年建立的"清白计划"（Innocence Project）旨在帮助蒙冤入狱的犯人通过DNA测试洗清罪名。目前已有300多人被释放，相信之后会有更多的人通过DNA测试被无罪释放（Innocence Project，2014）。

影响记忆的因素太多，所以记忆难免失真。编码储存进入大脑的信息也只是完整事件的一部分，碎片化的点滴信息被储存在大脑的不同区域。回忆时，大脑浮现的图像可能和原来发生的事情有偏差或者不完整。大脑利用推测、猜想和添加事后获得的信息把缺失的部分补上（Innocence Project，2014）。

对记忆对象的熟悉程度影响记忆的形成。“熟悉的体验看似简单，但很强大，直接反映了过往经历”。人脑有时会产生错觉，感觉某人或某事很熟悉，这样的错觉会影响工作决策（Jacoby 等，被Kahneman引用，2011）。

埃洛伊丝和约瑟夫要筛选应聘助理编辑的报名者，确定最终候选人名单。他们约了艾伦、丽莎、罗伯特和安东尼进行面试。让人意想不到的是，候选人的名字居然会影响最终的提名决定，埃洛伊丝和约瑟夫也没有意识到这一点。埃洛伊丝最好的朋友叫艾伦；面试前一个小时，约瑟夫经理打电话给他，说到他和IT主管之间的一个问题（碰巧IT主管叫安东尼）。他们面试的所有候选人资历都符合要求。

埃洛伊丝更看好艾伦；而约瑟夫明确说他不喜欢安东尼。

我们可能无法控制这些影响决策的隐性记忆，但这个例子可以让我们看到记忆在选择过程中的作用。

通过内心深处的核对取舍，人们可能把影响思维和决策的个人经历带入意识。举个例子，你可能会问自己，哪些经历左右了当下的思考？如果对某人或某观点持否定态度，你可以想一想，过去的经历有没有影响你的态度。如果你对某人或某观点很赞同，也问问自己过去的经历有没有影响你的判断。

尤里卡效应（灵光一现）

我相信直觉和灵感。有时感觉自己是对的。我不知道自己有没有足够的艺术天赋，能自由地发挥我的想象力。想象比知识重要得多，知识有限，而想象无涯。

爱因斯坦

所有心理过程都有生物基础，记忆产生于大脑并在大脑中储存。容易浮现在大脑意识中的事情，我们将其称为短时记忆或显性记忆。而有些事情我们知道，但意识不到自己拥有这些记忆，这些存在于无意识中的事情，被称为长期记忆或隐性记忆。显性记忆包括人、物体、地点、事实和事件。隐性记忆包括技能、习惯和条件反射。显性记忆和隐性记忆储存在大脑的不同区域（Kandel，2006）。

显性记忆很容易被唤起，但隐性记忆通常是自动显现，在意识中突然跳出来。当回忆涌入思绪时，大脑中大量的神经元在活动。神经元通过放电和连接把信息传递给其他系统，收到信息的系统再通过神经元连接、放电触发其他系统，将信息继续传递下去，就这样不断循环。

在异常活跃的大脑中，触发的记忆与正在发生的事件有关，但关系没有特别明显。有些事情在意识层面看似没有什么联系，但大脑会下意识地将这些事情微妙地连接在一起。我们的行为正是由这些无意识的活动所控制。

发明创造的灵感就是来自大脑神经的鬼斧神工。

1907年11月的一天，爱因斯坦在上班。这一天爱因斯坦有了被他称为“一生中最快乐的想法”。

当时我正坐在伯尔尼专利局办公室的椅子上，脑子里突然冒出想法：如果人自由下落，应该感觉不到自己的重量。这让我大为惊喜。这个简单的思想实验深深刻在我脑中。正是这个实验让我想出了引力理论。

Anon（1907）

不只是伟大的科学家需要灵光一现，所有看似突然冒出来的创新想法或行动都离不开神经元放电。它能够将当下的想法和过往经验连接起来，带来灵光一现的时刻！

漫画家格雷·乔利夫（Gray Jolliffe）讲了他关于灵光一现的想法，还画了一幅漫画（见图3.1）。

图3.1　灵光一现

> “Eureka”在希腊语中是“我想出来了”的意思。阿基米德洗澡时灵光一现，发现了浮力原理。他激动地大喊一声“Eureka”！他一边喊着，一边光着身子跑到雅典的大街上。街上很多人都看到了这一幕，所以这个故事为世人所知。现在我们用这个词来表达任何突发奇想或灵光一现的情景。
>
> 作为漫画家，我离不开灵光一现。有时我一天可以有上千个灵感，有时只有几百个。当我坐在写字台前绞尽脑汁地想好玩的漫画时，我发现金钱能催生不少灵感。我前一分钟还在紧张思索，目光游移，后一分钟经纪人的电话就来了。大额支票是最好的灵感。
>
> 但就像漫画里画的一样，灵光一现容易消失。只要稍有分神灵光就消失得无影无踪。例如，家人和你说句话，递一块糖给你，或者接到来自经纪人以外的人的电话。
>
> 灵感近在咫尺，异常珍贵，有时又像差几步没赶上的公交车一样离你而去，只能希望等几分钟说不准又会来一班。
>
> 但如果灵感不再来呢？例如，当阿基米德正要有灵感的时候有人送来一杯茶或者和他说笑几句，说不准今天我们还在抓耳挠腮地想怎么测量冰冻火鸡的体积呢。

好的卡通片、有趣的笑话或伟大的喜剧小品，它们之所以成功是因为创作素材来自作者的亲身经历，这能够让观众感到似曾相识。视觉形象可以直抵大脑回路，光靠文字是不够的。用语言简单地讲述格雷·乔利夫的故事效果肯定没有让读者看漫画来得好。不少组织中出现了沟通不畅的问题，其中一个问题就是讲了一大堆文字和数字，但别人只看到了其中的一部分。

给大脑施加压力，要求不断有灵感不是能产生灵光一现的理想情况。越是冥思苦想，把注意力都集中在怎么想出一个好点子，结果越让人失望。大脑中神经元同步放电，形成新的神经网络才能产生想法。新的神经网络是大脑中各种想法的集成产物，这些想法可能已经在大脑中酝酿了很长一段时间。而人为努力反而会阻碍新想法的流动。

有的灵光一现以意想不到的方式改变人的一生。

赫伯特·克莱茨莫为《悲惨世界》写了英文歌词。他谈了这一有着人生重大意义的工作是怎么获得的。

60岁那年，我在《每日邮报》工作，住在伦敦巴兹尔街的一套小公寓，业余时间写写歌词。我从未想过会离开新闻界。我是一名新闻人——这就是我的工作。但我确实喜欢歌词，喜欢歌词融入音乐的感觉。这总能打动我。那时我没想过成为一个知名的作词人——看在上帝的分上，我当时都已经60岁了。直到有一天，一切都变了。

20世纪80年代中期，我写信给卡梅隆·麦金托什（Cameron Mackintosh），请他一起把60年代的音乐剧《男子汉克莱顿》重新搬上舞台。我写了歌词，觉得这部剧一定能再红起来。

卡梅隆说他不感兴趣。我告辞之前，出于礼貌，他顺便问了问我还写过什么歌。我说我给查尔斯·阿兹纳弗（Charles Aznavour）写了《她》和《昨天年轻的我》。卡梅隆愣了一下，说："我的上帝。真的吗？你刚刚说的是我最喜欢的两首歌。"他看上去很高兴。但还是不打算支持我的主意，后来我就走了，回到办公室。

六个月后，卡梅隆打电话给我。他说一直想找个人为英文版《悲惨世界》作词，如果找不到合适的作词人，项目就要黄。他说他昨天半夜醒来突然想到我。想起来我写过的歌，还想起来我和一个法国人查尔·阿兹纳弗合作过……

好吧，我想……这听起来有点奇怪。他请我去常春藤餐厅和他一起午餐。我们见了面，他请我给《悲惨世界》写歌词。“接下来我花了四周时间读了维克多·雨果的英文版小说，最后答应了。”

《哈佛商业评论》报道，悉尼大学索菲·埃尔伍德（Sophie Ellwood）的研究表明，伟大的想法需要时间来孵化（Barkus，2014）。这段时间不能一直想着努力创新，而应该去做一些稀松平常，不用太动脑子的事情。在埃尔伍德的研究中，90名学生被分成三组，要他们想出一张纸尽可能多的用途。第一组不间断地想了四分钟；第二组两分钟后被打断，给他们另外一个创新任务，然后再给两分钟时间想出纸的用途；第三组两分钟后被打断，让他们做迈尔斯布里格斯测试（Myers–Briggs test），这需要大约40分钟，完成测试后再给两分钟时间列举纸张的各种用途。

第三组的孵化时间最长，他们想出的用途也最多，平均9.8个。第二组平均7.6个，而第一组平均只有6.9个。简言之，结果表明即使是短暂的孵化期，也能增强创造力（DesMarais，2014）。

停下来先干点别的事情有助于大脑更好地建立连接。注意力太集中于一件事会人为操控神经元放电连接，人们在压力下努力想办法赶快解决问题，反而会阻碍想法的生成。大脑的能量都集中在怎么想出办法，而不是让想法自然生成。总是聚焦某一个问题会让人反复思索以前已经想出的解决方法。就像不知道钥匙丢在哪里，你却翻来覆去在一个地方不停地找。如果能先不想钥匙的事，可能会想起来刚刚接了个电话（噢，钥匙随手放在电话机边上），或者想起来你最后一分钟戴上的围巾（噢，钥匙在梳妆台上）或者在昨晚出门拿的皮包里（噢，原来在那里）。

一位心理学家习惯利用睡眠时间来聚焦连接性能量。有时是为了创作，有时是为了解决问题。例如，有一次他忘记把一支很珍贵的钢笔放在哪儿了。

他找了一整个白天也没找到。晚上睡觉前他告诉自己要做梦梦到钢笔。他梦见自己白天在图书馆找一本书，爬梯子上去拿最上层的一本书时，手中就拿着钢笔。当他去够书时，需要两只手来保持身体平衡，就自然而然地把钢笔放在了书架上，下来后从地面的高度就看不到钢笔了。梦中完全再现了整个过程，第二天早上起来去找，钢笔果然在书架最上面一层。

多花点时间肯定会带来回报。如果还在为想不出点子感到苦恼，不知道下一段写些什么，整理报告却没有头绪，或者战略规划卡在一半，不如先放下手里的活儿，做点其他的事情可能会有帮助。例如，清理一下邮箱，整理一下桌面图标或电脑文件，总之事情越单调越好。关键是要相信大脑正在为你工作，越不打扰它，它的效率越高。有时拖沓一点反而能想出更好的点子，与其说是拖沓，不如说是信任大脑，不去打扰它的创造性关联过程，让大脑自动帮你解决问题。

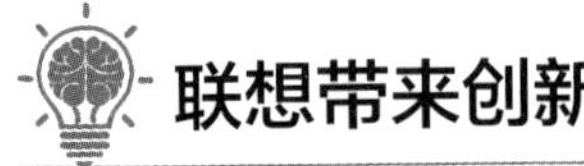

联想带来创新

> 通过联想引发的想法，会使大脑涌现更多想法。创新会从某些想法中爆发出来，但与恐惧记忆关联的想法会立即触发强烈的情绪，导致逃避行为。
>
> Kahneman（2011）

对恐惧的联想甚至会让人失去对自己的信任。

20世纪60年代初，南加州大学的心理学教授萨尔诺夫·梅德尼克（Sarnoff Mednick）通过测试来验证联想记忆对创造力的重要性。他的远距离联想测试（RAT）要求受试者说出一个词语能和给出的三个词语都有关。例如，哪个词语与下面三个词语有关?

- 农舍——瑞士——蛋糕（简单：奶酪）
- 俯冲——轻——火箭（不太容易：天空）
- 梦想——球——书（不可能：没有这样的词）

近年来，德国心理学家团队的RAT研究取得了令人瞩目的成果。他们关注认知放松与认知紧张：处理词语、短句或口号是轻松还是困难的。最重要的是情绪对联想记忆和认知难易度的影响。心情好的时候，人们放松警惕，轻松愉悦，更有可能产生联想记忆，迸发出创造力。如果外部环境和内心世界被恐惧支配，人会提高警惕，处处谨慎小心，防备心理会加重。恐惧会阻碍联想记忆，不利于想象力的发挥，有碍创造力的迸发（Kahneman，2011）。

赫伯特·克莱茨莫讲了他在创作歌词过程中如何通过联想记忆产生灵感。

一天晚上，我熬夜为《我曾有梦》这首歌写歌词。当时我突然想到了老虎，它在我的脑海中怎么都挥之不去。当时可能想到了黑暗力量悄然侵入，摧毁了我们的生活。也可能想到了自己儿时在南非一个小镇成长的经历。当然，肯定也想到了威廉·布莱克（William Blake）的诗，“老虎！老虎！眼睛像火在燃烧”。这是我选择老虎形象的一个原因。

我记得很清楚

我们生活在信息爆炸的时代。尽管我们高度重视知识的积累，但干扰来自四面八方。时间如此宝贵，回复电子邮件、回电话和回短信都要占用时间。由于忙于跟踪、掌握最新情况，填表格，参加培训，人们几乎没时间思考学习，发表观点，更不用说完成工作了。然后就是开会——没完没了的会议。在许多组织中，不开会就什么也决定不了。人人都害怕犯错，不愿冒险。而如果没有冒险精神，就不可能有美好的未来。然而对于有些领导者和管理者来说，与其冒险决策，不如多开会。

会议经常混乱不堪，每次都是少数有权力的几个人在讲，这些人期望其他人支持他们提出的议案。发言的人打断了别人的思路，很多想法就在噪声中消失，听的人感到无聊沮丧、愤怒疲惫。有的会议不按照议程来，会后人们对讨论或决定的内容有完全不同的看法。

试想一下，开完一场会后你感觉充满活力、备受鼓舞、动力十足，有了不少新的想法。南希·克莱恩（Kline，2009）认为要想鼓励人们思考，会议就不能有恐惧的氛围。会议要简短高效、重点突出、让人愉悦、议程清晰，只包含最重要的内容。议程项目以问题的形式列出，清晰明了，有助于取得明确的结果。会议中大家积极互动、相互尊重、相互启发。所有与会者都有同等的发言机会。不允许中间打断别人的话，打断思路最容易扼杀想法了。

每个人的记忆都受到过往经历的影响。从会议室出来人们可能对会议讨论的内容、达成的共识，以及制定的行动有完全不同的理解。在跨大西洋公司，首席执行官担心员工缺乏共识，对会议的目标理解不同，想出一个自认为完美的解决方案——用全程录像来克服记忆偏差和可能造成的误解。

> 安德鲁说："首席执行官每次开会都让大家全程在iPad上做笔记。有一次开完会，为了追求'真相'，他让每个人打分，评价与会者的参与情况、参会热情、发言贡献等方面。"安德鲁又说："我经常受到批评。我的会议绩效总是低于5分（满分10分）。他们把我的会议绩效评估发给团队中的每个人。大家相互比较，互相竞争。这不利于团队建设和团队合作。我感到羞耻，很尴尬，更糟糕的是我因为怕出丑，很难做出任何贡献。后来我干脆不在乎了，那时的得分反而比以前高了。"

情绪和记忆是无法录下来的，用录像精确记录会议用处不大。别人看不到你脑子里想什么，也不知道你从会议上有什么收获。内心世界的图景由情绪引发，而情绪又和个人经历相关。

跨大西洋公司的组织文化中一个重要方面是追求真相，这是公司使命的重要内容，它也很大程度上决定了组织做事的风格。

本书未完稿时，跨大西洋公司的主要问题是不知道如何发挥员工的创造性潜力。恐惧压过了对真理的探求，学习和知识积累被束之高阁，人们都在忙着应付自己和周围同事的恐惧情绪。

人们以不同的方式获取组织信息，对信息的理解也各不相同。领导层有责任清晰地传递信息，确保所有人对公司的决定都明明白白。

> 米兰达是一家大型公关公司的总经理，公司专门从事风险管理。米兰达很擅长与客户打交道，但公司内部管理却不太尽如人意。例如，开会的时候尽管米兰达知道她想说什么，但讲话却总跑题。每次开会前，她给每人发一份会议议程，她自己却从中间的某个话题开始讲起，这让人很难集中注意力。会议中间又会有人跳出来，提出一个议程上没有的话题。嗓门最大的人往往有更多的发言机会，而真正有想法的人只能憋着不说，不爱说话的人则完全没有机会发声，那些有创意的人只能在本子上涂涂画画，自娱自乐。这种混乱完全是无意识的。会后大家都很迷茫，不清楚会上到底讨论了什么，也没有达成清晰的行动计划。

同样，领导者要保证参会者都是相关人员，都有正当的参会理由。

有一次一位美国副国务卿召集一场会议，结果来了60位潜在的供应商。副国务卿很不解，于是她让与会者围坐成一圈，每个人自报家门，说说各自的参会目的。几个人介绍完之后，副国务卿表示感谢，然后礼貌地请部分人离场，说不需要他们参加这场会议。最后只留下12个人，会议效果非常好（Mankins，2014）。

会议是有效的沟通渠道，可以收集信息，表达观点，但开会很费时间。

> 大多数高管每周花在开会的时间超过20个小时。而且一次会议常常引出更多的会议。我和同事发现大公司需要每周开一次高管会，算下来每年与此相关的会议准备时间长达30万小时（相当于150个全职员工的工作时长）。
>
> Mankins（2014）

以下的开会小贴士，能让会议更高效，令人愉悦，有的放矢。更重要的是没有恐惧氛围：

- 明确开会目的；
- 只邀请最相关的人员参会；
- 会前提前征求意见；
- 会前发布议程，写明哪些问题要讨论，哪些不讨论；
- 聚焦解决方案而非问题；
- 不允许打断别人的发言；
- 控制发言时间；
- 日程上要安排每个参会人发言；
- 会议结束前提出下一步的行动要点，指定负责人及具体时间安排；
- 创建决策日志，记录所有会议决定；
- 会后及时发邮件给每个与会者，确保大家都知晓会议决定，清楚责任。

 深层次的因素

学习和记忆会影响家庭、组织和社会文化，其背后有更深层次的因素。

正如我们所观察到的，唤起记忆可能是要碰运气的，要么想起来，要么想不起来。但在神经生物学层面，经验、记忆和学习对大脑发展的影响会持续一生。

美国神经精神病学家艾瑞克·坎德尔（Eric Kandel）对神经元记忆储存的生理基础进行了研究，并在2000年与其他人共同获得了诺贝尔医学

奖。他证明了人们学习时，大脑的神经连接会发生改变，这些生理变化与学习同时发生。记忆不是文件柜，人们需要时可以随意翻查历史记录。记忆是动态的过程，它不断被重新创建，所以学习型大脑不断建立新的连接。学习改变神经细胞之间的互动方式。短期记忆会引起细胞间连接的短暂变化，而长期记忆与新突触连接的生长有关，导致持久的解剖学变化（Kandel，被 Dreyfus引用，2012）。坎德尔（2006）引用的研究支持了"习得的知识通过进化保存在大脑，这对于生存至关重要"这一观点。

> 对我来说，学习和记忆……解释了人类活动的基本特征：从经验中获取知识并将其保留在记忆中。事实上，我们对这个世界和我们的文明所拥有的绝大多数想法，都是因为我们所学到的和记住的，这些让我们成为今日的人类。
>
> Kandel（2000）

坎德尔研究了加利福尼亚海兔的神经系统，海兔是一种简单的海参类生物，具有非常大的神经细胞。海兔能进行简单学习，海兔的学习与人类相同，也是在神经层面进行的（Medina，2008）。

作为精神病学家和精神分析学家，坎德尔认为学习和记忆的心理学解释需要建立在神经生物学的科学基础上。坎德尔认为学习和记忆的细胞机制存在于神经元之间的连接（Kandel，2006）。这比"赫布可塑性"（见第2章）更深一个层次，赫布可塑性是指学习与突触有关。

坎德尔认为，过去的知识会一代一代传下去，这是表观遗传学这门新兴学科的重要基石。

后成说

后成说（epigenesis）：经验通过改变染色体上的各种分子（组蛋白和甲基），从而改变基因表达的调控过程。

Siegel（2012）

人类历史是学习和记忆的历史。从远古岩画、故事、民间传说，到歌曲、童话、文字记录，再到照片和电影，人类用各种方式记录事件及其影响。通过研究化石和文物，科学家、生物学家和考古学家可以将物种的进化，尤其是人类的进化放在时空坐标中进行研究。

“我们每个人都有庞大的DNA数据库，人有30亿对碱基来自遗传”（Kenneally，2014）。越来越多的证据表明，社会活动塑造了DNA，而基因运作也塑造了历史。例如，人们相信避免接触危险的动植物对生存至关重要，这一点已深深植根于我们的DNA中。种植作物和驯养动物已经完全改变了这些植物和动物的生物习性（Kenneally，2014）。

科学家现在知道基因并不是遗传的唯一创造者（Rogers，2012）。研究发现，有些生化实体也可以影响基因表达。

表观遗传学研究基因表达方式的改变，这些变化由外部因素引起（Swaab，2014）。“在不改变DNA序列的情况下，任何能够改变基因作用的因素……经验可以在基因中得以体现，这是一个重要的发现”（Dobbs，2013）。第二次世界大战期间，荷兰孕妇受到饥荒的影响，研究发现饥荒也影响到其子女的基因表达和行为。文化不仅能够影响基因表达，而且能够持久地影响人类的价值观和行为。

2014年3月，弗吉尼亚·休斯（Virginia Hughes）在《自然》杂志上发表文章，介绍了表观遗传学家布莱恩·迪亚斯（Brian Dias）关于恐惧经历如何实现代际遗传的研究。

> 迪亚斯让雄性小鼠暴露在苯乙酮中（苯乙酮是一种有甜味和杏仁味的化学物质）然后轻微电击小鼠的脚。实验连续三天，每天接受五次电击，小鼠变得非常害怕，即使没有受到电击，只要闻到苯乙酮小鼠也会僵住不动。
>
> 十天后，迪亚斯让小鼠与未在苯乙酮中暴露过的雌鼠交配。它们的幼仔长大后，不少后代对苯乙酮比对其他气味更敏感，暴露于苯乙酮时更容易被突然的声响吓到。第三代小鼠（被训练成害怕这种气味的鼠的“孙子”）在苯乙酮环境下也异常紧张。此外，所有三代动物的M71嗅小球（M71 glomeruli）都比正常鼠的M71嗅小球大。在M71嗅小球中，鼻子中对苯乙酮敏感的神经元与大脑嗅球的神经元相连。2014年1月份的《自然神经科学》杂志上，迪亚斯和莱斯勒（Dias 和 Ressler）提出，这种环境信息的遗传是表观遗传的结果——基因组的化学变化影响DNA的组合和表达，而不改变DNA序列。
>
> Hughes（2014）

纳粹大屠杀幸存者历经了各种恐怖场景，研究证实这种影响跨越代际，这些幸存者的后代仍表现出高度焦虑，行为举止表现出强烈的风险厌恶。过去认为这些影响由社会原因造成，例如，通过老一代给孩子讲过去的故事或父母和祖父母在抚养孩子过程中对孩子的过度保护，这些做法将过去的记忆传给了下一代（Haaretz，2015）。但现在看来，这种恐怖经历可能已经在基因中编码。

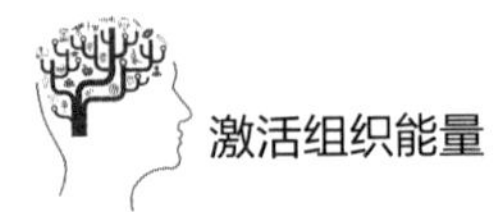

表观遗传学说明经验通过改变基因表达而不是通过改变基本的DNA进行传递。经验在代际遗传过程中通过生物化学改变了基因的表达。

组织的“文化”也可能有强大的遗传因子。一家大型飞机发动机制造商的跨国子公司的董事总经理在公司工作了39年，他父亲在这家公司干了42年，他的祖父也在这家公司工作过37年。他16岁毕业后当了钳工，进入这个行业，长期受公司高标准的工匠精神熏陶，即使读大学也没有影响他的手艺。但他身上的一些核心价值观也许是通过表观遗传获得，他自己也在向社会传递公司的文化价值观。

组织文化

> 历史很重要，如果不懂历史，就好像昨天才出生一样。如果你昨天才出生，比你出生早的人都可以对你指手画脚，因为你不知道他们是对还是错，所以没办法反驳。
>
> Zinn，被 Kenneally引用（2014）

组织也有记忆。组织文化包括公司历史，公司成立以来积累的经验知识。

埃德加·沙因（Edgar Schein）是美国麻省理工学院斯隆管理学院的荣誉教授，也是斯隆学者协会管理荣誉教授。他深入研究了组织、机构、政府和职业文化对组织绩效的影响。沙因认为，“领导者唯一的重要工作就是打造并管理文化”。沙因的研究让组织中工作的人和研究组织的“专家”对组织文化有了更清晰的理解。

文化根植于组织创始人的初始信念。随着组织发展壮大，形成了共同的历史。

> 创始人对组织影响重大，决定了组织最初如何定义并解决外部环境问题，以及内部整合问题……因为他们有自己的初心，通常会按照自己的想法来实现组织目标，而这些想法基于其个人经历和性格。
>
> Schein（1992）

创始人早期决策成功的基本假设逐渐变成指导公司决策和开展业务的原则。随着业务的发展和时间的流逝，这些假设成为既定事实——变成组织记忆的一部分，指引组织的行为、感知、想法和感觉。这些记忆通常是隐性记忆（Argyris，1976；Schein，1992）。

文化看不见，摸不着，但文化给人的感觉很强烈。文化意味着组织是一个完整连贯的存在，文化让组织成为有深度、有广度、稳定的整体。文化源于人类理解事物和创造秩序的需要（Schein，1992）。

埃德加·沙因对文化的定义包括：

- 集体规范：隐含的标准和价值观。
- 信奉的价值观：对组织做事方式的描述；什么被宣称是重要的。
- 正式纲领：公开发表的组织行动纲领。
- 游戏规则：隐性的、非书面的，组织实际做事的方式；什么是真正重要的。
- 给人的感觉：员工的面貌、空间布局、组织的面貌和人际沟通方式。
- 内嵌的技能：完成任务所需的能力。这些都是一代一代传下来的技能，不一定需要成文的手册。
- 思维习惯、思维模式和语言习惯：引导感知、思想和语言的共同思维。
- 共同的意义：组织成员互动时共同理解的内容。

- 形象化的比喻：组织成员对组织的情绪反应；组织如何自我描述。
- 正式仪式和庆祝活动：组织如何纪念重大事件。

斯蒂芬出生于伦敦东区，当时第一次世界大战刚结束，第二次世界大战还没开始。他的父亲很善良，没什么能耐——孩子们都说他怕老婆。斯蒂芬的母亲是个严厉的人，被认为有钢铁般的脊梁。斯蒂芬有三个兄弟和一个姐姐。他的幼年时期生活非常拮据，家庭就是全部。家里最重要的是要忠诚，埋头苦干。家人生不起病，也不能消极生活。斯蒂芬的母亲制定的家规清晰、严格、公平。她很爱孩子，但如果犯了错绝不轻饶。斯蒂芬是家里最聪明、最有出息的孩子，但他还是不得不在14岁就辍学，挣钱养家。他在一家裁缝店当学徒，干得非常出色，十年里积累了不少客户。有位客户想和他一起投资一家服装厂。

五年不到，斯蒂芬的服装厂就发展起来。随着业务的发展，他雇了几个人帮忙，男的都是老好人但没什么大能耐，而女的都是女强人。斯蒂芬任命了一位女性为首席执行官，她施行铁腕手段治理服装厂。斯蒂芬重视员工对企业的忠诚及辛勤工作的态度。他以“无条件的爱”对待员工，大家都愿意在公司长待下去。

斯蒂芬童年学到的家庭价值观渗透到企业文化中。三十年后，斯蒂芬仍然掌管着公司。虽然情况发生了很大变化，但基本的价值观和原则保持不变。

文化正式定义了……一种共享的基本假设，通过团体适应外部环境，进行内部整合过程中习得。这些假设行之有效，因此被传授给后来的新成员，作为他们感知、思考和感受内部问题及外部问题时的正确方式。

Schein（1992）

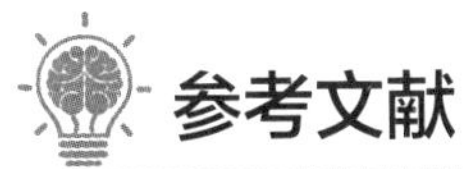

参考文献

Anon（1907）Albert Einstein, 9 aha! moments that blow Oprah off the screen, available at http：//www.soulscode.com/aha-moments-that-blow-oprah-off-the-screen/?nggpage-name=1907-albert-einstein [accessed 11 October 2014]

Argyris, C（1976）*Increasing Leadership Effectiveness*, Wiley-Interscience, New York

Aristotle, The Internet Classics Archive, *On Memory and Reminiscence*, Aristotle, available at http：//classics.mit.edu/Aristotle/memory.html [accessed 27 September 2014]

Barkus, D（2014）How to have a eureka moment, *Harvard Business Review*, available at http：//blogs.hbr.org/2014/03/how-to-have-a-eureka-moment/[accessed 12 October 2014]

Churchland, PM（2012）*Plato's Camera*： *How the physical brain captures a landscape of abstract universals*, MIT Press, Cambridge, MA；London, UK

DesMarais, C（2014）Simple trick for better brainstorming sessions – Yahoo Small Business Advisor, available at https：//smallbusiness.yahoo.com/advisor/simple-trick-better-brainstorming-sessions-140000367.html [accessed 25 October 2014]

Dias, BG and Ressler, KJ（2014）Parental olfactory experience influences behavior and neural structure in subsequent generations, *Nature Neuroscience, 17*（1）, pp 89–96, doi： 10.1038/nn.3594

Dobbs, D（2013）The social life of genes： Shaping your molecular composition, *Pacific Standard*, available at http：//www.psmag.com/navigation/health-and-behavior/the-social-life-of-genes-64616/ [accessed 19 October 2014]

Dreyfus, C（2012）A quest to understand how memory works, *New York Times*, available at http：//www.nytimes.com/2012/03/06/science/a-quest-to-understand-how-memory-works.html? [accessed 15 April 2014]

Evans, D（2015）New Israel：Study finds signs of trauma in grandchildren of Holocaust Survivors, Haaretz, http：//www.haaretz.com/news/national/new-israeli-study-finds-signs-of-trauma-in-grandchildren-of-holocaust-survivors-1.424480

Fernyhough, C（2012）The story of the self, *The Guardian*, available at http：//www.theguardian.com/lifeandstyle/2012/jan/13/our-memories-tell-our-story [accessed 4 October 2014]

Hughes, V（2014）Epigenetics：The sins of the father, *Nature, 507*（7490）, pp 22–24, available at http：//www.nature.com/news/epigenetics-the-sins-of-the-father-1.14816 [accessed 20 November 2014]

Innocence Project（2014）Understand the causes：Eyewitness misidentification, The Innocence Project, available at http：//www.innocenceproject.org/understand/Eyewitness-Misidentification.php [accessed 5 October 2014]

Jacoby, LL, Kelly, C, Brown, J and Jasechko, J（1989）Becoming famous overnight：Limits on the ability to avoid unconscious influences of the past, *Journal of Personality and Social Psychology, 56*（3）, pp 326–28

Kahneman, D（2011）*Thinking, Fast and Slow*, Farrar, Straus and Giroux, New York

Kandel, E（2000）Eric R Kandel, Nobel Lecture, available at http：//www.nobelprize.org/nobel_prizes/medicine/laureates/2000/kandel-lecture.pdf [accessed 19 October 2014]

Kandel, E（2006）*In Search of Memory：The emergence of a new science of mind*, WW Norton and Company, New York

Kenneally, C（2014）*The Invisible History of the Human Race*, Viking, New York

Kline, N（2009）*More Time to Think*, Fisher King Publishing, Pool-in-Wharfedale, England

Mankins, MC（2014）Yes, you can make meetings more productive, *Harvard Business Review*, available at http：//blogs.hbr.org/2014/06/yes-you-can-make-meetings-more-productive/ [accessed 27 October 2014]

Medina, J（2008）*Brain Rules*, Pear Press, Seattle, WA

Rogers, K（2012）Epigenetics：A turning point in our understanding of heredity, Guest Blog, *Scientific American*, available at：http：//blogs.scientificamerican.com/guest-blog/2012/01/16/epigenetics-a-turning-point-in-our-understanding-of-heredity/ [accessed 19 October 2014]

Schein, EH（1992）*Organizational Culture and Leadership,* 2nd edn, Jossey-Bass, San Francisco, CA

Siegel, DJ（2012）*Pocket Guide to Interpersonal Neurobiology：An integrative handbook fo the mind*, WW Norton and Company, New York

Snopes.com（nd）'Fargo'：A true story? available at http：//www.snopes.com/movies/films/fargo.asp [accessed 9 September 2014]

Swaab, R（2014）*We Are Our Brains：From the womb to Alzheimer's*, Penguin Books, London

Viereck, GS（1929）What life means to Einstein, *Saturday Evening Post*, available at http：//www.saturdayeveningpost.com/wp-content/uploads/satevepost/what_life_means_to_einstein.pdf [accessed 11 October 2014]

04 人际关系

引言

肯·海曼（Ken Hyman）是知名的电影制片人，他讲述了自己当年如何一下成了一家好莱坞电影公司的高管。

那时刚刚拍完《十二金刚》，我爸打电话说：“我刚买下华纳兄弟公司，回来打理公司吧。”

我答应了。杰克·华纳（Jack Warner）以铁腕治理出名。他像魔王一般，人人都怕他。我一下成了第二个杰克·华纳。我做的第一件事就是打电话给所有的部门主管。我说：“很幸运，我不仅是公司高管；还是个电影人。感谢大家所做的一切，但我不会读心术。我们一起工作吧，有任何问题都可以打电话给我。我们一起努力，公司应该是幸福的大家庭。”

1962年，在戛纳电影节上我遇见了萨姆·佩金帕（Samuel Peckinpah）。他刚刚拍完《午后枪声》。我对他的经纪人说：“把那个混蛋的电话号码给我。”佩金帕名声不好，没人愿意请他。但我们都在海军陆战队参过军，彼此觉得亲切。我信任他。见面时他带了十页厚的《日落黄沙》剧本。后来的事情大家都知道。对我来说，一切都是关系。电影公司的大部分管理人员都没有什么关系。我发现尊重别人往往能得到最好的结果。”

人这一辈子，生存的重要基石是人际关系的质量。发育早期，关系是激发大脑生理发育的重要因素。成年后，工作关系不仅极大地影响个人幸福，也影响公司的健康发展。

本章探讨这些观察对组织有效性的意义；关系破裂又会带来什么后果；建立有效工作关系需要什么最佳条件。

再想一想

如果你认为人出生时大脑是一张白纸，可以再想一想；如果你觉得一切都取决于遗传和基因，可以再想一想；如果你觉得后天培养决定人的性格和能力，那也可以再想一想；先天后天之争自古有之。随着思维科学、脑科学、基因学和进化理论的发展，这场辩论已经发生转变。基因、遗传和早期经验对人的心理和生理都有影响，对此科学界已经不再有争议。科学家普遍认为生物基础虽然不能决定人的一生，但对人的影响巨大。科学家认为没有哪个人生来就是白纸一张。从婴儿出生的那天，大脑就开始运作，为应对期待中的世界做好准备。

进化心理学、行为遗传学和神经科学的发现让我们重新认识先天后天的问题。进化心理学发现“全世界各种文化中有几百个共通点”。行为遗传学表明，性情在婴幼儿期就出现了，并贯穿人的一生；文化差异来自基因差异。”神经科学发现基因组内包含丰富的生长因子、轴突导向分子和细胞黏附分子，这些物质有助于大脑发育，基因的可塑性使学习成为可能”（Pinker，2004）。

 成也关系，败也关系

关系塑造了我们，大脑发育和进化都离不开关系。无论胎儿、婴儿、幼儿、青少年以及成年人都是如此。无论在哪种文化中都如此。人对自我的感知始于生命之初。纵观各个文化，自我感知都是建立在情绪的基础之上，而情绪定义了人际交往过程。

从最初的依恋关系开始，经过正常成长发育，每个人都会和他人建立连接，形成社交关系。婴儿和照看者之间的社会——情绪互动对其大脑发育有不可磨灭的影响，决定了孩子成长中自我情绪的调节能力（Schore，1994）。

善良、仁爱和关怀是人类情绪稳定、幸福和自信的重要保障。如果说爱和快乐是童年的美好回忆，那么，极端的恐惧、愤怒、悲伤及羞耻则会给成长期的孩子投下挥之不去的阴影。

 离开关系，一切都不复存在

为了得到保护和安全感，原始人依靠组建家庭、形成部落、团结在一起得以繁衍生息。人类在进化中形成相关机制，确保人有动机与他人建立连接。研究表明，这种动机非常强大，不管得到的关爱有多少，婴儿都可以和照看他的人建立纽带（Eisenberger 和 Cole，2012）。即使被关押或被绑架后，人也可以和看押人或绑架者建立依恋关系（Sapolsky，2009）。

当人际关系中断或破裂时，大脑处理这些事件的方式可能与应对身体伤害或者威胁的方式相同。社交中被孤立的人的免疫系统会受损。

> 孤独感会引起神经和神经内分泌方面的问题，但这很难在人身上得到确切证明。动物实验研究评估了长期生活在社会边缘对社会性物种的神经造成的影响。实验表明，社会孤立会显著改变成年社会性动物的大脑结构和运作方式。
>
> Cacioppo（2014）

> 相对于社会孤立的个体，社会关系密切的个体寿命更长，对从心脏病到癌症等各种身体疾病的抵抗力更强。
>
> Eisenberger 和 Cole（2012）

科学家通过神经影像研究了被社会排斥者的神经系统。结果显示了社交中受伤害在大脑中产生的变化和身体受伤害相似。在第一项研究中，受试者被放置在影像仪中，让他观看另外两个人（也在影像仪中）玩掷球计算机游戏，但告诉受试者因为计算机故障，他没办法参与一起玩（隐性社会排斥，ISE）。其实没有人在玩游戏，掷球游戏是计算机程序设定好的。在第二项研究中，参与者以为他和另外两个玩家一起打游戏（有参与，I）。在第三项研究中，参与者被“扔”了七个球，之后就没有再抛球过来，但游戏继续进行（显性社会排斥，ESE）。

受试者完成功能磁共振成像研究后填写问卷，结果显示第一项和第三项实验的受试者感到苦恼、没有得到重视，以及没能参与游戏。研究中ISE和ESE的神经相关性显示，神经激活情况和身体疼痛时功能磁共振影像类似。有趣的是，研究结果还表明，以为因为计算机故障，而不是因为其他玩家的故意行为而不能参与游戏的受试者基本可以调节自己的痛苦情绪。身体疼痛和社交中感到的伤痛似乎受到社会支持和神经化学物质的影响。从生物、心理和社会角度来看，失去所爱的人真的会让我们很受伤（Eisenberger 等，2003）。

协同合作

> 和人打交道时要记住，你不是和讲逻辑的生物打交道，而是在和有情绪的生物打交道。
>
> Dale Carnegie（1937）

伟大的领导人非常重视人际关系，就好像直觉告诉他们要这样做一样。1946年3月5日，温斯顿·丘吉尔在密苏里州富尔顿的威斯敏斯特学院发表演讲。当时美国总统富兰克林·德拉诺·罗斯福也在场。不幸的是，他一个月之后就逝世了。第二次世界大战在六个月前就已经结束，战火后的欧洲百废待兴。丘吉尔在演讲中阐明了“英联邦国家与美国的特殊关系”。丘吉尔认为要避免世界重蹈战争暴虐，确保世界不再回到黑暗时代，这样的特殊关系至关重要。在黑暗时代，滥用科学知识可能会彻底毁灭人类（Churchill，1946）。

> 我刚才讲到和平圣殿。来自各国的工人要建造和平圣殿。如果其中两个工人是老朋友，彼此非常了解，要是他们还沾亲带故，并且“相互信任，同心同德，容忍彼此的缺点”（引用前几天我在这里读到的一些美好的词语），那他们为什么不携手合作，同舟共济呢？为什么不分享工具，共同进步呢？事实上，他们必须要紧密合作，否则和平圣殿就无法建成，即使建造过程中建筑可能会倒塌。难道我们还没有吸取教训，还需要一次比第二次世界大战更加惨烈

的战争才能学会合作吗？不要忘记我们刚从二战的泥潭中爬起来。科技的进步可能也会让人类重返黑暗时代，甚至一夜回到石器时代。今天给人类带来巨大物质和财富的力量同样可以完全毁灭人类。

丘吉尔（1946）

各国政府正面临许多国际问题，合作已经成为常态。各国根据自身生存实际需要与他国建立或解除联盟。现代企业都是国际化运作。组织需要学习如何在不同的文化中生存发展，协同合作。

历史告诉我们合作方能共赢，即使是与合作方有较弱关系的人也可以受益。组织中的个体常常面临个人利益与组织利益相冲突的困境。领导者的作用之一就是鼓励个人大胆创新的同时，让他们有大局意识。建立关系依赖于共同的内部目标及对共同的外部威胁（竞争）的感知。基本原则就是只要建立良好的关系，就能实现共赢。

优秀的领导者善于处理关系。处理关系不是件容易的事，就像我们前面谈过的，因为关系需要大脑与大脑之间的亲密连接。身体、大脑和意识之间有着错综复杂的关联，每个人际关系互动都会改变神经连接及生物化学反应。“让我们感到意外的是，关系不仅影响人的经历，还引起生物层面的变化。”（Goleman，2007）简而言之，良好的关系会让人心情舒适，有利于身体各个系统的健康。糟糕的关系会让我们状态低落，也会严重损坏人的免疫系统。和同事相处得其乐融融，一起做有意思的工作，大脑也会被激发，这多么令人兴奋啊！天天对着拉长脸的人，听着冷嘲热讽的话会让人感到生活无望。这多么令人悲哀。

工作中关系的确非常重要。研究表明绩效工资并不是激励方式的全部，加薪也并不一定能让人更高效。老板的动力似乎来自自我利益的满足，例如最成功、击败竞争对手和赚最多的钱。因此，老板用同样的动力鼓舞员工士气就不足为奇了。事实上，大量研究无数次地表明人们更看中互惠互利的工作氛围，倾向于与他人合作并惩罚那些违反合作规则的人，即使牺牲一些个人利益也不在乎（Gintis 等，2002）。

功能磁共振成像研究显示，如果人们觉得自己或他人受到公平对待，大脑的激励系统就会被激活。表扬和正向的社会尊重比经济收益更能触发大脑的激励系统。要知道一个人的痛苦可能是另一个人的快乐，研究表明，比起纯粹的金钱收益，人们更重视成就感（Kahneman 和 Tversky，1981）。

关系与商业

建立关系是积极的商业活动。但奇怪的是，现代管理好像只关注外部关系，即与客户的关系。不幸的是，许多组织不明白健康的内部社交环境也能产生经济利益。“对想要资产增值或提升影响力的企业来说，发展和利用牢固的关系非常关键”（Corcoran，2014）。

丹尼尔·戈尔曼（Daniel Goleman）的《情商》（1995）一书风靡全球。书中介绍了约瑟夫·勒杜实验室的最新神经科学研究成果——古哺乳动物脑先天具有情绪（边缘）系统（见第1章和第2章），引起了全世界的关注。戈尔曼将情商（EQ）定义为有效社会行为的本质，情商和智商同等重要，甚至比智商更重要。《情商》出版几年后，人们的关注点又转向了社交商。全世界情商水平较高的组织都成功地培养了具有情商的领导者和管理者。迄今为止，《情商》一书已经卖出了500多万册。情商水平铺就了人们的成功之路。

要想成为顶级科学家光有才华还不够，还要有影响力，能说服他人，有毅力实现具有挑战性的目标。懒惰或沉默寡言的天才可能有很多好的想法，但如果没人知道也没人关心的话，这些想法就毫无价值可言。

Goleman（1998）

戈尔曼的情商理论包括两方面的能力：一是个人素质，即管理自我的能力；二是社交能力，即管理他人的能力。

个人素质

- 自我觉知：了解自己的内心状态，了解自己的偏好，资源及直觉。
  - 情绪觉知；
  - 准确的自我评估；
  - 自信。
- 自我调节：管理内心状态、管理冲动和资源。
  - 自控；
  - 信誉；
  - 责任心；
  - 适应能力；
  - 创造力。
- 动机：引导或促进达成目标的情绪倾向。
  - 成就动力；
  - 投入；
  - 主动；
  - 乐观。

社交能力

- 同理心：能觉察到他人的感觉、需要或担忧。
  - 理解他人；
  - 发展他人；
  - 服务意识；
  - 利用多样性；
  - 政治意识。
- 社交技能：擅长引导别人，得到期望的回应。
  - 影响力；
  - 沟通能力；
  - 冲突管理；
  - 领导力；
  - 助力变革；
  - 关系构建；
  - 协同合作；
  - 团队能力。

神经领导力研究院的负责人大卫·洛克（David Rock）认为，社交技能和工作相关的技能对组织成功同等重要。洛克引用管理研究小组的一项研究，该研究收集了来自四大洲的六万名经理十年的数据。统计结果显示，在被评估的业绩最高的33%的人中，有多少比例的经理既能专注业务目标，又能兼顾他人需求。结果只有不到1%的领导者和管理者被认为两方面都很强（Rock，2013）。洛克为企业开发了一种名叫“SCARF”的模型。该模型（Lieberman，2013）包含五种最基本、最原始的影响大脑情绪系统的激励或威胁。

- **地位感（Status）**：知道自己在任何等级中所处的位置。

- **确定性（Certainty）**：关注对未来的预测。
- **自主性（Autonomy）**：感觉自己能掌控事物。
- **关联感（Relatedness）**：和他人在一起的安全感。
- **公平性（Fairness）**：对人与人之间公平交易的感知。

SCARF模型有助于人们了解大脑每时每刻关注的五大社会体验。表4.1（Cecil，2013）总结了SCARF模型如何与大脑连接，如何在组织中将威胁最小化，激励最大化。

南希·克莱恩（Nancy Kline）认为，改变对待彼此的方式有利于建立健康的组织环境，人们应该相互包容、相互尊重、协同合作、诚实正直并勇于创新。她找到了12个关键因素，能提高人的思考能力，并有更多时间认真思考（Kline，2009）。

- 关注：带着明显的尊重进行倾听，不要打断。
- 平等：确保双方都有相同的思考、发言时间。
- 放松：紧张工作之余有活泼的自由。
- 提出敏锐的问题。
- 发现并消除会扭曲思维的不真实的假设。
- 信息。
- 提供事实；不能拒绝。
- 多样性：鼓励存在不同的想法和不同的群体特性。
- 鼓励：消除内部竞争，鼓励创新。
- 感觉：允许充分的情绪释放来恢复思考。
- 欣赏：欣赏与批评的比例保持在5∶1。
- 场所：打造一个人人感到受重视的物理环境。

表 4.1　SCARF 模型的运用

领域	描述	大脑部分	威胁	激励
地位感	相对于他人自己是否重要	• 地位下降，被排除在外，大脑中激活的区域和身体疼痛对应的区域相同	• 你需要建议吗 • 年终绩效评估	• 注重完成工作和改进 • 积极反馈和社会认可：允许人们对自己的工作给出反馈
确定性	预测未来的能力 如果无法预测，大脑要消耗更多的能量，调用更多的资源	• 不确定性会在眶额前脑皮层产生“错误”，使人无法把注意力放在目标上	• 改变 • 不清楚人们的预期	• 愿景，战略，路线图，计划（即使我们知道有时计划赶不上变化） • 将隐性的变成显性的 • 如果现在定不了，给一个能确定的具体时间
自主性	感觉对事情有控制权	• 自主性的感知与健康高度关联	• 压力大会造成严重的问题 • 团队工作可以降低自主性	• 二选一：更喜欢哪一个 • 无须管理人员干预即可进行个体需求决策 • 组织流程本身会产生自主性
关联感	和他人在一起的安全感	• 安全交往的需求和人对食物的需求一样，都是最原始的需求 • 想法相同的人使用的脑回路也相同	• 见陌生人 • 感觉失望，缺乏参与	• 握手，交换名片，讨论一些共同感兴趣的话题 • 和团队成员分享个人情况 • 辅导，教练
公平性	感觉到人与人之间平等的关系	• 脑岛（负责强烈情绪的区域，例如厌恶）	—	• 增加透明度，提升沟通水平 • 树立清晰的预期 • 团体设立自己的规则 • 帮助他人从其他角度看问题

情绪雷达

医生早就认识到，情绪有碍准确客观的判断，所以最好不要给自己的家人和爱人看病。美国医学协会（AMA）的道德准则规定，医生不得给近亲或自己看病，因为可能会影响专业客观性。感情会影响对病情的判断，病人也可能感到不舒服。医生难以把握病情是否超出自己的专业范围，随时会产生紧张情绪（AMA，1993）。这个规定听起来很有道理。但现实生活中，客观决策和客观判断还是很难做到。有时也不一定完全符合我们的最佳利益。

我们的情绪雷达时时开启，扫描着外部世界可能的危险。关系的破与立基于情绪系统的信号。这些信号可能和保持客观立场与逻辑决策相冲突。

> 陈女士要面试招聘新助手。她最近承担了比以往更多的职责，所以需要一个真正能靠得住的人帮忙。尽管这份工作起点低，但发展潜力大；陈女士是咨询公司的合伙人，她喜欢从内部培养人才。陈女士之前的助手还行，陈女士很喜欢她，但做一些单调的常规工作使她有些力不从心。陈女士想找一个人，既有抱负又能尽力做好日常工作。她最后选定两名候选人，但还是很难决定。一位很有抱负，但陈女士觉得自己受到威胁。总觉得如果下属比她出色，会暴露自己的弱点，这样的下属也可能盯上自己的位子。另一位候选人有才干，陈女士觉得和他志趣相投。但觉得这个人没什么竞争优势。陈女士最终选择了2号候选人，这是因为她觉得他更适合与办公室里的人相处，大家会喜欢他。

陈女士的决定完全基于直觉。直觉来自杏仁核与脑岛两个区域的神经信号。神经学家达马西奥将这些信号称为“身体记号”（Damasio，2010；Goleman，2013）。身体记号可以帮助指导决策，告诉你某事或某人是对还是错（Goleman，2013）。这些信息并非总是可靠，但如果权衡两个不分伯仲的事情，直觉可能比扔硬币要强一些。陈女士的决定更多和自己对安全与生存的感知有关，而和工作能力强弱关系不大。情绪和关系紧密相连，人的社交活动驱动着情绪，反过来情绪也影响社交活动（Goleman，2007）。

罗宾的经理升职了，来了新的主管。新经理上任时，我已经在公司干了12年。从第一天起她就不喜欢我。一开始，为了赢得别人的尊重，她在会议上让我难堪。她当着同事面说：“我对你有意见，你这个人靠不住。”后来我听说公司有的会议也不叫我参加了。和我工作相关的电子邮件被发给了公司的所有人，就不发给我。她的很多借口都站不住脚，还把一些不相关的工作推给我，然而她定的截止期限根本不可能完成。

“我尽一切可能取悦她，但怎么做都不够好。她批评我举止、着装不当，甚至我管理别人的方式都要被她说，不管我干什么她都看不惯。最可恨的是她把我的想法说成是她自己的。我在公司感到绝望无助，困惑焦虑。”

幸运的是，罗宾的同事看得很清楚，都觉得经理对她不公平。同事们动员起来，团结在她周围，主动帮她想办法，看怎么能扭转局势。

他们帮助罗宾打听到了很多小道消息，有人在谈论接管。他们怀疑新经理上任是为了推动变革。在同事的支持下，罗宾开始主动起来，每天记日记，把经理对她的批评一字不漏地写下来。什么事都要经理给她及时、详细的反馈，然后把这些内容反映到公司的人事部门和相关主管。“当时这么做非常不容易，但有同事的支持，我觉得这事很有意义。我永远不会忘记当时他们如何帮我扭转了局势。”

工作关系中最好能把对关系的期待和边界说清楚。工作关系的边界和普通友谊不一样。

友谊有强烈的情感联系，工作关系并不存在这种情感联系。朋友了解彼此的内心世界，两个人的友情不会因为时间的长短或距离的远近而褪色或中断。友谊不依赖于实现彼此的期望——它本身就是目的。

在友谊中，一加一总是大于二。

虽然工作关系可以发展成友谊，但这种关系却始于对某种结果的期待。可能是商品或服务，也可能是工作或效率。一旦期待得不到满足，或者无法实现，关系可能就到此为止。

肯·海曼回忆起当时签字决定出售华纳兄弟公司的那一刻：

> 我和助理说：“今天我有5000个朋友，电话响个不停。但等这个消息传出，这儿就会变得非常安静。但这八个人下周肯定会打电话给我。”我这个人很现实，毫无疑问，我知道谁是真正的朋友（可以交心的人）。这几个人会一直陪伴着我，而其他人都会离开。

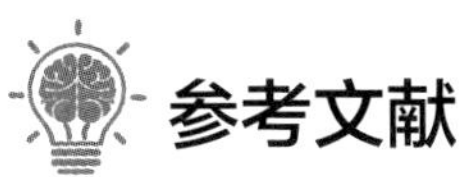

参考文献

AMA（1993）Opinion 8.19： Self-treatment or treatment of immediate family members, available at http：//www.ama-assn.org/ama/pub/physician-resources/medical-ethics/code-medical-ethics/opinion819.page? [accessed on 13 November 2014]

Cacioppo, J（2014）Social brain, available at http：//www.johncacioppo.com/social-brain/ [accessed on 9 November 2014]

Carnegie, D（1937）*How to Win Friends and Influence People*, reissued edn, Simon and Schuster, New York, London, Toronto, Sydney

Cecil, poster at the blog Hypertextual（2013）Social neuroscience, SCARF model and change management, available at http：//thehypertextual.com/2013/04/23/social-neuroscience-scarf-model-and-change-management/

Churchill, W（1946）The sinews of peace, available at http：//www.winstonchurchill.org/learn/speeches/speeches-of-winston-churchill/120-the-sinews-of-peace [accessed on 1 November 2014]

Corcoran, J（2014b）Lewis Howes： How a former pro athlete turned entrepreneur builds relationships, *Forbes*, available at http：//www.forbes.com/sites/johncorcoran/2014/11/06/lewis-howes-how-a-former-pro-athlete-turned-entrepreneur-builds-relationships/2/ [accessed on 8 November 2014]

Damasio, A（2010）*Self Comes to Mind: Constructing the conscious brain*, Pantheon Books, New York

Eisenberger, NI and Cole, SW（2012）Social neuroscience and health：Neurophysiological mechanisms linking social ties with physical health, *Nature Neuroscience,* 15（5）, pp 669–74, doi：10.1038/nn.3086

Eisenberger, NI, Lieberman, MD and Williams, KD（2003）Does rejection hurt? An fMRI study of social exclusion, *Science,* available at http：//dtserv2.compsy.uni-jena.de/ss2010/sozpsy_uj/17512154/content.nsf/Pages/4ECAB2CDBFA73BDDC1257706003665A8/$FILE/Eisenberger Lieberman Williams 2002.pdf [accessed on 9 November 2014]

Gintis, H, Bowles, S, Boyd, R and Fehr, E（2002）Explaining altruistic behaviour in humans, Evolution and Social Behavior, 24, pp 153–72, available at http：//tuvalu.santafe.edu/~bowles/2003E&HB.pdf [accessed on 14 November 2014]

Goleman, D（1995）*Emotional Intelligence*, Bantam Books, New York, Toronto, London, Sydney, Auckland

Goleman, D（1998）*Working with Emotional Intelligence*, Bloomsbury, London

Goleman, D（2007）*Social Intelligence: The new science of human relationships*, Bantam Dell, New York

Goleman, D（2013）The focused leader, *Harvard Business Review*, available at https：//hbr.org/2013/12/the-focused-leader [accessed on 13 November 2014]

Kahneman, D and Tversky, A（1981）The psychology of preferences, *Scientific American*, pp 160–73, available at http：//www.scientificamerican.com/article/the-psychology-of-preferences/ [accessed on 13 November 2014]

Kline, N（2009）*More Time to Think*, Fisher King Publishing, Pool-in-Wharfedale, England

Lieberman, MD（2013）*Social:Why our brains are wired to connect*, Crown Publishers, New York

Pinker, S（2004）Why nature and nurture won’t go away, available at http：//pinker.wjh.harvard.edu/articles/papers/nature_nurture.pdf [accessed on 7 November 2014]

Rock, D（2013）Why organizations fail, *Fortune Magazine*, available at http：//fortune.com/2013/10/23/why-organizations-fail/ [accessed on 15 November 2014]

Sapolsky, R（2009）Any kind of mother in a storm, *Nature Neuroscience*, 12（11）, 1355–56, doi：10.1038/nn1109-1355

Schore, AN（1994）*Affect Regulation and the Origin of the Self: The neurobiology of emotional development*, Lawrence Erlbaum Associates, Hills Dale, NJ

05 信任

引言

“金妮，”韦斯莱先生吃惊地喊道，“我和你说过多少回了，你怎么就不听呢？决不要相信任何会思考的东西，除非你能看到它的脑子长在哪里。”

JK Rowling（1998）

莎拉·康纳（琳达·汉密尔顿饰）：“约翰·康纳是个什么样的人？”

凯尔·里斯（迈克尔·比恩饰）：“你要相信他。他有优点。为了他我可以牺牲一切。”

詹姆斯·卡梅隆导演的《终结者》中的对白（1984）

信任是关系的主要驱动力之一。双方要朝共同目标携手合作，信任至关重要。盲目信任会造成关系不牢，虚假的承诺可能带来灾难性的后果。信任破裂会让人感觉被背叛和愤怒，失去对他人的信心，同时也不相信自己能做出正确判断。在恐惧面前，信任很快会瓦解。

信任始于相信自己。情绪系统的进化确保了人类的生存。在八种基本情绪中，只有恐惧能向人发出危险警示，让人们远离伤害。但我们经常对恐惧视而不见，从而忽视了其中的重要信号。

 依恋：信任的基石

> 尽管食物和性在依恋关系中有时会发挥重要作用，但依恋关系本身就有它存在的理由，其最重要的功能就是保护机体的生存。婴儿与母亲之间最初的交流方式只有情绪表达和陪伴行为。虽然后期有了语言交流，但情感交流仍然是人一生中亲密关系最主要的特点。
>
> Bowlby（1988）

信任是最基本的体验，在生命早期，它要么被满足，要么不被满足，要么不稳定地被满足。信任的基础始于早期的养育关系，这种关系对生存至关重要。健壮的新生儿即使没有食物，没人照看也能活很长时间。尽管这让人觉得不可思议，但如果一直没人满足基本需求，再强壮的婴儿终究也难逃一死。约翰·鲍比（John Bowlby）把婴儿出生后几个月内形成的关系称为“依恋关系”（Bowlby，1988）。鲍比是英国的一位精神病学家和精神分析学家。他研究了与主要抚养人分离对婴幼儿心理和生理的影响——大多数情况下，主要抚养人即母亲，当然也有例外。鲍比根据行为学理论提出假设：所有哺乳动物幼仔与抚养者分开时都会表现出“依恋行为”（哭泣和寻找）。依恋行为是生物体对分离的适应性反应。能否活下来完全取决于母体和幼体之间的亲密依恋关系（Fraley，2010）。

如果婴幼儿被从母亲/父母身边带走，他所熟知的世界和可信赖的环境就此消失，不信任便成了情感舞台的主角。20世纪60年代中期之前，医院

一般都严格控制患儿父母陪床探病，通常每周只允许一小时的时间。1946年，鲍比和社会工作者詹姆斯·罗伯逊（James Robertson）合作，研究了住院对婴幼儿的影响。他们得出结论，患儿住院会造成情绪伤害。但很多人不相信这一观点：

> 儿童住院治疗时会受到严重的情绪伤害。为了让人们认识到这一点，罗伯逊拍摄了一段纪录片，记录了患儿在医院的抑郁情绪，片名为《两岁儿童住院记》。这部片子最初引起了医务人员的愤怒，但最终医院调整了相关政策，允许患儿家长陪床看护且不受时间限制。
>
> AboutKidsHealth（2010）

鲍比提出依恋理论来解释人一生中持续出现的某些行为模式。人童年时期经历的分离及信任中断会对往后的生活产生持续的影响。

38岁的格雷汉姆受雇于军情五处信息技术部门。最近一段时期他的工作压力非常大，因为新来了一位女主管丹尼斯。格雷汉姆感觉与丹尼斯共事压力很大。他和丹尼斯没有半点默契。丹尼斯不告诉他应该干什么工作，对格雷汉姆不屑一顾。格雷汉姆问她该干什么，她也不回应。丹尼斯也没有告诉格雷汉姆有了哪些新规定，格雷汉姆摸不透老板对他的期望。这种压力造成严重的焦虑，格雷汉姆经常感到恐慌（参见第6章，了解压力和焦虑的不同定义）。

格雷汉姆得过恐慌症，但多年没有复发。格雷汉姆目前的状态无法让他胜任工作，他被临时借调到一个轻松的部门。军情五处给他保留了原来的职位，康复期间军情五处同意给他报销心理专家治疗的费用。治疗过程中发现格雷汉姆童年做过心脏手术以矫正心脏缺陷。他在几年的时间中曾多次长期住院。他在单亲家庭长大，母亲要工作以养家糊口，没办法经常去医院看他。他已经不记得母亲有没有在医院里陪他，但他记得住院的日子非常快乐，医生护士都很照顾他，也很友善。他提到，记忆中病房里的其他孩子非常难过，哭个不停，想他们的爸爸妈妈，但他却没有。

手术很成功，格雷汉姆出院回家，继续上学。他数学和理科成绩优秀，考上了重点大学，但他不善社交。

格雷汉姆说他从小到大都很难与他人建立亲密关系，尤其与女性。他可以和别人开始交往，但这种信任关系持续不长，总会因为某些事情中断。和女性经理的相处更是难上加难。他觉得男人更值得信赖，处事比较公平。经过心理治疗，格雷汉姆的恐慌症终于有所好转，又回到了原来的岗位上。

让格雷汉姆感到高兴的是，他的主管换成了一位男经理。

鲍比的依恋理论（Bowlby，1988）基于：

1. 建立亲密情感关系是基本人性，贯穿人的整个一生。

2. 依恋关系形成的神经生物性连接是亲密关系的重要部分。

3. 父母对孩子的发展影响巨大。

4. 婴儿和儿童的发展不是僵化的，也不是一成不变的。

信任不再

工作关系和友谊、爱情或两性关系混杂在一起会造成混乱，特别是失去信任，关系搞砸后就更混乱。

J给我们讲了她的故事。

1970年那年，他33岁，我24岁。那时我是一个雄心勃勃的年轻高管。公司是伦敦一家知名的人才中介。他当时给一个大型深夜脱口秀节目做编剧，在纽约小有名气，很多一流的工作室都追捧他，因为他非常有吸引力。他请我到纽约帮他打理业务，我拿不定主意，便问了母亲。母亲说："他显然很信任你，我认为你可以冒险一试。你还年轻，如果不成功也不会失去什么。"既然如此，我们一拍即合，我兴奋得不得了。我坚持要签合同——我并不傻。我告诉他我需要保证我的权利和安全。但他敷衍了事，最后合同还是没签。

后来我去了纽约，和他同居。但作为情侣，我们的好景不长。他的事业一路高歌，我帮他处理所有的业务。工作上我们配合得天衣无缝，堪称完美。我们的关系依然很紧密，依然相互信任。他给我在格林威治花园买了一套房子，但我付出的代价也不小。

他什么事情都瞒着我。吸毒酗酒，花钱如流水。我想一走了之但又觉得要对他负责。就这样我没离开他，一晃就是25年。18年前我认识了另一个男人，L先生。我和L个人关系非常好，而且我们的关系不牵扯工作。现在我们还在一起，我很专一。

后来公司决定搬回伦敦，一切都变了。他结识了理查德，打算和理查德共度余生。很快所有的事情都让理查德插手管理。我一进房间他俩就不再说话。他拿了行业大奖，参加颁奖典礼也不叫我一起。他和理查德一起排挤我，无奈之下我答应他们少拿报酬。他们提出了虚假的诉讼。他们没有起诉我，而是追查了会计师事务所。我成了主要证人，最后他输了官司，我也名誉扫地。他和理查德两人好像觉得我应该被起诉一样，他也不帮我说一句话。后来我们干脆不见面，不说话。

J继续说道："我伤心死了，根本想不到会发生这种事情。两年下来我被折磨得够呛。接着母亲去世，没多久父亲也走了。我得了恐慌症。生活无助，感觉天都塌了下来。觉得整个伦敦都容不下我，周围的人都不接我的电话。

"现在我对处理工作关系很谨慎。建立关系之前先要想想最后的结局如何。而且再也不把个人情感投入进去，只做一些不需要情感投入的项目。"

信任一旦被破坏，就会造成工作混乱，自尊心受损，甚至让人感到压抑、无助、不自信、焦虑以及无所适从。建立关系需要时间和精力的投入，而背叛一下就可以摧毁一切。

恐惧是一份礼物

加文·德·贝克尔（Gavin de Becker）一辈子都在教人们什么是信任和恐惧，其中有他的个人原因。（德·贝克尔设计了安全系统，屏蔽对美国官员的威胁，保障美国最高法院法官、中央情报局官员、国会议员和美国12个州州长的安全。）

妻子扭头往后退了几步，和丈夫拉开距离。在别人来看，好像她不想再和丈夫争吵了，但直觉告诉我这是她扣动扳机开枪前的一个重要迹象，开枪不用离目标太近，她想开枪时离目标稍微远一点，这是我的预测。我就赶快行动。

一个小女孩正在旁边的小卧室里睡觉。

我正要过去叫醒孩子的时候，就听到枪声。我吓了一跳，但并不惊讶。然而，接下来的寂静确实让我担心……这不是我第一次在房间里听到枪响；几个月前，母亲拿枪走火，子弹从我耳边飞过击中了后面的墙壁，我都听到了子弹飞过时嗡嗡作响的声音。

de Becker（1997）

加文·德·贝克尔的继父没有死。母亲在他的童年时期几次被送进精神病医院。贝克尔在危险和不安中成长，这让他学会了要时刻注意情绪系统发出的各种预警信号。他认为要保护好自己就必须先学会相信直觉，靠直觉行事。对贝克尔来说，恐惧是一种礼物，能帮助我们发现危险，避开各种危险的人、事情和地点。他认为人人都能预见到危险，但常常视而不见，还把这些预警信号当成干扰和小麻烦。

如果糊里糊涂招聘到靠不住、信不过的人，组织会付出巨大代价。即使有相关的检查和制约机制，人也难免会犯错，有时错误还会造成高额的损失。金融服务机构的内部欺诈活动就会带来高达数千亿美元的损失。人事聘用决策有时也会受到影响。只看底线目标（为创造利润不择手段），而不看个人价值观是否与组织价值观相一致（做正确的事情）。这些相互矛盾、相互冲突的信息和目标可以是显性的，也可以是隐性的。

如果某件事搞不明白还能拿到薪水，那让人搞明白此事就比登天还难。

Sinclair（1935）

尽管谁都不愿意发生这样的情况，但组织时常在用人上吃大亏。虽然只有很小一部分人有问题并让组织大失所望，但是这些破坏信任关系的人会造成无数的破坏。他们就像系统中的病毒，一旦出了问题，管理层通常会采取防御行为。有些人想让管理层看到问题，可反过来却被组织认为消极悲观，制造麻烦，认为这些反映问题的人反应过度，自己无法控制局面（de Becker，1997）。有些事情可能会升级失控，在组织中大范围内蔓延。举报者遭到排斥，甚至被冤枉，反而成了有错的一方。有时代价是人的生命。

2005年1月—2009年3月，斯塔福德医院有400~1200名患者死于护理不善。证据令人震惊，2009年医疗委员会主席伊恩·肯尼迪爵士说这是他调查过的最令人愤怒的丑闻。早在2007年就有预兆，当时人们注意到斯塔福德医院的死亡率高得离谱。医院说问题是由“代码错误”造成的（坎贝尔，2013）。

2006年，当地一个患者团体的成员特里·戴顿调查了斯塔福德医院的卫生标准。发现急诊室的卫生状况令人震惊，但他的报告没有引起媒体的重视。医院的护士海伦·唐纳利也投诉过，上面说如果她有问题就“填写一份事故表”。在急诊室工作的六年期间，她提交了近100份表格。“我看这些表格没人看；主管根本不愿意听，也不想知道”（英国广播公司新闻，2013）。

2007年，斯塔福德医院管理层终于无法再封住举报人的口。朱莉·贝利（Julie Bailey）的母亲因医院恶劣的失职去世，她发起了一场名为“治愈”的运动，要求医院整改。公众反应非常强烈。2010年12月，英国首相卡梅伦宣布对斯塔福德医院进行首次公开调查。

2014年10月14日，英国广播公司报道，政府正在建立新的信托基金来管理该医院，该医院现已更名为县医院。

至于朱莉·贝利，尽管她获得了大英帝国勋章，但声讨她的运动声势浩大且旷日持久，最后她不得不离开家乡。

当地人为什么声讨她？正是贝利的举报让他们免受病痛，可能还挽救了不少生命。说白了，贝利挑战了强大的利益集团：英国国家医疗服务体系和区县两级议会这两大利益集团都受到了调查批评，而工党更是无法接受医院在其监管下竟发生这样的事。但事情远不止是打击一个吹哨举报的女人。

人们不愿相信医生和护士会草菅人命。他们会在新闻中看到医院主管无能，以及削减医院预算的危险。但他们不喜欢这样的新闻：照顾他们的人（医护人员）在这些人面前，他们无能为力，脆弱不堪而并不总是电视剧中的白衣天使。或者正如贝利所言：“小型综合医院科室齐全但医疗水平不行。即使如此，人们也还是不愿相信英国国家医疗服务体系的安全如此堪忧。”

信任的神经化学机制

> **三只小鸭子和猫的故事**
>
> 罗南和艾玛·拉里在北爱尔兰买了一座农场。他们想要养鸭子，就买了几个鸭蛋孵化。鸭子快孵出来的时候，拉里一家准备去看看，却发现小鸭子失踪了。找了半天才找到，但他们家的猫先跑了过去。看来小鸭子要成为猫的美餐了。但不可思议的事情发生了。猫侧卧下来，三只小鸭子在猫身子下面扭来扭去，蹭毛取暖。拉里一家人被晾在一边。后来他们发现母猫刚生了小猫，小猫正在吃奶。母猫体内分泌大量的母爱荷尔蒙（催产素），让她去爱抚养育身旁任何温暖毛茸茸的小动物。小鸭子和猫建立了牢不可破的关系。随着小鸭子长大，它们继续依恋着这个代理妈妈。

神经经济学家保罗·扎克（Paul Zak）深入研究了信任的神经生物机制。神经经济学是新兴的跨学科领域，涉及神经学、心理学和经济学多个学科。神经经济学家研究决策的神经机制及大脑内部如何进行经济决策（Cohen，2010）。由于经济决策根本上来说是对未来的预测，因此决定投资方向时需要高度的信任。

1998年，扎克和世界银行发展研究小组的斯蒂芬·南克（Stephen Knack）共同研究信任的神经机制。

> 我想知道为什么不同国家的人的信任程度差异很大。为此我们构建了数学模型，描述产生高水平信任和低水平信任的社会、法律和经济环境。研究发现信任是判断国家财富水平最重要的预测因子之一；低信任水平的国家往往很穷。模型显示，低信任水平的社会之所以贫穷是因为有关创造就业和提高收入的长期投资太少。长期

投资需要双方相互信任、履行合同义务。

Zak（2008）

在后续研究中，扎克将催产素通过鼻腔喷雾注入人体。结果表明，人的信任程度大幅提高，大大增加了社会金融交易带来的收益。

- 催产素由下丘脑产生，由脑垂体分泌。催产素在大脑中是一种神经递质，进入血液又是一种激素。
- 催产素能够诱导孕妇分娩，刺激哺乳妇女的乳汁分泌。
- 催产素能增强性行为前后伴侣间的亲密关系。许多方式的接触，例如，亲吻和拥抱可以引发更多催产素的分泌。
- 催产素由正反馈机制控制，催产素释放本身可以刺激更多催产素的释放。催产素的释放持续增加，直到刺激停止。夫妇之间含情脉脉离不开催产素。

2014年发表的一项研究表明，催产素能抑制大脑中的恐惧中枢，让恐惧情绪更容易消退（《今日医学新闻》，2014）。

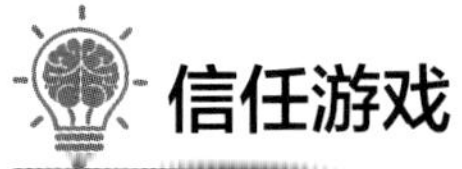

信任游戏

我们向他致以最崇高的敬意，相信他能做好。就这么简单。

Harper Lee（1960）

直觉往往能指引我们做出正确决策。但事实并非总是如此。丹尼尔·卡内曼（2011）认为，当我们把财务决策委托给财务顾问和股票交易员时，直觉并不能指导我们。这些人把我们的钱当成赌场上的筹码并从中获益匪浅。

> 总体来说，散户投资者无论是买入还是卖出股票都会犯错，金融机构从这些错误中获益。对于散户投资者，买卖股票的“想法”带来近4%的成本。研究表明，男性比女性有更多买卖股票的“想法”，所以女性投资者比男性投资者（平均而言）更成功，因为她们的投资组合变动较少。正如奥德恩和巴伯所观察到的，散户交易会造成个人财富的损失。
>
> 《经济学人》（2012）

瑞士学者恩斯特·费尔（Ernst Fehr）在20世纪90年代发明了“信任游戏”，用来衡量报复的心理动机。基于这个游戏，保罗·扎克和同事开发了一个衡量两个陌生人之间信任程度的游戏（Zak，2008）。游戏过程中使用正电子发射型计算机断层显像（PET）扫描受试者大脑，了解和惩罚相关的神经生物学基础。当受试者有机会惩罚背叛双方信任的另一方时，大脑的激励区域被激活，这一研究表明惩罚对方的决定与快感有关（Ariely，2008）。

受试者每人手里有10美元，两人分成一组，所有人都单独待在一个房间，大家谁都不知道对方是谁。第一步，每对受试者中受试者1在计算机的提示下，决定是否将一部分钱给受试者2。如果受试者1决定给，则受试者2收到的金额将增加三倍并累加到初始金额上（如果受试者1给出6美元，则受试者2最终拥有3×6美元+10美元= 28美元，而受试者1剩下4美元）。第二步，受试者2可以将部分资金返还给受试者1，也可以选择不给。转钱的决定做出后，立即采集受试者血样测量催产素水平。

实验认为初始资金转移可以衡量信任（trust），而转回的资金可以衡量值得信任的程度。研究结果显示，85%的受试者1都会给出一些钱，98%的受试者2会返还部分收到的钱。结果表明，当受试者收到钱时，他们感到被他人信任，催产素水平上升。催产素水平高的受试者2更容易信任对方（认为给他钱的受试者1值得信任），因此受试者2会返还更多的钱给受试者1。“接收到信任的信号后，人们似乎会对信任自己的陌生人产生好感”（Zak，2008）。

信任游戏结果对组织中领导者和管理者表现出的信任程度有着重要的启示。信任会产生积极的相互信任感（将可信度给予他人），进而对人们产生积极的情感影响，并产生最终的收益回报。在催产素的作用下，建立了正反馈回路。这对组织而言就是双赢。

 虚拟现实中人们相互信任

> 社会越来越热衷于技术，尤其年轻人，我希望年轻人能明白隔着屏幕交流和面对面交流完全不一样——相差1000倍！无论是在课堂、客厅还是卧室都如此。
>
> Anon（2013）

> 在建立关系上，技术是把双刃剑。一方面，技术让联系更加便捷，高速的沟通工具让人们更容易保持联系。另一方面，同样的技术也让人们变得疏远。面对面交流可以建立的信任和融洽，这是其他任何方式都无法替代的。
>
> Adam Grant（2013）

50年前的人完全无法想象今天的职场环境竟然能发生如此巨大的变化。无论好坏，今天的工作更加依赖虚拟空间的人际交往。技术给人们的沟通、阅读、书写和工作方式都带来了翻天覆地的变化。

尼古拉斯·尼古庞德（Nicholas Negroponte）生于1943年，目前是麻省理工学院媒体实验室的创始人和名誉主席。他发起了一项计划，给每个孩子发一台笔记本电脑。尼古庞德和他同年代的很多人不一样，他一直相信计算机能提升所有人的生活水平。他认为数字时代有四大特征:去中心化、全球化、协调和赋权（Negroponte，1995）。

尼古庞德对纳米技术的未来做了大胆预测。他认为30年后人类可以通过血液吸收信息。如果想学习新知识，例如，学一门新语言，只要吃一片含有所需信息的药片就可以。信息进入血液，流进大脑后被储存（Negroponte，2014）。

有些人已经被数字时代远远抛在后面。先是低技能工人、秘书、流水线工人和收银员被技术所取代。过去十年我们看到作家、记者、编辑、出版商、广播公司和摄影师等职业都发生了巨变（变化并非总是越来越好）。对于一位55岁的报社记者来说，原来工作上看似理所当然的事情今天都大不相同。

> 20世纪80年代和90年代，D是美国知名记者。他的署名文章经常见诸报端，稿费颇丰。但后来一切都变了。1995年4月，《今日美国》有了网络版，之后不久，1995年8月美国有线电视新闻网（CNN）也出了网络版。1996年1月，《纽约时报》开通了网站，在上面可以免费看新闻。广告商自然跟着读者跑，也从印刷媒体搬上了互联网，报纸收入大幅缩水，记者工资大降。2005年发行的《赫芬顿邮报》为记者提供了一个平台，但为内容付费的读者少得可怜。

对于像D这样没有生在数字时代的人，时代变革意味着生活巨变。收入下降或完全失去收入来源给他们造成焦虑不说，他们还要面临一系列的困难，不得不学习新技术以适应和理解新的工作环境，掌握新的工作能力。对其中一些人来说，学会用智能手机的基本功能都成问题，用电子邮件就更难上加难。《华尔街日报》（Shellenbarger，2014）报道，组织中的数字鸿沟日益扩大，年轻的员工娴熟运用各种新技术沟通，而年纪偏大的管理者不怎么会使用新的沟通工具。现在人们通过电子邮件和短信交流；使用聊天论坛、推特和社交媒体，如Instagram和Facebook等社交软件进行沟通。人们经常利用虚拟现实技术召开会议。例如，通过Skype进行电话会议。公司使用Google Hangout与客户互动。今天的职场就像《广告狂人》里写的一样，各种网络技术无孔不入。对于生在旧时代的高管来说，适应起来难度相当大。

为了缩小数字鸿沟，有的组织引入逆向导师制，让年轻员工一对一帮扶年长的同事，帮他们掌握新技能。这样的一对一关系并不容易，因为年纪大的同事不愿承认自己无知，而年轻人又会感到尴尬害怕。但如果能坚持下去的话，每个人包括组织自身都会受益匪浅。在这样的跨代际关系中，年轻的导师有机会从前辈身上学会处世之道；而被指导的老一辈能够学会从年轻人的视角看问题，还能学习他们的数字技术本领，这绝对是互惠互利的双赢。

对于很多人来说，互联网极大丰富了人们的社会生活，带来了新的社交方式，建立新的关系，重续过去的友情。但对某些人来说，互联网弊大于利。

> JC今年32岁，是伦敦一家国际营销品牌代理公司的创意总监。她的生活和工作都离不开电子邮件、短信、社交媒体和Skype。
>
> “我经常收到无数的短信和电子邮件。注意力总是被分散，很难有属于自己的时间，交流变得毫无意义。你不能相信人们在短信

或电子邮件中说的话，回复时还要小心措辞。如此多的信息需要在短时间内回复，否则你可能会给人留下冷漠的印象。我认为信任更容易被打破。人们会问你去过哪里，和谁在一起，什么时候去的。人们说一套做一套，把自己的生活描绘成完全不同的样子。其实我觉得打电话相对节省时间。我更喜欢面对面交流。从一个人说话的方式、表达自己的方式，可以读出很多信息，并且能够了解这个人的个性。”

JC还说：“只在网上谈生意，很难建立信任关系。网络上形成的印象可能完全不同于见面后的感觉，有时和你的期待完全相反。网络上不可能建立亲密关系，但可以毫无理由地心生怨恨。有人可能很忙，三言两语回复了电子邮件，这会被人误作冷漠。和别人的沟通方式最终会决定你如何讲述你们之间的故事。在办公室，人们不停地查看电话和电子邮件。通过苹果手机的镜头感受事物，从没有真正感受当下。”

在社交媒体上消费者和企业之间的信任的小船说翻就翻。顾客希望他们的问题能得到即时回复。有的客户一感到失望就在社交媒体上发表对企业或机构的不满，造成不良影响。企业或机构完全暴露在网上，工作压力极大，容易草木皆兵。因为人们随时都可以保持联系，所以都觉得必须立即给出回应。社交媒体发的东西谁都能看到，所以要花大量时间“救火”。

我觉得视频会议不错，能让在世界各地的同事一起开会，这是技术的一大优势。

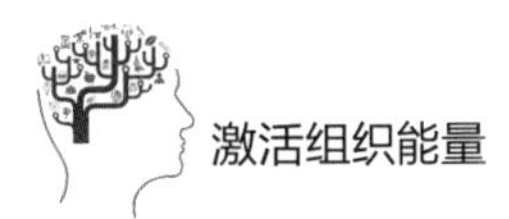

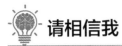

请相信我

1998—2008年这十年间，科恩一直以为他的一个朋友就是手握重金、喜欢收藏当代艺术品的克拉克·洛克菲勒，这个朋友出身于美国最富有、最有权势的家族。科恩现在还管他叫“克拉克”，其实这个人真名是克里斯蒂安·格哈特斯雷特，是一个来自巴伐利亚农村的大骗子，精神变态的杀人犯。

科恩说：“发现他真实身份时，原来给自己编织的各种理由一下子都崩塌了。”当时他整个人恍恍惚惚，之前的自豪、直觉和对何为真实的认知一下子都化为乌有。就像回到家里，发现所有的东西都被偷了，抽屉翻了个底朝天。“上帝啊，我好脆弱。”这种感觉一直萦绕心头，持续了很长一段时间，他从此很难再相信别人了。

Grant（2014）

这些无耻之徒编造谎言太容易了，把自己说的天花乱坠，毫无事实依据。被骗的人说他们一直被蒙在鼓里。经常能看到有人利用权势欺骗他人，为自己牟利。这样的骗局造成了一场又一场的悲剧，受害者可能永远无法从财产和精神损失中恢复过来。

2008年12月11日，伯尼·麦道夫（Bernie Madoff）因操纵600亿美元的庞氏骗局被捕。近50年来，麦道夫运作一只欺诈性对冲基金，他被誉为金融服务业的领军人物。人们信任他，因为他把自己标榜成社会栋梁，有识之士。打着这些旗号，麦道夫深得他人尊重。人们信任他还因为他似乎让富人变得更加富有。麦道夫把加入基金俱乐部的门槛提到高得难以置信，这一举动极大地诱导了别人，当然每个人都想成为会员。加入他的基金，必须有钱有势才行。麦道夫的势力渗透到社会的方方面面。

2008年12月，随着全球金融危机的爆发，麦道夫的纸牌屋轰然倒塌。和他一起倒下的人不计其数，包括他的两个儿子安德鲁和马克也买了他的基金。除了个人之外，也有不少机构投资者，养老基金、对冲基金公司、资本管理基金、私人银行、资产管理经理、货币基金经理、慈善家、保险公司、医保系统、慈善基金，乡村俱乐部和教育机构等。

麦道夫被判处150年监禁。他被关押在北卡罗来纳州的美国联邦监狱。他的妻子露丝住在康涅狄格州。露丝在2011年的电视节目《60分钟》中抱怨说："我感到羞耻"，但她坚称自己根本不知道这个骗局，"我现在都不敢上街，怕被别人认出来，怕被人戳脊梁骨。"

麦道夫被捕两年后，他的儿子马克·麦道夫自杀了。另一个儿子安德鲁·麦道夫于2014年9月死于癌症。

信任的力量

令人欣慰的是，大多数人都能以诚相待，相信他人秉承同样的价值理念。

如果遭人欺骗，我们的信念会动摇，开始保护自我，产生心理防备。组织遇到类似事件于是不得不制定越来越多的规定，使做事需要更多的手续流程和严格的层层审批。

要想消除官僚主义和繁文缛节就需要打造信任为先的组织文化。

接受《华尔街日报》采访时，领英首席执行官杰夫·韦纳（Jeff Weiner）说，他认为领导力是激励他人实现共同目标的能力（Rosenbush，2014）。“激励是关键词。管理者和领导者最大的区别在于管理者告诉人们该做什么，而领导者激励大家去做事。能够做到激励有赖于以下三点：清晰的愿景、坚定的信念，以及有效传播愿景和信念的能力。”

传统上，领导者需要保持距离，态度冷漠，他们可能觉得热情友善是向别人示弱。哈佛商学院的艾米·卡迪（Amy Cuddy）开展了一项研究，研究表明，友善的领导风格有助于建立信任。如果领导信任员工，员工就更有可能信任领导（Rosenbush，2014）。

亚当·格兰特（Adam Grant）是宾夕法尼亚大学沃顿商学院的管理学和心理学教授，也是《给予和获取》（*Give and Take: Why helping others drives our success*）一书的作者。

> 组织心理学长期以来一直关注如何设计工作，让人们爱上工作，愿意持续付出。传统的想法是，公司要满足员工基本的自身利益:经济激励外还包括工作有乐趣或职业发展。格兰特的研究……瞄准了这些理论背后的原因。他认为，工作最大的动力还没有被充分挖掘，那就是服务他人的意识，即工作对他人的贡献，这一动力比实现自我利益更能让人们高效工作。
>
> Schwabel（2013）

格兰特认为工作中有三点可以在创造价值的同时有助于建立更友善的工作环境:

1 帮助别人，即使别人的收益大于自己的收益。

2 专注于某一可以帮助他人的专业领域能够带来更多增值。

3 选一个小众的团队任务，想办法让任务兼具挑战性和趣味性。

参考文献

AboutKidsHealth（2010）Attachment Part Six: Implications of attachment theory: past, present, and future, available at http://www.aboutkidshealth.ca/En/News/Series/Attachment/Pages/Attachment-Part-Six-Implications-of-attachment-theory-past-present-and-future.aspx [accessed 13 November 2014]

Anon（2013）If I knew then, HBS class of 1963, retreived 3 April 2015 from http://www.powerovermind.com/reviews/internet/knew-hbs-class-1963-part-iii

Ariely, D（2008）The financial markets and the neurospsychology of trust, *Harvard Business Review*, available at https://hbr.org/2008/12/the-financial-markets-and-the.html [accessed on 23 November 2014]

BBC News（2013）Stafford Hospital neglect examined, available at http://www.bbc.co.uk/news/uk-england-stoke-staffordshire-21228820 [accessed on 19 November 2014]

Bowlby, J（1988）*A Secure Base*, Routledge, London

Campbell, D（2013）Mid Staffs hospital scandal. The essential guide, *The Guardian*, available at http://www.theguardian.com/society/2013/feb/06/mid-staffs-hospital-scandal-guide [accessed on 19 November 2014]

Cohen, J（2010）What is neuroeconomics?*Yale Insights*, available at http://insights.som.yale.edu/insights/what-neuroeconomics [accessed on 21 November 2014]

Cohen, N（2013）Julie Bailey: Enemy of the people, Spectator Blogs, available at http://blogs.spectator.co.uk/nick-cohen/2013/05/julie-bailey-enemyof-the-people/ [accessed on 19 November 2014]

de Becker, G（1997）*The Gift of Fear*, Dell, New York

The Economist（2012）Quick study: Daniel Kahneman on economic decision-making: Can we ever trust instinct?, available at http://www.economist.com/blogs/prospero/2012/02/quick-study-daniel-kahneman-economic-decision-making [accessed on 22 November 2014]

Fraley, RC（2010）A brief overview of adult attachment theory and research, available at http://internal.psychology.illinois.edu/~rcfraley/attachment.htm [accessed on 29 November 2014]

Grant, A（2013）Why Helping Others Drives Our Success, Weidenfeld & Nicolson, London

Grant, R（2014）Walter Kirn on being conned by a murderer, *The Telegraph*

Kahneman, D（2011）*Thinking, Fast and Slow*, 1st edn, Farrar, Straus and Giroux, New York

Lee, H（1960）*To Kill a Mockingbird*, JB Lippincott

Medical News Today（2014）The bonding hormone oxytocin inhibits the fear center in the brain, available at http://www.medicalnewstoday.com/releases/285441.php [accessed on 13 November 2014]

Negroponte, N（1995）*Being Digital*, Alfred A Knopf, New York

Negroponte, N（2014）A 30-year history of the future, *TED.com*, available at http://www.ted.com/talks/nicholas_negroponte_a_30_year_history_of_the_future#t-11242 [accessed on 28 November 2014]

Rosenbush, S（2014）What your CEO is reading: LinkedIn’s Jeff Weiner; Google, Meet GM; Nice Managers: The CIO Report, *Wall Street Journal*, available at http://blogs.wsj.com/cio/2014/11/29/what-your-ceo-is-reading-linkedins-jeff-weiner-google-meet-gm-nice-managers [accessed on 30 November 2014]

Rowling, JK（1998）*Harry Potter and the Chamber of Secrets*,

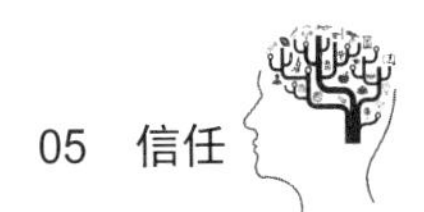

Bloomsbury, London

Schwabel（2013）Adam Grant: Be a giver not a taker to succeed at work, *Forbes*, available at http://www.forbes.com/sites/danschawbel/2013/04/09/adam-grant-be-a-giver-not-a-taker-to-succeed-at-work/ [accessed on 30 November 2014]

Shellenbarger, S（2014）Pairing up with a younger technology mentor, *Wall Street Journal*, available at http://online.wsj.com/articles/SB100014240527023039033045795881225523554480 [accessed on 24 November 2014]

Sinclair, U（1935）I, candidate for Governor: And how I got licked（Repring, 1, p 109）, University of California Press

Zak, PJ（2008）The neurobiology of trust, *Scientific American,* 298（6）, pp 88–95, doi:10.1038/scientificamerican0608-88

第2部分

组织、能量流动和利润

06 工作环境中的恐惧

引言

在剥夺头脑的所有行动和推理能力方面，没有一种激情能像恐惧那样有效。

Edmund Burke（1756）

虽然我们尽量把情绪排除在工作之外，但事实上，工作所带给人的体验是充满感情的。

Ashforth 和 Humphrey（1995）

在前五章中，我们一直在关注恐惧及其解药——信任在塑造个体及其行为方面的重要性。恐惧是决定我们是谁和我们的行为方式的八种关键基本情绪之一。恐惧在确立我们的生存模式过程中起到关键作用，而且我们看到，生存模式可以根据我们的关系和经验而改变并变得更有适应性。

现在，我们将注意力转向工作环境中的恐惧：我们用什么语言来定义恐惧，恐惧会触发哪些类型的行为和态度——不仅在个体身上，也在组织文化中。我们能够认识到工作环境中存在着恐惧，然后理解为什么会存在恐惧，这是迈向无惧组织的第一步。

让我们来看一看不同类型的领导风格，并用一些来自组织的故事，说明各类风格的领导者会给被领导者带来什么感觉。

重要的三种情绪

在我们讨论恐惧对人和组织的影响，以及成为一个无惧的组织的必要条件之前，我们需要首先确定“恐惧”一词的含义。

帕特里克性格冷静、深思熟虑，在社区中深受尊重、钦佩和喜爱。他是董事会的成员之一，为弱势群体做了出色的工作。他听说我们在写这本书，想给我们讲他的故事。以下内容是他告诉我们的。

帕特里克自打从学校毕业之后，就在一家零售公司工作。该公司有一种家长式的支持性文化，虽然工资不高，但他很喜欢这份工作，也做得很好。公司里每一个人都互相认识，那里有不错的工作环境。当帕特里克开始负责零售业务的一个重要板块之后，有消息称，他们将被另一家大公司收购。那家大公司雄心勃勃，文化完全不同，非常大男子主义、傲慢自大。为了节省开支，新公司将进行重组。区域零售经理被调到业务中心，零售店被合并。很多人被裁员，这让人们变得非常担心和恐惧。裁员过程中的沟通并不顺畅，新东家希望变革尽快施行。帕特里克被要求进行一项企业重组计划评估。他原本希望人们能看到一份公平的评估，但他的工作却被迫草草了事。这在员工中引起了很大的焦虑，也令他压力重重。

> 在这个关键时刻，CEO辞职了。一位新的CEO很快被任命——他以“硬汉”风格而闻名，并在重组方面拥有丰富经验。帕特里克直接为这位新老板工作，并逐渐对他有了深入了解。他向大家描述自己是一个“完全独裁的狂人，做事很残忍，毫不在乎自己不受欢迎”。虽然他是帕特里克见过的最聪明的人之一，但他对员工没有任何尊重。无论他走到哪里，员工都会“完全僵住”。他把变革目标和失败代价定得很高，这在员工中引发了对失败的深切恐惧并造成了巨大的压力。变革过程给许多人带来了创伤，向新组织的过渡是一场噩梦。员工被操之过急地调离原岗位，留给初级员工的是令人难以喘息的巨大责任。恐惧已经笼罩了这个组织，要恢复得花很长时间。帕特里克夜不能寐。他会在凌晨三点醒来，为第二天担心，对老板会做些什么感到焦虑。进入职场34年来，帕特里克只生过一个星期的病，但就在此时被诊断出有抑郁症和精神紧张，于是他因病休息了六个月。他50岁就提早退休了。最终他的老板被一个更大规模的零售财团挖走成为他们的CEO，后来跌落神坛时搞得沸沸扬扬，那也让所有人都拍手称快。
>
> 我与帕特里克交谈时，这些事情已经过去17年了。但他向我倾诉说，在我们见面前的一周，他几乎没有睡着过：“光是想到那一切，就让我觉得好像回到了那里一样。”

压力、焦虑、恐惧——这些都是我们在上面的故事中所用的词汇，我们也用这些词来描述我们对工作中的威胁或危险的反应。但我们用这些词到底想表达什么？此外，我们每个人想表达的意思又是否相同？

从进化的角度来看，压力、焦虑和恐惧是重要和必要的情绪，这些情绪保护了我们面临猛兽和其他性命之忧的祖先。这些情绪使身体做好准备，应对威胁。由于选择仅限于逃跑/战斗/僵住，身体会通过增加分泌肾上腺素，提高肌肉张力、增加心跳和呼吸频率，从而做好准备。虽然大脑和身体反应在三种状态下都是相似的，但许多专家（如 Sadock 等，2009）表示，三者之间有细微差别。

压力

当某种事物干扰你的平衡或导致变化发生时就会生成压力。压力的来源称为“压力源”。它可能是外部世界中导致你担心的物理因素，也可能是因为你感知会发生一些不好的事情，而从内部产生的情绪因素。压力源的存在可能是短暂的，也可能会持续很长时间。压力源包括工作不稳定、工作中被欺凌、战场上的创伤等。某些压力源可能不会对你构成直接威胁或危险，但仍可能会让你感到压力。例如，持续的响亮噪声、坐一趟过山车、要做的事情太多等。压力影响着我们的思维、感受和行为。消除压力源，压力很可能也会消失。

压力可以是积极正面的，也可以是消极负面的。增加压力，可能会提升积极性、兴奋感或产出率，但程度有限，正如图6.1所示，压力与表现之间呈现了这种关系。

对于任何特定任务，施加适当的压力，表现会达到最佳。在一个“舒适区”内，你可以很好地应对正在承受的压力。此时，你既不会感到工作不足，也不会感到工作过度。你头脑机警，反应迅速。适当的压力是正面的：它可以防止你在危险的机器附近犯错，鼓励你在诸如核电站或海上平台等环境中工作时注意安全，确保你始终谨慎驾驶、善待他人。

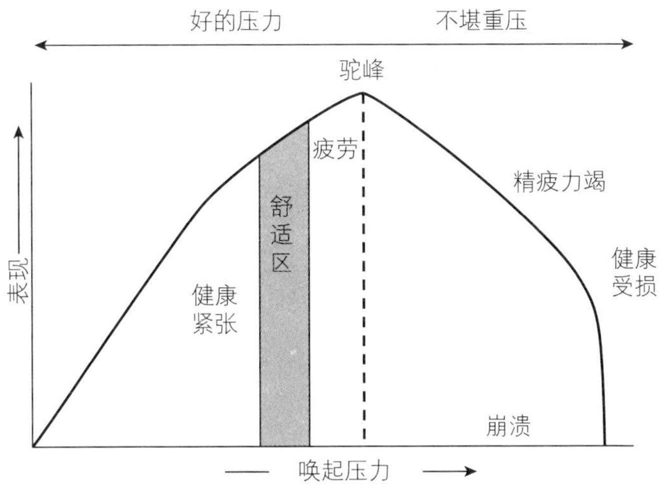

图6.1 人的功能曲线

“驼峰”是压力源开始产生负面影响的那个点，你不再能很好地应对，疲劳开始出现。这是“不堪重压”的开始。从此之后，你经受的压力增加，会导致表现下降：如果放任这一情况继续，将导致精疲力竭、健康受损并最终崩溃。

虽然人的功能曲线的形状对所有人都是通用的，但每个个体都有应对压力的极限（驼峰）。换言之，对于相同的压力源，不同的人会以不同的方式做出反应，而且同样的事物并不会对所有人造成压力。例如，有些人在压力巨大、变化迅速的环境中如鱼得水，而其他人则会应接不暇。有些人则会感到重复枯燥的工作带来压力。让人感到压力的并不是压力源，而是他们应对压力源的方式。这是一件非常个性化的事情，正如我们在上一节中看到的。

在工作中，压力源（如输给竞争对手或失去客户）可能会促成表现提升，但这取决于个人。虽然增加压力在短期内可能有效，但从长远来看，随着越来越多的员工感到压力和苦恼，只会导致员工的整体表现下降。

工作中的压力是一个多年来有充分记载的问题。企业以工作相关的病假这一形式，汇报组织内的压力水平；若干政府机构每年提供有关压力水平及其成因的全国统计数据和趋势。1992年，一份联合国报告将工作压力称为“20世纪疾病”（ILO，1992）。1998年，世界卫生组织的一项研究表明，压力已成为“全球流行病”（WHO，1998）。

“英国劳动力研究”的报告显示，2011—2012年，英国职场压力病例总数为42.8万例，约占所有工作相关疾病总数的40%（Health 和 Safety Executive，2012，2013）。这些疾病导致缺勤，事故率提升，产出率下降，人员更替率提高。这份报告回顾了过去十年的趋势，得出结论：工作压力水平大致保持不变，这意味着21世纪头十年中，英国近500万人因工作压力而患病。这项研究还明确了主要压力源，例如，工作负担大、缺乏经理支持，以及工作相关的暴力和欺凌。这些压力源都与组织中的恐惧有关，我们稍后也将看到这一点。

另一份报告总结了2012年“技能和就业调查”的结果（Gallie 等，2012），这份报告也指出英国职场恐惧程度较高。该报告明确了职场恐惧的三个主要原因：害怕失业、害怕失去职场地位和工作中的不公平待遇。调查结果显示，受影响的人数相当多：约三分之一的雇员担心在工作中受到不公平待遇，半数以上的雇员表示担心失去职场地位。2008年开始经济衰退之后，担心失业的人数增加到劳动力总数的四分之一。

最近一次的泛欧职业健康与安全调查访问了31个国家的超过1.66万人（European Agency for Health and Safety at Work，2013），发现半数以上受访的劳动者认为，工作相关的压力病例在自己所处的工作环境中很常见。受访者列举了造成压力的主要原因，包括工作调整或缺乏保障（72%）、工作时间过长或工作量过大（66%）、遭受欺凌或骚扰等不可接受的行为（59%）、缺乏同事或主管的支持（57%），以及角色和职责不明确（52%）。所有这些列举出来的压力源，也与工作中的恐惧有某种关系，后续我们也将看到这一点。

美国最近的全国统计数据很难找到，但美国压力研究所（American Institute of Stress）（2014）援引的众多研究证实了一点：美国成年人最重要的压力来源是工作，而工作相关压力的主要来源是工作中的负担和恐惧。单个调查的规模、人口特征和地点各不相同，结果难以比较和总结，但总体而言，调查结果显示40%～80%的劳动者在工作中感到压力。

澳大利亚心理学会2013年开展的“澳大利亚压力和身心健康调查”（Casey，2013）发现，近一半的澳大利亚劳动者将工作中的问题视为压力来源，这与往年的调查结果一致。

以上这些调查，以及世界各国的许多其他调查表明，工作压力是显著而普遍的，而且对企业盈亏有重大影响。大多数人在感到压力时无法将工作做到最好，企业和经济因而受损。

焦虑

萨多克等人（Sadock 等）（2009）对焦虑的定义是，对不确切或未知威胁的情绪反应。例如，在黑暗中或陌生街道上行走时感知到可能出现的危险，或者在工作中感觉到老板不认可自己正在做的事情。焦虑是预期性的，通常基于想象中的或尚未变成现实的威胁。焦虑促使你准备好采取行动应对威胁，这使你试图通过预见危险来保护自身安全。与个人的压力极限因人而异一样，对这种威胁感到的焦虑程度，也是一件非常个人的事情。它反应在身体上，包括感到心烦意乱、感觉更敏感、肌肉紧绷，准备好以“战斗或逃跑”的本能采取行动。焦虑也让人筋疲力尽，这取决于人感知到的威胁。焦虑还可能成为一种痛苦的常态，持续很长时间。在这种情况下，你可能无法应对，焦虑开始干扰日常活动，以及与他人的互动。

恐惧

对恐惧最恰当的定义，是对*已知或明确威胁*的情绪反应。例如，当一个情绪激动的暴徒在一条黑暗的街道上接近你时，或者老板告诉你他不喜欢你正在做的工作，并威胁要采取某种行动。恐惧可能是由真实或想象中的威胁触发的。正如我们已经看到，大脑无法区分两者，但无论哪种情况，重要的是你感知到威胁的明确存在。*恐惧会促使你采取行动应对威胁*，但若行动未能采取，威胁也未被消除，则身体将继续处于准备好采取行动的状态。恐惧是你通过应对危险来保护自身安全的尝试。身体的“战斗或逃跑”的反应被触发，身体变化包括呼吸和心跳加速和出汗。你的思维、感受和行为都受到影响，因为感到恐惧时，你会自动专注于避免威胁。

恐惧和焦虑当然是密切相关的，可能互相触发。过去的恐惧可能在现在引发焦虑，如创伤后应激障碍（PTSD）。这里的危险不是实际的危险，而是根据以往经验预测或预期的危险，会引发一种先行于危险的焦虑。

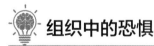

 组织中的恐惧

组织中的恐惧是由真实或感知到的威胁引发的。在很大程度上，工作中的威胁与失去重要的东西有关。这种损失感可能如此强烈，以至于能激发人们采取强有力的行动来避免这种损失。大卫·洛克的SCARF模型（Rock，2008）总结了人们在工作中最害怕失去的东西：

- 地位（Status）：害怕失去工作保障或职位，包括害怕失去权力或地位、不获晋升或加薪，以及害怕失去工作。
- 确定性（Certainty）：害怕失去预测事情发展走向的能力，包括害怕自己犯错、做得不够好。
- 自主性（Autonomy）：害怕失去对各种事务的把控感，包括害怕从事自己讨厌或有失体面的工作、害怕长时间工作或做没人感谢、没有回报的工作。
- 相关性（Relatedness）：害怕失去与他人共处时的安全感，包括害怕被人评判、所做的努力不被赞赏、与难缠的顾客或客户打交道，以及害怕遭受暴力或欺凌。
- 公平性（Fairness）：害怕失去信誉或声誉，包括害怕错误、失败、不受人尊重，以及表现不佳。

工作中的威胁可能并非显而易见，相反可能是潜在的。因为人们持有消极的假设，所以认为互相之间无法也不会信任对方。每一方都假定对方只考虑自身利益、牺牲对方利益，所以采取自我防御的行为方式来保护自己，避免失去自己珍视的东西。而反过来，这又会被对方曲解为进攻，从而加强了原来的假设。如果人们处于层级关系中——你作为老板比员工拥有更多权力，或者你作为下属看到老板拥有所有权力——这种情况就会被极大地放大。

认识到工作中的恐惧，是采取行动、开始构建无惧的组织的第一步。以下故事基于真实事件，但用瑞安和奥斯特莱希（Ryan 和 Oestreich）（1998）总结的方法进行了改编，展现了缺乏信任和不良假设如何制造威胁，并在团队中引发恐惧。

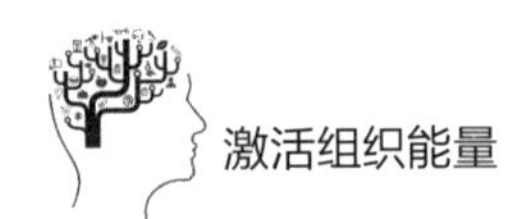

朱迪斯在一家大型跨国公司担任主管。她刚刚接到任命，负责领导一个大型技术专家团队，那些专家已经在自己的岗位上工作了许多年，是一群出了名的难以管理的人。

今年为该团队设定的交付目标很有挑战，这意味着他们的表现必须比去年有所提升。这关系到每个人的声誉，以及年度奖金。

朱迪斯个人感到很担心。她的假设是，团队成员并不真正关心他们的工作，而只是对工作带来的钱、足球、汽车和周五下午提早下班感兴趣。发生问题时，他们总是找借口，而不对他们的工作负责。她认为他们不了解大局，对团队面临的预算和组织压力不感兴趣。她猜测，他们会抵制她试图做出的任何改变，只关注他们应得的权益，例如，各种权利、工资或福利。她将不得不迫使他们做出她想要的贡献，如果他们不愿意，可能会搞破坏。

因此，她认定在这种情况下，保护她自己的最佳方法是对团队关键成员进行微观管理。此外，制定严格的政策，确保团队达到明确的绩效标准，并制定投诉（或建议）处理程序，对她而言很可能也是一个不错的主意。事实上，让HR部门全面实施更严格的人事规则，以求控制任何潜在的异议，对她而言很可能是谨慎的做法。她认为阿拉斯泰尔特别爱找麻烦，她会想方设法管教他，或者更好的是，在刚出现麻烦迹象时就将他除掉。她决定，如果遇到问题，她最好限制与团队的沟通，因此通常只参加和她上级的会议。当她与团队开会时，她认为自己应该非常清楚地表明，这将涉及对员工进行严厉处置，并且毫不含糊、不容争辩地告诉他们需要进行的所有变革。

团队看到了朱迪斯的表现。他们看到阿拉斯泰尔被找碴，最后被调到一个资历要求比之前低的岗位。朱迪斯一直在与她的老板开会，但几乎从不和她自己的团队见面。她从不告诉他们公司里正在发生什么事，所以他们不得不依靠在走廊听到的谣言。她似乎不赞成团队直接向上级管理层提出他们的想法，要这样做必须总是通过她，而且对于团队出色的工作，她似乎都会把功劳据为己有。她当然不希望团队向高级管理层投诉或提供任何坏消息。新实施的人事规则似乎限制了团队的行为和工作交付方式，但没有人向他们解释这些规则的实施原因或目的。然而，新规则似乎不适用于朱迪斯，她可以在各种问题上不公平地对待团队却置身事外。事实上，在他们看来，现在似乎有两条规则：一条是针对老板的，另一条是针对他们的。

于是团队得出结论，朱迪斯是一个行事隐秘、麻木不仁，以及偏见重重的老板。他们认为她的主要动机是权力和控制，她只想做老板想要她做的任何事，让自己出人头地。显然，她对于在技术方面做正确的事情不感兴趣，而是关心从政治角度做任何能让她在组织上看上去最光鲜的事情。虽然她偶尔会征求团队意见，但她很少受到这些意见的影响，而是做她已经决定做的事情，这些决定往往与团队建议背道而驰。有些人得出结论，由于团队的能力强，朱迪斯感觉受到了威胁；而其他人则认为，她觉得自己高出团队一等，只是因为她掌握了所有的权力。她一直试图让团队更加努力地工作，而当他们尽力时，她从不给予任何奖励。

团队决定，面对朱迪斯，他们需要保护自己。这包括防止她看到关键信息或数据，让她犯错，尤其是在高管面前。他们质疑她的所有决定。他们在她开的会上不建言献策，会后抱怨会议糟糕透顶。每当遇到绩效问题，他们都会归咎于他人或某些困难状况，从不承认自己发挥的作用。出现紧急情况时，他们不会主动加班。他们向竞争对手或供应商等外部人员抱怨自己的组织，却不愿深入参与任何变革过程。一些团队成员认为，应该成立工会，主要目的是让员工获得更多权利。其他人正在考虑向组织高层表达他们的不满，甚至准备提出诉讼。

朱迪斯发现与这个团队合作很艰难。她观察到，他们不配合她提的建议，对她消极抵抗，花很多时间抵制她认为非常合理的要求。她看到他们彼此之间聊得很多，不断抱怨和“发牢骚”，却很少提出令人兴奋的新想法。他们工作缓慢，拖延进展，要求提供特殊条件或额外福利。他们的行动彻底加强了她最初的担忧。

这个故事的开篇，我们也完全可以先写团队对朱迪斯持有何种负面看法，以及为保护自己免受为朱迪斯工作时所感受到的危险，他们采取了什么行动。结果将非常相似。在这个故事中，恐惧和缺乏信任相互强化。

这个故事展现了充满恐惧的组织中的典型行为：指责、找借口、玩世不恭、限制信息流动或参与重要决策。同样常见的是强调流程、程序、政策和权利，诋毁彼此的能力，普遍缺乏承担责任的意愿，破坏彼此的努力。

有许多研究和报告描述了如何识别组织中的恐惧（如 Austin，2000；Greenleaf，2014；Jacobs，2014；Kuppler，2013；Lennon，2013；Llopis，2013；McPherson，2010；Potter，2013；Ryan 和 Oestreich，1998；Ryan，2010；Welford，2013）。以下内容也包括我们自己的观察。

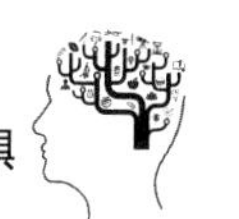

个体可能会报告自己出现了明显的恐惧症状。身体上，他们会出现头痛、胃痛或无法入睡等症状。他们发现很难在工作与生活的其他部分之间取得平衡。他们表示，因为工作而感到愤怒、被恫吓、沮丧或悲伤，而工作也可能成为他们与亲密家人和朋友之间问题的根源。他们可能会饮酒或使用其他致瘾物质来应对消极情绪。

一般而言，组织中最容易识别的恐惧症状是，不愿直言发声和害怕引发后患。事实上，一个有趣的问题可以用来在任何组织中评估恐惧程度：你们在这里不能谈论什么？

有关组织的恐惧文化，其他关键线索包括领导者和员工的行为方式，以及制度和政策的运作方式，特别在HR方面。在领导者塑造文化的过程中，通常会以HR为工具，去实现他们希望塑造的文化。但有时，由于HR对详细汇报提出的要求，可能会不知不觉造成一种由恐惧驱动、令人精疲力竭的文化。在制定标准和灌输恐惧之间，合规工作游走于一条微妙的边界，这可能促使人们（特别是争强好胜的男性）设法超越制度，引发灾难性的潜在后果。

我们发现有五种领导力类型会在组织中引发恐惧。基于瑞安和奥斯特莱希（1998）的定义，我们将这五种类型称为缺席型、含糊型、傲慢型、粗暴型和虐待型领导者。这些类型严重程度逐个加深，与领导者如何维持自身权力有关：

- **缺席型领导者**通常与员工沟通不好。他们发出的消息缺乏一致性或混杂不清，对发生的事情较少做出回应。他们不会直面不良行为，反而会纵容问题长时间存在。他们喜欢关起门来做决定，传达的信息也很有限且用处不大。囤积信息是一种巩固权力的方式。员工被蒙在鼓里，不知道自己被期望做什么，也不知道应该专注于什么。

这会使人产生不确定性、犹豫不决和对做错事的担忧。员工害怕失去良好的声誉，或无法完成工作。由于领导者很少提供反馈，员工也害怕不被赞赏、失去地位，以及最终失去工作。

- **含糊型领导者**不会表现出始终如一的行为。此类领导者即使批准了员工的行动，也可能不会坚定地支持员工，经常在公共场合让他们失望，或者对问题做出过度反应，而不是将问题视为学习机会。含糊型领导者不明确定义角色、工作目标和期望，为他们工作的人对该做什么感到不确定。与缺席型领导者一样，含糊型领导者会引发人们关于失去声誉、能力和职位的恐惧。
- **傲慢型领导者**的主要关注点不是“我如何为客户和员工做正确的事情”，他们更关心如何保持自己的地位和工作不受影响，为此不惜付出任何代价。傲慢型领导者会毫不犹豫地对员工粗鲁无礼，认为自己比下面的任何人都重要得多，自己也理应得到相应的待遇。他们不懂领导力既意味着引领组织，也意味着服务组织。傲慢型领导者很可能会沉溺于不道德的行为，凭借他们的地位获得自己想要或认为自己应得的东西。为傲慢型领导者工作的员工不会觉得自己被重视，他们常会恐惧失去声誉、能力、关系或地位。
- **粗暴型领导者和虐待型领导者**经常出现不受控制的情绪爆发，粗暴对待或虐待员工，却从不表现出对员工的信任或尊重。粗暴型领导者往往会责怪下属，在公开场合怠慢、无视或侮辱员工。例如，在他人面前指出员工的错误。虐待型领导者更进一步：他们会咄咄逼人，经常大声呼喊以获得控制。他们会用开除甚至肢体暴力来威胁员工。虽然粗暴或虐待行为可能有意也可能无意，但必定导致员工感觉被冒犯、羞辱、欺凌或威胁。

对应上述领导者行为，我们发现员工不得不在充满恐惧的组织中工作时，也会有五种典型的行为方式：

- **缺席型员工**不会直言发声，因为害怕引发后患。他们会避免激烈的公开辩论，害怕承认错误。当老板走进房间时，他们往往开始沉默不语，不和老板分享他们之前兴高采烈讨论的内容。他们不愿意尝试新事物，不愿意创新或试验，也不会坚持自己或组织的需要。这就造成了“在场缺席”这种看似矛盾的状态——员工身体在场，但心却藏在别处。
- **含糊型员工**往往不勇于承担责任，而是表现出一种指责他人或推卸责任的模式。他们缺乏勇气，进行会前会议是常态，任何想法或建议都要先经过无穷无尽的审查，才会提交给高层领导。由于害怕后患，含糊型员工认为，最好让老板听到“正确”的回答，而不是事实。含糊型员工认为所有消息都必须是“好消息”，所以从不会发出让人感到为难的电子邮件。
- **傲慢型员工**关注的是地位。此类员工往往花大量时间谈论组织中谁的地位在上升和下降，团队中弥漫着过多的闲谈和指责。表现是员工在办公室留到比老板晚走，想要争取印象分。那些平步青云的人善于向上管理，只说老板想听的话。
- **粗暴型和虐待型员工**往往会欺凌同事或下属，对周围的人产生的影响与虐待型领导者相同。他们的行为可能是为了避免自己受到欺凌或威胁而产生的一种防御反应。

组织实行的**制度和政策**的类型也是恐惧存在的一种症状。需要注意三种关键现象：

1　**HR制度并非以人为导向**：现有的HR制度的运作目的是尽可能提高组织的盈利能力，并加强HR员工或领导层的权力基础，而不是专注于个体和企业整体最优。

2　**流程和制度太多**：过度依赖流程和政策，而不是思考和常识。规

则太多，导致员工感觉管理层不信任他们。

3 **绩效以数据为导向：**领导者根据数字来判断绩效，由于一切都被量化衡量，因此不会提出太多问题并做出了许多不受质疑的假设。员工花大量时间修饰数据，为的是避免管理层看到后引发后患。奖励和晋升仅基于结果，不考虑行为。

在组织中，恐惧从来都不是健康的状态。恐惧不会鼓励员工采取积极行动，相反会破坏积极性和产出率，有损于信心和士气。最终，恐惧会扼杀创造力，降低信任度，打压员工勇于直言或承担风险的意愿。恐惧还会阻止你从错误中学习，因而导致组织反复犯同样的错误。基于恐惧的文化促使人们短期思维：你会采取防御姿态，避免对抗或报复，专注于消除任何威胁，而不是一起努力实现共同目标和成果。恐惧会让你改变自己的行为：你对谁说什么话都会谨小慎微；出现问题时，你不会直言发声；你会表现得好像一切正常，即使你知道情况并非如此；你会尽力取悦老板，即使你持有不同意见；你会避免提出问题，以防冒犯别人。总而言之，恐惧会导致业务绩效下降、员工身负重压。打造一个无惧的组织，将会带来彻底的变化。

有的公司认为“胡萝卜加大棒”是激励行为的最佳方法，但请记住，接受者的大脑首先记住的是“大棒”。“胡萝卜”只给组织提供了时间以准备承受下一根“大棒”。

参考文献

The American Institute of Stress（2014）*Workplace Stress*, available at http://www.stress.org/workplace-stress [accessed on 10 April 2014]

Ashforth, BE and Humphrey, RH（1995）Emotion in the workplace: A reappraisal,*Human Relations*, 48（2）, 97–125

Austin, J（2000）Fear in the workplace: Symptoms, sources, solutions, *Potential At Work Inc*, available at http://www.potentialatwork.com/articles/fear.html [accessed on 10 April 2014]

Burke, E（1756）*A Philosophical Inquiry into the Origin of Our Ideas of the Sublime and Beautiful*, Oxford University Press, New York

Casey, L（2013）Stress and Wellbeing in Australia Survey 2013: The state of the nation two years on, and special feature on working Australians, available at http://www.psychology.org.au/Assets/Files/Stress%20and%20wellbeing%20in%20Australia%20survey%202013.pdf [accessed on 10 April 2014]

European Agency for Health and Safety at Work（2013）European opinion poll on occupational safety and health（May）, available at http://osha.europa.eu [accessed on 10 April 2014]

Gallie, D, Felstead, A, Green, F and Inanc, H（2012）*Fear at Work in Britain: First findings from the Skills And Employment Survey 2012*, Centre for Learning and Life Chances in Knowledge Economies and Societies, Institute of Education, London

Greenleaf, RK（2014）Getting fear out of the workplace, Greenleaf Center for Servant Leadership, available at https://greenleaf.org/winning-workplaces/workplace-resources/ask-an-expert/getting-fear-out-of-the-workplace/ [accessed on 10 April 2014]

Health and Safety Executive（2012）Annual statistics report for Great Britain, available at www.hse.gov.uk [accessed on 10 April 2014]

Health and Safety Executive（2013）Stress and psychological disorders in

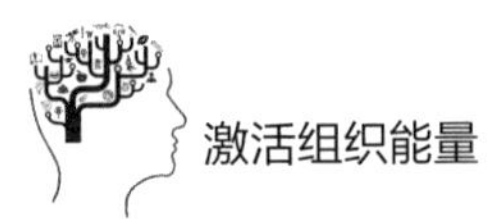

Great Britain 2013, available at www.hse.gov.uk/statistics [accessed on 10 April 2014]

ILO（1992）Preventing Stress at Work, *Conditions of Work Digest, 11*, 2/1992, International Labour Office, Geneva

Jacobs, K（2014）How to build trust in organizations, *HR Magazine*, available at http://www.hrmagazine.co.uk/hr/features/1142257/build-trust-organisations

Kuppler, T（2013）The 8 clear signs of a workplace culture of fear, *TLNT The Business of HR*, available at http://www.tlnt.com/2013/11/14/the-8-clear-signs- of-a-workplace-culture-of-fear/ [accessed on 10 April 2014]

Lennon, D（2013）Living in fear at work? Why? Overcoming the killer consequences of suspicion, *Business Fitness,* available at http://www.dawnlennon.com/2013/ 05/22/living-in-fear-at-work-why-overcoming-the-killer-consequences-of-suspicion/ [accessed on 10 April 2014]

Llopis, G（2013）Getting past 4 common workplace fears, *Forbes Magazine,* available at http://www.forbes.com/sites/glennllopis/2013/06/24/getting-past-4- common-workplace-fears/ [accessed on 10 April 2014]

McPherson, T（2010）5 ways to deal with fear at work, *Talent Alley,* available at http://talentalley.com/2010/02/10/5-ways-to-deal-with-fear-at-work/ [accessed on 10 April 2014]

Nixon, PG（1982）The human function curve: A paradigm for our times, *Activitas Nervosa Superior*, suppl 3（Pt 1）, pp 130–33, available at http://europepmc.org/ abstract/MED/7183056 [accessed on 10 April 2014]

Potter, M（2013）Beat the fear culture at work, *Psychologies*, available at http://www.psychologies.co.uk/work/beat-the-fear-culture-at-work.html [accessed 10 April 2014]

Rock, D（2008）SCARF: A brain-based model for collaborating with and influencing others, *NeuroLeadership Journal, 1*

Ryan, KD and Oestreich, DK（1998）*Driving fear out of the workplace:*

Creating the high-trust, high-performance organization, 2nd edn, Jossey-Bass, San Francisco, CA

Ryan, L（2010）Ten signs of a fear-based workplace, *Bloomberg Businessweek*, available at http://www.businessweek.com/managing/content/jul2010/ ca2010078_954479.htm [accessed on 10 April 2014]

Sadock, BJ, Sadock, VA and Ruiz, P（eds）（2009）*Kaplan and Sadock's Comprehensive Textbook of Psychiatry*, Lippincott Williams and Wilkins, Philadelphia, PA

Welford, C（2013）Fear in the workplace, *HR Magazine*, available at http://www. hrmagazine.co.uk/hro/features/1076556/fear-workplace [accessed on 10 April 2014]

WHO（1998）*The World Health Report 1998: Life in the 21st century – a vision for all*, World Health Organization, Geneva

07 能量的本质

引言

20世纪的西方世界见证了心理学发展成完整的知识体系的过程，这一体系协调着哲学与科学之间不和谐的关系。这一时期出现了很多模型和理论，而我们现在可以看到，这其中许多其实是信仰体系，而不是真正的科学。弗洛伊德认为性欲的本质是无意识的，就是一个很好的例子。在没有实验数据的情况下，本是理论的模型被认作事实。

心理学家似乎没有注意到，人类系统与已知宇宙中的所有其他系统一样，也会消耗能量。整个身体中的能量如何受大脑管理，大脑内的能量如何被管理，对人类行为有着深远的影响。这种能量是由基本情绪所引导的，而这些情绪本身就是动力能量（motivational energy）的来源（我们称之为 e-motion）。

在本章中，我们将探讨大脑中能量的本质。我们注意到，能量对大脑统筹管理其本身，以及整个身体都起着关键作用，能量也可能是理解心智运作方式的重要一环。

我们将介绍两个模型：一个是组织能量模型，能量作为关键要素可以在组织中被标示和追踪；另一个是心智的工作模型，假定心智是大脑一种突显的特性，管理和表达信息、关系、能量之间的相互作用。

最后，我们将思考这一切对于组织和领导力的意义。

能量和大脑

我们的大脑是如何管理其内部数万亿连接的（数量上不亚于互联网上的连接）？

塞诺夫斯基和德尔布鲁克（Sejnowski 和 Delbruck）（2012）认为，大脑能做到这一点靠的是能效。当一个神经细胞与另一个神经细胞进行通讯时，大脑使用的能量仅为数字计算机执行等效操作所需能量的百万分之一。

谈起大脑，我们需要考虑两种能量：**生理能量**（大脑细胞本身如何激发和相连）和**动力能量**（大脑如何推动身体采取行动）。

大脑的**生理能量**来源是血液中循环的葡萄糖和氧气，这一点与身体其他部位是相同的。整个身体需要95~100瓦才能正常运作。大脑只占人体体重的3%左右，却需要人体可利用能量的20%~25%才能运转，两者极不成比例（Harmon，2009）。大脑是身体中持续耗能最高的器官之一，很容易受到能量供应中断的影响。脑细胞在大脑内部创造能量，并没有备用能量来源，因此它需要依靠血液分秒不断地提供食物和氧气；若没有食物或氧气，只需约十分钟即可产生不可逆转的脑损伤。大脑的大部分能量消耗，都是为了维持神经元放电时所需的电荷。大脑活跃区域消耗的能量比非活跃区域多，这一事实构成了脑成像方法（如fMRI）的基础。

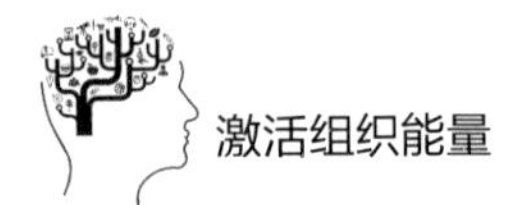

即使一个人处于静止状态，大脑也保持活跃。正常生活中，大脑从不停止工作，也从不睡觉。当执行特定任务或对外部刺激做出反应时，大脑消耗的能量会增加，但增加量还不到基础活动所用能量的5%（Lives，2010）。大脑所用全部能量的60%~80%是由与任何外部事件无关的活动所消耗的；即使一个人看似什么也不做——无论是做白日梦、睡觉，甚至在麻醉下，大脑也是活跃的。这种一直处于活跃状态的消息传送，被称为大脑的“默认模式网络”（Default Mode Network，DMN）。其确切作用尚不明确，但这被认为与大脑整理记忆的方式有关，并可能在大脑各部分的同步过程中发挥作用（Lives，2010）。大卫·洛克（Rock，2009）推测，DMN对于“内心戏”起着重要作用，而这是意义建构的一个关键。通过DMN体验世界，意味着你获取外部信息之后，进行筛选并添加自己的解读。

在以目标为导向的活动中，DMN被暂停并启动另一个回路，即“任务正激活网络（Task Positive Network，TPN）”。DMN和TPN是互斥的。洛克（2009）提出，使用TPN时，你不是在考虑过去或未来，而是在实时处理信息。这是一种非常高效的能量利用方式。

能量在大脑中如何分配仍是一个谜，但很明显这是个重要的机制。当人脑的某一特定部分需要更多能量时，必须将食物和氧气从大脑的另一个部分转移到更迫切需要的地方。就像一组士兵一样，大脑的能量不能同时在两个或更多的地方充分发挥作用。能量可以被划分，但最需要能量的地方在能量被划被分后效率会下降。根据研究表明，大脑中一个叫作右腹外侧前额叶皮质的部分，以某种方式参与了这一过程（Brown 和 Brown，2012）。这个区域，对处理相互竞争的能量需求很重要。

想象一下，由于一个你无法控制的压力源，你正面临很大的压力：有可能是与老板或伴侣相处不好；或者是你负责的一个大型项目进展不顺；又或者是因为某种身体症状久不消除而感到焦虑。不管怎样，你忧心忡忡，无法入睡，感到大难临头。你需要找到解决问题的方案。

此时，你的大脑中发生了什么？大部分能量都已用于管理你所承受的压力，而大脑中有能力解决你的问题的区域中可用的能量所剩无几。老板怒气越大，你的自适应系统就越紧紧关闭，因为能量已被转移到大脑中帮助你渡难关、求生存的部分。项目遭遇失败越多，你就越陷入僵住不作为的状态，寻找新解决方案的能力被禁锢。

在压力条件下，大脑最好的选择就是做它最擅长的事：调节一切，只为生存。忽视生存性情绪的后果，可能远比忽视任何其他情绪的后果更严重。

在理性运转之前，大脑主要先进行感性运转，但这两个部分的大脑处于微妙的平衡中并争夺宝贵的能量资源。它们相互充当驾驶员和制动系统。

在任何情况下，都是由大脑引导身体的能量系统去做事。但是，一个人只会从情绪所产生的能量中获得采取行动的动力。情绪是调动身体行动的源头：人类系统中的**动力能量**是由情绪支撑的。在这个意义上，我们可以将情绪（emotions）看作e-motions，因为情绪创造了行动。

动力能量的**方向**取决于触发它的情绪。生存性情绪（愤怒、厌恶、羞耻、悲伤，但最重要的是恐惧）将身体的能量转移到自我保护上：能量只能用于服务人的生存利益的行动，并向内流入。当感觉受到威胁时，我们会缩小关注范围，专注力被抑制，认知能力下降。依恋性情绪（信任/爱、兴奋/喜悦）允许将能量用于一个人以外的活动：能量可以向外流出。感到乐观和高兴时，我们在认知要求较高的任务上表现得更好，并且能更包容他人。

实际上，从组织角度而言，能量管理就是情绪管理。但更重要的问题也许是，大脑能量本身是如何引导到行为中的。

设想一下你去参加一场专业会议，走进会议室时，看到对面有一位与你有着深厚友谊的老朋友，但你们近期由于生活和工作变动、距离变远而疏于联系了。你们两人同时发现对方，面孔都亮了起来，立即朝对方走去，都表达了不期而遇的愉悦之情，并开始交谈。

现在，请再设想一下，同样是参加会议，当你到达会议室时，却看到了这个世界上你最不想见的一个人。这是一个曾对你们所在组织造成过严重伤害的人，你从未宽恕此人，对其仍怀有强烈的怨恨。你的行为与第一个设想的见面情景完全相反。如此意外的见面，没有任何因素能促使你表达出一丁点儿的愉悦之情。

在这两种情况下，你的即时反应和行为都是在没有任何意识和思考的情况下触发的。在这里没有“我思故我在”。思考是在“我在”之后产生的（见到你喜出望外/与你不得不同处一室，真令人怒不可遏，永远不想再见到你，我是否应该立即离开？）。但是，身体是怎样如此迅速且有效地自我运作的?

首先，这当然是经验的结果。房间里其他人不会像你俩那样，对于对方的在场做出与你们相同的反应。当下的我们，是自己与他人过往关系的产物，其实也是自己与自己世界中所有其他事物的过往关系的产物。我们实际拥有的，不外乎由个体经验所塑造的独特大脑。但这如何指导我们的行为？人类大脑的能量是如何被引导到控制我们具体的行为的?

1953年，对于双螺旋的定义，以及随后遗传代码的确定，产生了一个普遍假设，即控制我们行为的是基因，而基因是由遗传决定的。虽然基因确实是由遗传决定的，且控制着我们的行为，但基因也能以多种方式表达自己。大约20年前，一些细胞生物学家开始自问："是什么告诉了基因应该如何表达自己？"回答这一问题时，表观遗传学（围绕基因表达会有什么变化）作为一门新的科学兴起了。

在《信念生物学》（*The Biology of Belief*）一书中，细胞生物学家布鲁斯·利普顿（Bruce Lipton）（Lipton，2007）生动地描述了他的兴奋之情，因为他确信，正是和**感知相关**的神经化学作用告诉了基因应该如何表达自己。我们看待和感受事物的方式，决定了我们的反应方式。对于一个似乎无可救药地坚持己见的人，我们或许会略带愠怒地说："只要你换种方式来看问题，一切就都迎刃而解了。"事实确实如此，尽管改变某人的感知，充其量只能算是一种不精确的科学。**管理**感知，是公关人士一直在努力做的。魔术师也在做这件事，优秀的魔术师在管理人们的感知和注意力方面，具备异常发达的能力。同时，利用他人信任、招摇撞骗的骗子也具有这种能力。

2014年12月6日，《每日电讯报》（*Daily Telegraph*）等一些报纸报道了伦敦北部一名店主，是如何在自己的安保摄像头全方位视角的记录之下，被人从裤子口袋里偷走了钱包和几百英镑的。在这次被巧妙"操控"的面对面接触中，小偷充分调动并转移了店主的注意力，以至于他被掏空了口袋还浑然不知。店主觉得自己被催眠了，但其实他是无意识地接受了小偷的合作邀请。在自己口袋被入侵时，他的注意力被转移到了别处。

后来发现，店主在自己以前的商店里，也有过一次被持械歹徒抢劫的经历。那次经历使他特别容易受到小偷的注意力引导技巧的影响。小偷深知如何实现对店主个人空间的入侵，以至于店主似乎被剥夺了采取任何其他行动的意愿，一心只知根据小偷的调度行事。

原来，我们看待事物的方式会根据我们自身经验的积累，引发电化学电荷并大量送至含有基因的细胞。然后，电荷就会指挥基因，告诉我们的身体该如何响应。**我们感知事物的方式才是重要的**。没有神经生物学发挥基础作用，就不会有任何事发生。表观遗传学作为一门科学，开始从神经生物学角度，向我们解释其中原因。

反应可以发生得非常快。在威胁下，身体能在80毫秒之内进行自我组织，做出响应。这就是当你遇到最不想见的人时（在刚才设想的情景中）发生的情况。但对发生的事情的觉知，人需要250毫秒才能进入意识。到那时，大脑早已决定要发起什么行动。在我们所认为的“知道了”进入我们的意识之前，身体和大脑一起已经知道了要采取什么行动——在我们有时间思考之前，我们的情绪已经推动了身体去做一些事情。大脑实现这一点，是通过使用身体本身的数据，去理解正在发生的事情的意义。

我们可以将这些观察结果直接带入董事会议室。设想一下，在场没有人真正信任董事长，也没有人直面这个问题。他是大股东，喜欢独断专横，但所做的决定一出会议室，就会遭到董事会成员的诸多质疑。无论他在董事会议上说了什么，会议桌边每个人心中都会有另一套反应。指导每一个人行动的，是各自的情绪。

管理大脑的能量

正如我们所见，大脑消耗着大量能量；为了有效运转，大脑需要实现尽可能高的效率。

可供大脑使用的**生理性能量**可能会被耗尽，影响因素包括身体的生理状态和食物质量。例如，若发生病毒感染，则会有尽可能多的能量被用于支持免疫系统应对感染，而使人身体感觉虚弱，无法有效实现自己的意图。其他例子包括睡眠不佳、前一晚饮酒太多、饮食习惯不良、肠漏症等。这些状况会对大脑活动产生连带影响，包括许多人都熟悉的无精打采、行动迟缓和情绪失控。

大脑需要获得高质量的食物和充足的氧气才能正常工作。研究表明，饥饿可能导致大脑注意力不集中、运动技能丧失，以及焦虑和抑郁的概率增加。不良的饮食习惯，包括快餐和高糖，可能影响人的认知功能和精神状态（Anon，2012），并导致其他问题。

保持身体健康、饮食良好和睡眠充足，都有助于确保大脑获得足够的生理性能量，实现良好运转。

如果一个人希望大脑关注某个特定方向，但同时在情绪上又陷入其他方向，那么大脑可用的**动力能量**可能会受到巨大影响。担心工作中发生的事情会让你不愿去健身房；巨大的悲痛会让你变得冷漠；盲目的愤怒会让你无法看到对他人而言显而易见的事情。压力会导致负责整合新信息、做出复杂决策、进行创造性适应等能力的大脑区域被关闭。在压力下，流向大脑这一部分的血液，被转移到大脑的压力管理部分：其他部分就没有可用的能量了。人们在压力下变得无效。压力越大，人们就越无法调整适应：这不是依靠意志或意图就能改变的，而是大脑的运作方式决定的。正是“逃跑/战斗/僵住”的情绪，将能量转移到了应对真实或想象中的威胁上。想象中的威胁，对于大脑而言却是真实的。

情绪也可以增加动力能量。对新项目感到兴奋，可以释放创造力和生产力；做你喜爱的工作，可以完全不费力；感到可以安心地做自己，你就能够在做一切事情时都发挥出最佳水平。做非常喜欢的事情时，荷尔蒙和神经化学物质会流经你的身体，对心脏、大脑和神经系统产生有益的影响。体内储存的葡萄糖会释放到血液中，并流入肌肉。身体中的氧气增加，你会感受到能量的激增。激发能量的是依恋性情绪。

因为大脑是一个动态器官：它有一种被称为“神经可塑性”的属性，这意味着它可以在结构和功能上同时发生变化。变化可能发生在细胞层面上（如经历和学习可能改变神经通路与突触），也可能发生在更大的规模上（如创伤可能导致大脑的不同区域功能的重新映射）。

神经科学研究还表明，大脑的能量可以被有意地管理（如练习冥想或正念）。许多作者（如 Davidson 和 Begley，2012；Medina，2009；Siegel，2007）描述了如何通过冥想或正念练习，深刻地改变大脑不同部分之间的沟通方式，从而永久性地改变我们的思维方式。MRI扫描显示，经过八周的正念练习课程后，杏仁核（大脑中与恐惧、情绪和身体对压力的反应有关的一个部分）似乎会萎缩，变得不那么活跃了。同时，前额叶皮质（与觉知、专注力和决策相关）变得更厚。这两个区域之间的连接方式也会发生变化：杏仁核与大脑其他部分之间的连接变弱了，而与注意力相关的区域之间的连接则变强了。

变化规模与练习小时数直接相关。非常专业的冥想者在休息时的大脑，看起来很像“正常”人冥想时的大脑——他们的大脑发生了永久性的变化。

不同类型的冥想或正念，似乎对行为有不同的影响。有许多不同的练习（包括瑜伽和太极拳等肢体练习），接下来我们描述三种主要方法及其效果（Ricard 等，2014）：

1 **聚焦专注**练习法让人专注于一个物体、词语或概念，旨在让心智处于当下这一时刻，培养对分心的警惕与管理的能力。这种方法似乎可以提高专注力并减少压力。

2 **开放觉察**练习法不涉及专注力，而旨在提高不带评判的觉知和接受自身体验的能力。这种方法似乎让人们面对当下发生的情绪、想法和感觉时，使觉知变得更主动，同时减少“内心戏”。它可以暂停DMN，激活TPN。

3 **慈悲仁爱**练习法让人感受对他人无条件的仁慈和爱。这样能磨炼出同理心，促进对他人的无私态度，还能增强人们建立关系的能力。

研究表明，冥想或正念练习有助于人们调节自身情绪和反应能力，与当下内心的记忆和情绪世界接触，并培养对他人的同理心。经常练习的人可以更好地理解和重视自身情绪的作用，他们善于活在当下，允许情绪起伏，但不被情绪席卷。这也会改变他们对世界的体验方式。他们不再花很多时间在“内心戏”上，不再纠结于未来或徘徊在过去，而是活在当下现实的生活中。

练习冥想或正念，可以改善大脑管理自身能量的方式。

根据西格尔（Siegel）（2010）的说法，大脑似乎有三种利用动力能量的方式。一种方式是混沌无序的；另一种是僵化刻板的；最后一种则是将心智保持在西格尔所称的“充满可能性的领域”之中，让心智的天然敏捷性发挥最大的效力。

在*混沌无序*的状态下，假设不是临床意义上躁狂状态的混沌紊乱，一个人可能显得非常活跃、充满活力，不断抛出想法，激发大量热情。但是，如果没有通过组织结构进行良好管理，这种状态将导致缺乏聚焦、难以收尾，无法获得保持持续性的专注才能实现的成果。

当然，在许多组织中的某些部分，如果管理、控制得当，这种躁动不安有一定的价值。在广告和活动策划部门中，比较具有表现力的团队就是这样的。然而，如果一个具有这种风格的人，开始担任领导角色或被提拔为CEO，那么可能会由于缺乏聚焦和明确方向，而浪费自己和他人的大量能量。

僵化刻板是大脑工作方式的第二种状态，从组织角度更为人们所熟知，而且在左脑社会中，往往被认作一种美德。这意味着凡事都要按规则办事，想要建立秩序和制度去扼杀适应力，条条框框都要遵守，无论这样做有没有价值——都是把僵化刻板视为美德的标志。

英国一家大型地方政府机构，为了向约100户问题家庭提供危机支持服务，每年要为每户家庭花费近25万英镑，这一情况令人堪忧。无论发生什么危机，资源都会匆忙投入到处理危机中，消耗殆尽至下一次危机发生。这些家庭的日常状态很混乱，家庭内部人际关系管理不善。随着社会服务、警察、消防部门、学校工作人员、福利机构等参与进来，混乱的局面得到了管理，却没有得到有效规范。

这家政府机构决定尝试一项试点计划，看看可以采取什么措施来改变这种情况。于是他们聘请了一家小型独立咨询公司，并选择了六户家庭开展工作。两年时间里，这家对依恋模式有深刻理解的咨询公司，帮助这些家庭成为自我规范的系统。家庭系统内的混乱变成了关爱。每户家庭系统内的自主性和有效性不断提高，取代了之前“漠不关心”的态度，结果使每户每年的服务成本降到了一万英镑以下。

咨询公司与政府机构之间制定了一条基本规则。这就是，如果任何家庭成员在参与过程中要求政府机构提供服务，政府系统中无论哪个部门响应，都应根据咨询公司制定的规则，而不是遵照政府的规定行事。这对政府而言是一个非常勇敢的决定，但确实有收获。

然而，当政府机构想要推广试点项目时，真正的问题出现了。由于受到各种规则的束缚（其中许多规则都是政府自己制定的），政府机构无法改变整个体系。这家小型咨询公司所揭示的是，在家庭内部重新定义关系，可以使能量流动的效益大大提升。但重新定义整个官僚体系是一项艰巨的任务。人们担心，这样做的尝试很快就会被这个体系破坏，因为它已经建立得根深蒂固，每年有超过2500万英镑的支出完全不产生任何效益，只是让所有服务部门都为处理危机一直疲于奔命。

在试点计划期间，一个问题引发了一个附带的发现：社会工作者，也就是为了问题家庭而奋战在一线的人员，如何支配自己的时间？

调查发现，社会工作者80%的时间都用于行政工作——满足他们所在体系的需要。其余20%的时间中，8%用于专业合作。最后12%的时间用于与客户接触。

但在这种接触中发生的情况是，一线（而且往往是资历较浅的）社会工作者与家庭互动只是为了获得信息，用于填写体系要求的各种表格和规程，以证明他们的确与家庭有接触并提供了专业关怀。而这一过程实则没有发生任何对家庭有直接好处的事情。僵化的程序和规程使专业人员的互动、判断力和关怀能力大打折扣。

大脑的能量在组织僵化的情况下就是这样运作的。这种僵化往往是由组织中不那么紧急、四处蔓延、未说出口的恐惧所诱发的。

第三种状态称为*在充满可能性的领域中运作*。这种状态最容易通过刻意的正念训练达到。由于其专注于当下、观察而不批判的原则，正念训练有助于平息喋喋不休的自言自语，让思维清晰起来。

大脑能量的概念对组织有诸多意义。作为个人能量使用方式的主导者，大脑是领导者需要认真关注的器官。正确引导的能量会对企业利润产生直接而积极的影响，而错误引导的能量则会侵蚀企业原有的价值。

 追踪组织中的能量

但是，组织中存在一个未解决的问题。企业系统希望能够将自己的知识外化，并追踪正在发生的情况。他们需要建立业务流程，判断前进方向是否符合既定的战略和运营目标。能量模型需要一个支持性的衡量标准。

就像组织中对于“人”这个词一直没有普遍认同的观点一样，人们对于什么是“组织”也没有普遍认同的观点。这个名词的使用非常容易，但其意义却很少被确定下来。这并不表示没有人做过各种各样的尝试。组织理论就像心理治疗一样，有很多可供选择的想法，但人们没有达成基本的共识。

这一情况与18世纪的医学相同。当时对于有哪些关键器官，每个器官的实际作用是什么，以及器官之间如何关联，人们莫衷一是，所以大家都是庸医，没什么区别。外科医生由于双手特别灵巧敏捷，在当时比内科医生更受尊敬。在极端的战斗条件下，在一艘被炮火击中的船上，他

们能在12分钟内将一条腿截下、缝合残肢并浸入热焦油中。今天的领导者就好比18世纪的内科医生，对自己所应对的组织和其中的人并不具备完善的理解。

19世纪，医学逐步完善了对身体的认知过程，这个过程漫长且进度缓慢。过去200年间，医学专家开始研究有哪些重要器官，每一个器官的作用是什么，各器官属于什么系统，以及所有系统是如何相关联的，这一直属于医学领域。大约70年前，现代制药业创立。

在管理科学方面，并没有类似的做法。对于组织的关键“器官”是什么，没有达成一致意见。由于缺乏共识，与18世纪的内科医生一样，各路管理咨询顾问，不论提出何种管理治疗举措，互相之间并没有本质区别。第一家咨询公司说领导力是这样的，第二家说是那样的，第三家则说是另一种样子的。就像那些争相为疯王乔治三世治病的医生们一样，咨询顾问们在竞标会上争奇斗艳，极力推荐自己那一套信仰。

但现在，我们开始看到了管理思维的一种新方向。如果说创造利润的是人的能量，而现代神经科学正在开始揭示能量转化为行动的途径，那么理解能量在组织内部的哪些地方流动、受阻，就成了当务之急。

如果将表观遗传学（从神经生物学角度而言，人的行动方式，源于人感知事物的方式）与我们对大脑的能量管理方式的认识结合起来，就会发现，可以建立一种依靠个体感知的衡量标准用于追踪行动，从而感知组织内部能量流动。

这种尝试是由迈阿密的一对夫妇组成的咨询团队于20多年前开始的，当时他们都是哈佛大学教育学院的研究生，师从“学习型组织”概念创始人之一、教育和组织行为学教授克瑞斯·阿吉里斯（Chris Argyris）。

菲利普·库辛斯（Phillip Cousins）和戴安·唐斯（Diane Downs）使用语义还原法，基于同一个组织的管理人员的100个数据集，得出了一个11要素模型，并提出这一模型是描述任何组织（或组织中任何部分）的充分和必要方法。随后对大量组织和情况进行了Beta测试（验收测试的一种。——译者注），实验结果证明这一模型非常强大。布朗（Brown）（2010）发表了对该模型实际使用情况的描述。

该模型名为“Sofi”，即“影响圈”（Spheres of Influence），它用11个不同的元素（圈）描述一个组织如何运作（见图7.1）。在这一模型中，各个圈相互影响，一个运作良好的组织在各圈之间会有牢固而平衡的关系。彼此最接近的圈之间互相的影响最强。

其中五个圈构成了组织的核心，并都与人相关（见图7.1中的中心线）。它们是：

- 领导力；
- 文化；
- 员工关系；
- 员工技能和能力；
- 客户（组织可交付成果的最终用户）。

在一个成功的组织中，通过健康的文化和技能娴熟的员工，处于顶端的领导层的有力愿景能够被传递给处于底端的活跃客户，各圈之间都建立了有效的关系。

前三个圈与组织的内部运作有关（见图7.1左侧），即：

- 战略（组织目前正在做什么，以及未来应该做什么）；
- 运营和工作流程（组织如何执行战略）；
- 组织和基础原则（大到治理，小到欢迎新员工。为了促进战略和运营目标的实现，组织和其中的所有系统是如何建立起来的）。

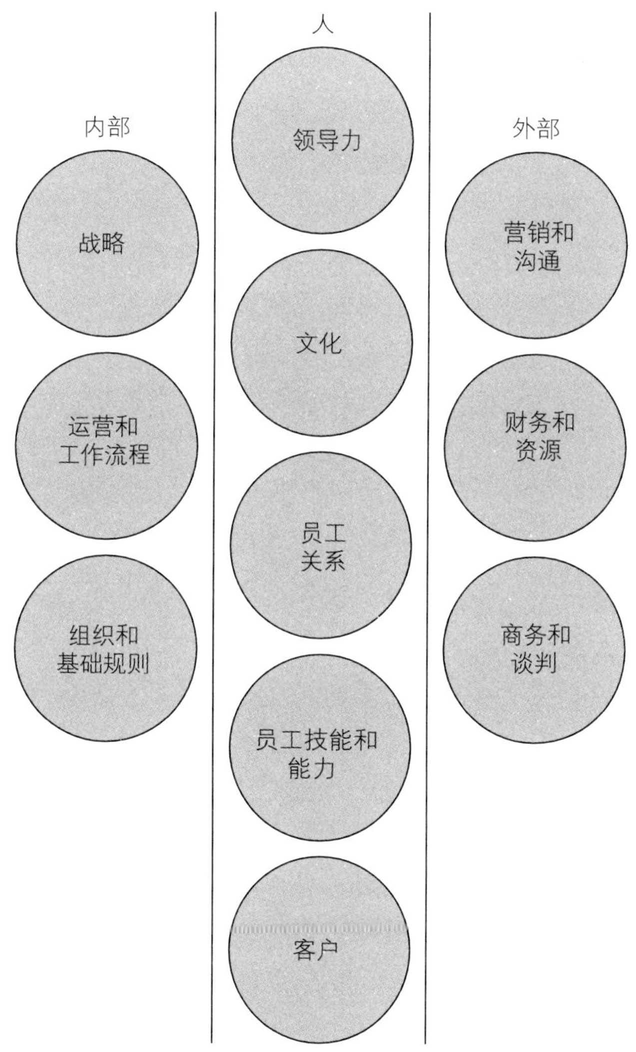

图7.1 Sofi模型：基本定义

后三个圈与组织的外部有关（见图7.1右侧），即：

- 营销和沟通（包括内部和外部的关系与沟通，因为两者始终相互关联）；

- 财务和资源（如何为组织提供资金，包括预算，以及决策的关键经济标准是什么）；
- 商务和谈判（组织在外部是如何自我定位以获得成功的，包括销售）。

图7.2说明了如何使用该模型来描述组织的三种主要交付形式：战略性、运营性和管理、战术性。

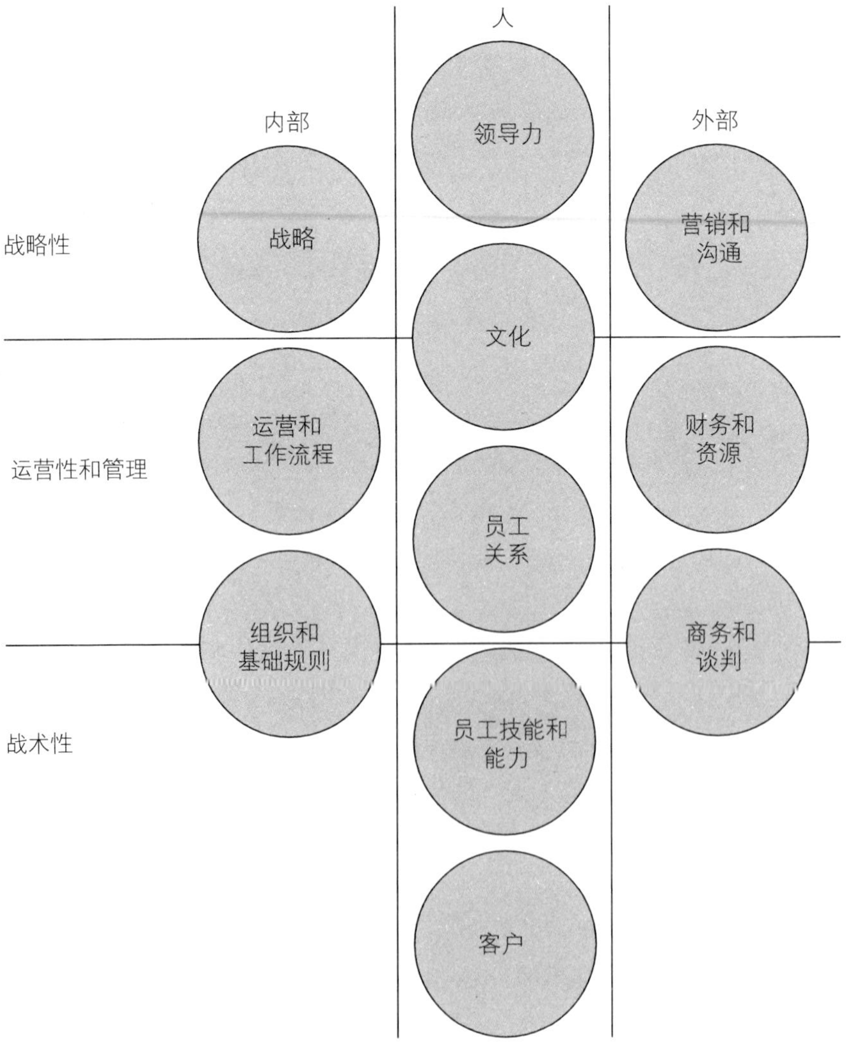

人
内部
领导力
外部
战略性
战略
营销和沟通
文化
运营和工作流程
运营性和管理
财务和资源
员工关系
组织和基础规则
商务和谈判
战术性
员工技能和能力
客户

图7.2 Sofi模型：组织交付的定义

数据是通过一份包含66项内容的调查进行收集的，调查围绕管理层关心的焦点问题。受访者须使用交通灯颜色，判断11个圈的相对状态（好比每一个圈就是诊断检查中的一个关键器官）。绿色表示该活动领域运行良好。琥珀色/黄色表示其运行状况存在一定的不确定性。红色表示受访者认为组织的这一部分需要补救。如果受访者没有足够的信息做出判断，则可使用蓝色。

将所有参与者的回答累积起来，形成一个四色回应圈（如图7.3所示的带有相应标注的黑白部分）。这里应对的管理焦点问题是："工作环境如何影响我们的组织表现？"可以看出，一些圈的名称已被更改，以反映关注的焦点问题。就好比"心脏（heart）"一词，虽然中文和英文讲法不同，但意义相同——只要其基本功能在模型中保持不变，各圈可采用不同的名称。名称的更改也可以反映组织特有的语言用法。但是，此类更改应保持其指代的功能不变。

图7.3中模型的数据来自89个人的调查反馈。在该案例中，一家国际知名艺术馆馆长希望搞清楚，艺术馆后台工作环境的局限性对组织表现有何影响。请注意，除其他变化外，"领导力"圈的名称（中间一栏顶部）已改为"示范性工作环境"。因为该调查的目的有一个假设，即示范性工作环境会对人们的工作表现起到带头引领作用，这与目前管理层的观察结果相反，即工作环境不佳似乎对工作表现产生不利影响。

如图7.3所示，如果受访者同意调查中关于两个圈之间联系的陈述，则会累积成连接两个圈之间的线条。这些线条代表了不同关键圈之间的积极能量流动。图中锤子头形的标志，代表了多数人不同意两个圈之间有联系。这显示了能量可能在这些地方受阻。如果进一步完善该模型，可以用线条和锤子头的粗细，代表同意和不同意的程度。

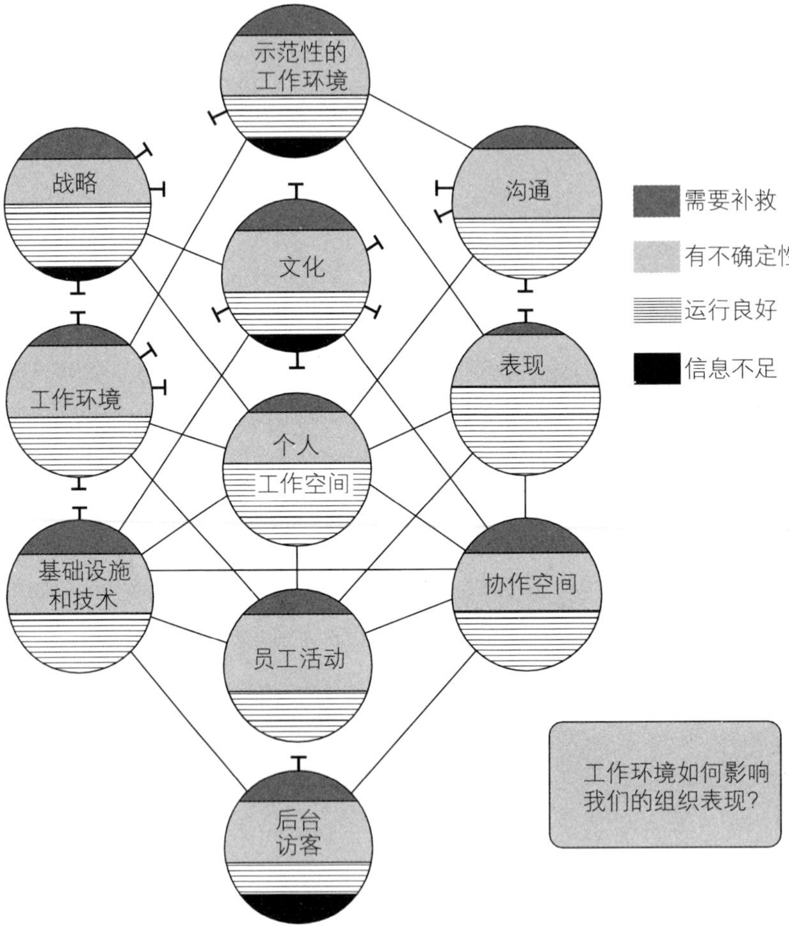

示范性的工作环境
战略
文化
沟通
工作环境
表现
个人
工作空间
基础设施和技术
协作空间
员工活动
后台访客
需要补救
有不确定性
运行良好
信息不足
工作环境如何影响我们的组织表现?

图7.3　实践中的Sofi模型

在上文所述的行为感知框架内，通过这样的模型可以看出，原则上可对感知中的能量流动进行标示和追踪。通过这样的方式，可以将表面上的软性数据，可靠而系统性地累积成硬性决策的证据，显示组织能量流动状况，就像进行了核磁共振扫描一样。

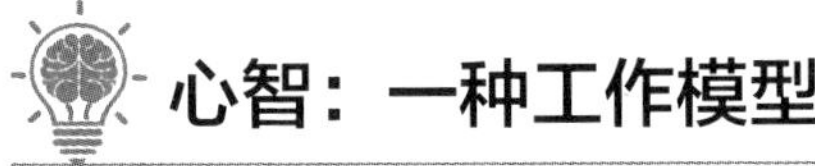

心智：一种工作模型

理解大脑的工作方式很重要。但更重要的可能是理解心智，即个人的本质是什么，以及心智在组织中的作用。

我们对人类行为的实际理解，正在由于神经科学而发生爆炸性转变。“大脑即行为”这一新观点，即将超越人类之前对其他事物的理解方式。自2010年起，英国皇家学会、皇家艺术学会和皇家科学院三个机构都开始制定有关现代神经科学的探究计划，旨在让公众和政策制定者更多了解关于大脑的新知识，以及如何利用这些知识。关于“心智是什么”的答案正在涌现，但目前还没有一个统一的概念。

人们常说，大脑是已知宇宙中最复杂的结构，它似乎的确非同一般。令人兴奋的是，相关技术不断增多，正在慢慢揭示大脑的奥秘。但也因为大脑的复杂性，以至于面对已知信息，人们很难做出宽泛的初步解读。同样，大多数神经科学家对于日常状态下的人类行为，以及心智是什么，并没有太大兴趣。因此，他们将注意力集中在大脑和神经系统上，分析其运作方式和原因，也就不足为奇了。但是，对于我们这些对人类环境的复杂性（在组织中工作属于其中一种特殊情况）感兴趣的人而言，关于心智如果能做出一些具有特殊适用性的一般性描述，将是非常有帮助的。

2014年8月，河内的一场参考戈登·库克基金会（Gordon Cook Foundation）的模式开展的“对话”活动中，新加坡国立大学李光耀公共政策学院的教授，经济学家武明姜（Vu Minh Khuong）介绍了他关于新兴国家崛起所需要素的思考。他提出了三个要素。第一，要有良性的“情绪”。第二，要积极发展和促进“启蒙”。第三，政府体制内从上至下的“协调”要非常有效（也称为“协同型政府”）。

对任何组织而言，这些信息都很有道理。如果情绪是良性的，能量就会流动。如果有启蒙（信息），就会有新发现。如果协调（关系）有效，组织各部分就会相互支持。这是大脑管理各种复杂性的一个模型，也是对心智的一种洞察。

多年来，从事心理健康、精神病学、心理学、社会工作、护理、职业治疗和教育治疗等相关领域工作的人，对心智是什么并没有达成一致的定义。心理健康专业人员可能会认为，这是一种严重的缺失。因为对他们而言，对“心理健康”一词的含义达成共同的专业理解，可以说是很重要的。神经科学提供了一种可行的答案，或许可以成为心智的一种运作模型。人际神经生物学之父丹·西格尔（Dan Siegel）认为，心智是大脑工作方式的一种突显特性，是一种具体化、关系性的过程，它调节着能量和信息的流动（Siegel，2012）。心智之所以是具体化的，是因为心智的重要组成部分存在于身体中：大脑和中枢神经系统。心智之所以是关系性的，是由于健康的心智依赖于与他人建立良好的关系。

因此，信息、能量和关系三者，处于一种持续的流动状态。20世纪后半叶发生的事情是，组织被信息淹没，忽视了能量，用行为规范使得关系被商业化和系统化。结果是组织变得“没有心智”了。这就导致了恐惧，因为这样一来，什么都不可以依靠：没有什么是安全的。无惧组织需要重新认识信息、能量、关系之间互相依存的本质。

如果大脑是用来理解五感、管理人际关系和引导能量的器官，那么心智就是一种新出现的概念，它试图理解创造它的大脑的意义，并给其他众生赋予意义属性。要使心智良好地运作，信息、关系和能量这三个关键要素就需要处于一种持续、动态的关系，彼此之间相互支持、相互哺育。图7.4描绘了这一模型。

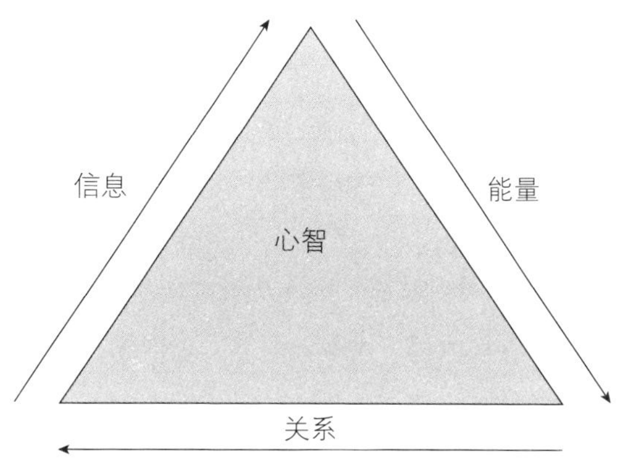

图7.4　西格尔对心智的表述

心智需要信息来理解内外部世界发生的事情的意义。信息太少，就很难理解出多少意义。但是，信息太多，心智就会不知所措。

正如我们在第4章中看到的，大脑是关系的器官。人与人之间可以在对方身上创造情绪状态，要么促成令人惊叹的事情发生，要么最终在一方或双方身上引发生存反应。在关系中，一个人的心智状态会受另一个人的影响。

本章中，我们讨论了大脑如何在能量管理中发挥关键作用。大脑管理能量，不仅是为了自身和身体，也是为行动提供动力。一个人的心智状态是由能量流动塑造的。

无惧组织

根据管理学文献，本章首次提出，现代脑科学有可能创造一种关于组织的全新思考方式。信息、关系和（最重要的）能量的管理，与个人的心智工作方式协调一致，应成为组织理论和领导力发展的基础。组织和领导力可以围绕管理信息、关系和能量进行重新设计，使它们为组织的战略和运营目标服务。

无惧组织中，信息流动畅通无阻。关系以信任为基础，使能量得以释放并集中于组织目标，而非生存目标上。

在组织系统中，可以随时追踪信息和关系，而正在出现的新技术，使能量流动状况的标示和追踪成为可能。

参考文献

Anon（2012）This is your brain on food: Studies reveal how diet affects brain functions, featured research from the Society for Neuroscience, *Science Daily*, available at http://www.sciencedaily.com/releases/2012/10/121017091724.htm [accessed on 1 December 2014]

Brown, PT（2010）*Synergy in Buildings: Towards developing an understanding of the human interface*, Proceedings of the International Solar Energy Society, 23–24 June 2010, pp 149–54, Freiburg, Germany

Brown, P and Brown, V（2012）*Neuropsychology for Coaches: Understanding the basics*, McGraw-Hill Education, New York

Cousins, P（1986）*The Mapping Spheres of Influence: A visual typology of responses to rapid technological change in a large organization*, Harvard University Press, Cambridge, MA

Davidson, RJ and Begley, S（2012）*The Emotional Life of Your Brain*, Hodder and Stoughton, London

Harmon, K（2009）Earlier model of human brain's usage underestimated its efficiency, *Scientific American*, available at http://www.scientificamerican.com/

article/brain-energy-efficiency/ [accessed on 10 April 2014]

Lipton, BH（2007）*The Biology of Belief: Unleashing the power of consciousness, matter and miracles*, Hay House, Carlsbad, CA

Lives, S（2010）The Brain’s Dark Energy, *Scientific American*, 302（3）, pp 44–49 Medina, J（2008）*Brain Rules,* Pear Press, Seattle, WA

Ricard, M, Lutz, A and Davidson, R（2014）Mind of the meditator, *Scientific American*, 311（5）, pp 38–45

Rock, D（2009）Your brain at work, *Psychology Today*, available at http://www.psychologytoday.com/blog/your-brain-work/200910/ the-neuroscience-mindfulness [accessed on 10 April 2014]

Sejnowski, T and Delbruck, T（2012）The language of the brain, *Scientific American*, 307（4）, pp 54–59

Siegel, DJ（2010）*Mindsight*, Oneworld Publications, Oxford, UK

Siegel, D（2007）*The Mindful Brain: Reflection and attunement in the cultivation of well-being*, WW Norton and Company, London

Siegel, D（2012）*The Developing Mind: How relationships and the brain interact to shape who we are*, 2nd edn, The Guildford Press, New York

Sofi system website, copyright 1985–2014, Sofi Executive Systems LLC, Sofi Logic LLC, Spheres of Influence International, All Rights Reserved, www.asksofi.com

08 领导者和人力资源

引言

在本章中，我们将介绍组织中HR职能的演变历程——从大约75年前负责帮助员工处理劳动关系相关的行政事务，到如今组织领导者与HR专业人员的角色界线经常模糊混淆，我们不清楚究竟由谁对人才相关决策负责。这将导致冲突和权力博弈，恐惧也将趁机肆虐。

HR政策的目的是制定一套体系，用于指导与员工相关的决策，确保一致性和公平性。因此，制定政策的HR团队必须了解业务及其环境，以及在组织中工作的人。HR政策如果不够灵活、不能适应不断变化的情况，就会成为一种负担，阻碍成功，并产生一种毒性，消耗组织的能量。

HR团队本该支持员工以最佳方式实现组织目标，但在这种情况下，HR团队却从领导层往下传递恐惧感，使之在整个组织中蔓延。

由谁负责

组织如何才能摆脱导致衰弱的恐惧，将能量聚焦于赢得成功，而不是自我防御呢？谁来负责解决“人的问题”，使企业真正摆脱恐惧呢？

我们认为，**领导者**有责任充分调动组织中人才的能力，释放他们的潜能，从而促进盈利。此外，这是通过他人（也就是每个人自身）的工作来实现的。领导者有责任创造一种让员工在其中施展才能，将自己的优势充分发挥到手头的工作中，共同创造出色成果的环境。领导者必须消除障碍，避免能量被阻挡、转移到没有效益的事情上，才能让所有人都受益。

这句话说起来很容易，道理也很简单。但令人惊讶的是，围绕着这一简单的前提，竟有如此多的困惑。许多领导者觉得自己只对业务负责——通过销量或财务账目来衡量。业务是他们真正理解、谈论和感兴趣的全部，这些内容被排在管理层的议事日程上。但是，业务只能通过人来完成。销量和财务账目不会凭空实现，成败在于人，**在于如何将能量聚焦于组织战略和运营目标的实现**。只有真正理解和管理好HR专业人员这一最宝贵的资产，并充分认识情绪引导能量的方法，企业才能获得持久的成功。

美国将军科林·鲍威尔（Colin Powell）说过，“组织并不能真正完成任何事情。计划也不能完成任何事情。管理理论并不太重要。事业的成败，取决于参与其中的人。只有吸引最优秀的人，才能成就伟大的事业。”在许多组织中，领导者并未将部门中的人——HR专业人员视作能为组织创造价值的资产。人的问题总是与业务问题脱节，而且在许多组织中，人的问题被期望由一个专门的HR部门来处理。

人的问题往往被视为领导工作中最让人有挫败感的一个部分，只能忍

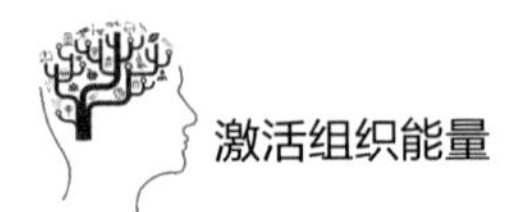

耐，或者尽快转交给别人去处理。乍一看，对于“难相处”的人或“表现不佳”的人，替换掉比改造更容易（假设不考虑重新招聘和培训的成本和时间）。人的问题被认作是软性的，这些问题往往被忽视，就算对此不太了解也没问题。但事实上，没有什么问题比人的问题更难处理、更重要。

如果不充分了解组织内部的人，就很难释放出他们的能量，为公司创造价值。如果处理不好人的问题，就有可能打开恐惧之门，浪费本应投入于企业成功的宝贵能量。

我们说过，在任何组织中，领导者都应该是对问题负责的人，但他们往往把人的问题交给HR来负责。让我们来探究这种情况是怎么发生的，以及后果是什么。

HR在组织中的作用

认为人的问题是软性问题且无关紧要的，并不只是领导者的普遍看法。在一个组织中几乎不论问谁，多数人都会告诉你，人的问题是HR专业人员的职责，而不是他们的职责。他们会说：“去找HR专业人员，他们会解决你的问题。”谈话往往到此为止。

这种情况是怎么造成的？我们可以对比一下HR专业人员的演变过程与企业中领导力被重新定义的过程。正是这两个过程，导致了目前组织中对人的问题缺乏责任感。这两个过程也是一场悄无声息的变革，却被大多数人误解或忽视，而注意到了这场变革的人，则大多感到愤愤不平。

首先，让我们看看HR专业人员的职能是如何演变的。

当今的组织中最资深的人在20世纪60年代和70年代就已经进入企业。

因此，（虽然今天的HR起源于19世纪末的工业革命）我们至少需要考虑一下HR专业人员在那段时间里发生了什么（Jamrog 和 Overholt, 2004）。企业的记忆是漫长的，组织中的许多高层人士与HR专业人员的关系，还停留在几十年前的状态。与财务和IT的岗位职能一样，HR专业人员的岗位职能在过去40年中经历了显著的演变，并且仍在积极转型中。许多变化确实影响到公司的组织和运营方式，但负责组织和运营的人并不理解这些变化。

20世纪60年代初，并不存在“HR”部门一说，当时常见的叫法是“人事部门”或“人员部门”——自20世纪20年代以来就是如此。人事部门被视为一种纯粹的职能部门，负责管理组织中人员的薪金和工作计时。密切追踪员工人数也是其任务的一个关键部分。一些公司设立了单独的“福利”子部门，负责住房、医疗和教育等辅助事项，并设立了“劳资关系”子部门，解决员工或工会引发的任何麻烦。

1964年美国《民权法案》通过后，企业高层管理者开始意识到，人员管理不当可能导致代价高昂的诉讼，于是开始更重视人事职能。人事部门内外的大量资源投入到了合规工作中，旨在尽量降低企业在由心存不满的员工提起的诉讼中败诉的风险。

20世纪60年代末至80年代中期，时局动荡，劳工骚乱盛行，立法迅速变化，人事部门比以往任何时候都更站在劳资关系管控的最前沿。在技术乃至社会本身迅速变化的驱动下，成熟行业衰退、新行业取而代之，企业与工会和个人的对抗频发。

整个这段时期内，人事专员的工作基本上仍是被动的，只回应客户（直线经理）的直接要求，而不参与日常业务的执行。他们发展出的能力基本上属于行政、人力规划和被动式劳资关系管理的范畴。在HR专业人员职能的演变过程中，这一阶段被称为行政和员工关系专家阶段。

在这一阶段，任何形式的人员管理的责任，都由直线经理而不是人事部门承担。但是，此时的人事管理，称不上一种有意识的努力：多数员工终其职业生涯都留在同一家公司，人际关系随着时间的推移而建立起来。

一位已退休的银行经理回顾了自己担任一家当地分行主管的经历，他这样说道：

> 你会渐渐明白老板喜欢的工作方式，你若不去适应，就会活得很悲惨，如果变得太糟糕，你就只能离开。他了解你的强项和弱项。他可以体谅你或者为你解围。他往往很清楚在这个组织的文化中，他可以为所欲为，而且经常会这样做。那个年代，人事变动不多，大家互相都很熟悉。

直到20世纪80年代中期，人力资源管理作为一门学科才真正开始发展，其基础是与人类行为有关的广泛各类学科，包括工业和组织心理学、组织理论、组织行为和社会学（Jamrog 和 Overholt，2004）。这些学科的学术研究开始让人们更好地了解人际关系、组织结构和文化、工作与技术要求是如何影响人类在组织中的行为方式的。

人力资源管理的应用，始于这样一种认识：通过人的行为，人事部门的专家可以将自己的工作与公司的业务战略和成果直接联系起来。早期的尝试主要集中在政策方面（Hunter 等，2006）。随后，在弗布卢姆（Fombrum）等人的研究工作中（1984），提出了如何通过人事干预影响员工行为，支持业务战略。这包括第一次让人事部门参与并开始经常性负责员工选拔、绩效和考核，以及薪酬和奖励。当时的思考深度尚未涉及解释此类干预措施对员工绩效、对公司盈利能力究竟有何影响，但这是人事部门开始主动为业务做贡献的开端。

大约在这个时候，管理者对组织中的人的思考也发生了转变，从将他们作为“员工”来关注，变成了对“人力资源”的关注。这意味着，组织中的人被认为具有发展和表达个人需求的潜力（Hendry，1995），这使得人员发展和培训得到更多重视，并产生了被一些人称为“快乐员工/高产员工”的方法。这在一些公司中体现为高度关注聚餐等活动，以及员工奖金，以求保持员工的积极性和满意度，并且希望提升他们的工作成效。在HR专业人员职能的进化故事中，我们将这一阶段称为变革推手。

20世纪80年代和90年代，人力资源管理的重点继续从单纯的HR事务性流程和系统，转移到对员工的管理，以推动业务绩效的提升。例如，着力改变员工行为，培养员工的敬业态度。员工发展和培训变得重要，组织发展和变革也是如此。

所有这一切为人事部门（现在称为“人力资源部门”或HR部门）对绩效乃至最终对业务产生影响打开了途径，但这也开始模糊领导和HR之间的界限，即谁是负责管理员工的责任人。

这一时期，人员管理开始成为直线经理和HR部门的一个更有意识、主动的过程，哪怕这样做能否成功仍没有定数。新出现了一些关于人类行为影响因素的基础研究，这些研究往往内容复杂、语言艰深，领导者面对这些内容常常感到不自信。这就像在黑暗中用一种不同的语言去摸索，领导者希望借助HR专业人员的意见来理解这一切。正是在这个时候，在与人相关的工作中，重点从“产出”转向了“过程”。比起这个过程的产出结果是什么、公平与否，更重要的事情变成了对整个流程的遵守，并要让人们看到这个流程对所有人都是公平的。

所有这一切的关键，是假设HR专业人员实践所依据的基础已得到了充分的研究和验证。这一领域当时还非常新，许多干预措施都是实验性的，并没有经过透彻的思考。当时的HR部门人员是人力资源学科的新手，由于经验不足，直线经理也不清楚自己想要什么，因而有时没有达到预期结果。

乔纳森的故事就是一个例子，他是一位年轻充满热情的HR专业毕业生，于20世纪80年代初加入了位于英格兰北部的一家小型家族经营的零售公司。

> 乔纳森的雇主是迈克尔，他是公司CEO，也是创始人的儿子。迈克尔很想将他父亲在20多年前就开始实施的、但他认为已经过时的HR理论进行更新并对其付诸实践。乔纳森研究了所有最新的理论，很兴奋有机会将自己在大学里学到的一切付诸实践。终于，他能摆脱书本上的理论，真正做出一些行动了。
>
> 迈克尔希望乔纳森关注的第一个领域是业务人员的薪酬和奖励结构。当他告诉管理团队，这将是乔纳森首先需要改进的领域时，引发了管理团队许多担忧。在此之前，管理团队只是在每年年底按照政府公布的通货膨胀率，对所有员工进行同工同酬，并不考虑每个人的实际业绩。四个部门中有三个部门的负责人特别担忧，因为他们认为现行制度是公平的，并且有利于巩固平等的文化并让人感受到家庭的氛围，而这正是这家公司的特殊优势。
>
> 他们无法想象该如何决定谁得到的多、谁得到的少。他们认为，这样做有可能被认为不公平，最终可能导致公司在行政和员工成本，以及员工流失方面产生更多支出。
>
> 乔纳森首先提出了考核制度：所有员工都必须接受经理的考核。在迈克尔的推动下，管理团队对此勉强表示支持。但没有人提出问题，也没有人讨论影响；乔纳森只是被告知要落实这一制度。

他着手设计考核表，为推行这一制度制定了时间表，并对所有经理进行了简单培训。他写了一份备忘录，告知员工将会发生什么，并尽可能回答所有疑问。但有些问题是出乎意料的，让他很难给出好的答复。

考核是在充满焦虑的三个星期内完成的。所有员工都很紧张，他们在茶余饭后花了很多时间讨论自己与上司的谈话，工作成效明显降低。管理团队聚集在一起，决定哪些人绩效高、应得更高薪酬，哪些人绩效差、应得较低薪酬。这是迈克尔主持过最艰难的一场会议。会议期间显而易见的是，对于乔纳森的表格里“好”“中”“差”的评价标准是什么，并非所有管理团队成员都持有相同的假设。更糟糕的是，评价的证据是零散的，而且往往有失偏颇。他们费了好大功夫，最终确定了员工排名，用于分配当年的奖金。

奖金分配的消息一传到员工当中，立即引发许多人的愤怒。奖金分配依据的反馈意见往往苍白无力、前后不一致，有时甚至毫无根据。直线经理不习惯也不擅长与员工进行艰难的对话。很长一段时间里，许多人一直避免处理任何棘手的人事问题，现在他们也不想面对这些问题。有些人成功地避开了这整个过程，担心会破坏工作关系，最终有损于业务。员工和直线经理都因此感到失望和愤怒。公司里曾经如家庭一般的气氛，很快就变质退化成了对抗，而迈克尔为乔纳森布置的下一个任务，就是利用他的劳资关系专长——这使得员工们想要罢工了。

这里面有很多东西要学习。

GE的前任CEO杰克·韦尔奇（Jack Welch）说过，20世纪90年代是一趟惊险刺激的游乐园之旅（Tichy 和 Sherman，2005）。随着公司兼并、结成联盟或成立合资企业，组织不仅变得越来越复杂，而且行业也开始全球化。本地业务会受到远在另一个大陆发生的事情的影响，而随着互联网技术的出现，这几乎可以在瞬间发生。变革的步伐从未如此之快，严肃的工作环境变成了八卦村。社会和人口趋势对工作环境吸引力、管理多样性、持续学习和与时俱进都提出了更高的要求。高利率、国际间竞争和产出率下降的综合影响，迫使公司削减运营费用和成本。

员工不再期望在公司里待一辈子，跳槽成为普遍现象。作为组织中合作的基石，建立人际关系这件事面临着巨大的挑战，因为新团队在数周（而不是数年）的时间内组建和解散，并被期望交付更多（而不是更少）成果。在许多情况下，需要跨职能虚拟团队开展全球业务——每个人必须学会在异地不能见面的情况下进行合作。在这种环境中建立有效的人际关系，对所有人而言都是新课题。

所有这些变化引发了各种人员问题，直线经理并不具备应对能力。HR专业人员作为咨询意见和专业知识的来源，为迅速变化的世界带来稳定性和一致性的作用变得更加重要。

随着人力资源管理作为一门学科的发展，各种模型开始变得更加成熟和复杂，讨论这些模型所用的语言也是如此。在组织中，关于谁对人的问题负责的困惑变得十分普遍，但没有被表达出来。领导者开始将自己从积极参与的状态中抽离出来：他们不理解这些概念的细节，不明白为什么要去理解，也看不到结果——这一切似乎都是关于过程的。他们没有时间去改善一直在快速发展、不断变化的人际关系。他们找不到自己能看得懂、能从中获得帮助的研究，因为这样做往往要占用太多时间，他们认为不如把这些时间用到业务上。不论如何，看到有人愿意去做这件事，还可以在出问题的时候背黑锅，许多领导者是乐见其成的。与此同时，直线经理也推卸了对人事问题的责任，于是HR部门自然而然地承担起了这个责任。

20世纪90年代末，许多人力资源专家——特别是戴维·尤里奇（Dave Ulrich）和他在密歇根大学的同事开始呼吁HR专业人员再次改变自身角色，从而适应时代变化（Jamrog 和 Overholt，2004）。如果HR职能在人们眼中不能创造业务价值，就将面临被彻底取消的风险。戴维·尤里奇在1996年出版了具有划时代意义的《人力资源转型》（*Human Resource Champions*）一书，其中问道："我们是否应该取消HR专业人员？"。他极力主张让HR专业人员在企业决策过程中占有一席之地，为业务提供战略性建议。

从行政和员工关系专家到变革推手，HR现在已经发展到了战略性业务伙伴阶段。

作为战略性业务伙伴，HR的核心目标是打造一支具有竞争力的员工队伍（Ulrich，1996）：确保合适的员工在合适的岗位上，拥有合适的工具和技能，去实现企业的目标。这意味着HR专业人员要能充分理解业务目的、驱动因素、相关问题、外部环境，并综合制定出可行的人才战略，让企业在市场上具有竞争优势。

然而，要让HR战略与业务战略相一致并非易事：业务战略的变化往往非常迅速，而长周期和稳定性对于成功的HR实践至关重要。1999年，格拉顿等人（Gratton 等）指出：

> 人力资源的时间周期远远长于财务或技术资源的周期。请考虑以下几点：选拔和培养一支国际化的高级管理干部队伍，需要10～15年；试行和实施一套奖励制度，鼓励员工发展一套新的能力，至少需要三年；重新打造员工的技术技能基础，需要五年。总

之，对于关键的人才问题，时间维度绝不仅仅是几个月，甚至可能是数十年，因此人力资源的规划周期必须要为技能和行为奠定基础，而这就会远远超出许多业务战略常见的一年的周期。

Gratton 等（1999）

新的HR专业人员被寄予厚望，他们要身兼四种角色。除了现已属于传统角色的行政和员工关系专家和变革推手之外，还要成为战略性业务伙伴。这在今天仍然是一个巨大的挑战，不仅对于传统的HR专业人员，而且对于组织领导人也是如此，因为他们中许多人并没有意识到HR专业人员的角色演变及其意义。

随着21世纪头十年全球经济竞争的持续，企业降低成本的压力日益增加。HR、财务和IT等服务职能中的事务性和行政性操作，成了在岸和离岸外包的目标。共享服务中心已变得司空见惯。技术的应用（如基于网络的操作）为通过标准化和自动化大幅降低成本提供了可能，并促进了企业内部HR部门的更多变革。HR部门大幅缩减人员编制，并鼓励HR专业人员将更多时间投入战略性业务伙伴角色，而这往往需要获得新的能力。当地HR部门对人事问题的支持变得稀缺。

HR部门的支持服务从内部转向外包，对员工和直线经理而言都是一个重大变化，因为他们要学会以自助方式获得HR专业人员的支持，这往往需要通过门户网站，或是位于不同时区的服务热线得以实现。服务热线的工作人员通常都经过培训，根据“脚本”来执行工作，并没有能力应对员工日常个人状况的细微变化。这些变革在迅速实施的过程中，往往在执行和表现方面留下了缺口，这对于所有相关人员都是一件令人失望的事情。

并非所有直线经理和员工都对这一转变感到满意，因为多年来他们都认为这些工作属于HR专业人员的职责，现在却需要由他们来处理，这超

出了他们的职责范围，给已经超负荷的工作日程又增加了负担。很多情况下，直线经理难以理解对他们的要求到底是什么。强加给他们的变化总是出乎意料、来势迅猛，组织却没有给他们多少时间和支持去适应调整。与此同时，常常令直线经理和员工感到绝望的是，这些制度和流程的限定过多、不够灵活，解决不了他们的实际问题。以远程或在线方式，或者只有少量的当地HR专业人员处理敏感的人事问题，整个流程变成了一场噩梦。这种方式使得原本对个人的关注不见了。

虽然据称有一些HR外包举措取得了成功，但也出现了一些灾难性的失败案例。例如，有些失败可归咎于复杂或理解不充分的流程和制度被外包了出去，或者未能确保潜在供应商具备必要能力。这些失败的结果，不仅给公司带来了巨大的经济损失，而且挫伤了员工的士气，让他们对管理层是否能够进行有效管理失去了信心。

今天，组织中的领导者面对每一个向自己汇报工作的人，需要同时提供指导、给予鼓励，并以一己之力去完成整个HR部门应该做的事情，在这众多角色之外还要承担业务上的职责。尽管在领导力培训方面已经有了许多尝试，但领导者对自己处理人才发展与管理上的敏感难题的能力，往往仍缺乏自信。

事实上，许多领导者发现，比起进行棘手的业务抉择或复杂的交易谈判，与员工就绩效或职业潜力问题进行谈话，是一项更艰巨的任务。他们的经验是，与员工进行一次积极向上、催人奋进的谈话（无论与这名员工的关系有多好）是一项非常需要技巧的任务，往往需要多年时间才能将其掌握纯熟。

HR专业人员开始认识到，通过短期培训课程来加强直线经理技能、培养领导者的尝试是不够的。此外，在全球互联的市场中，“人才争夺战”已经变得非常现实，各家企业都为吸引和留住最优秀的人才而展开竞争。作为一门学科，人力资源对此做出的回应是，HR部门要在组织的人才管理和发展方面发挥更大的作用。HR专业人员声称，他们擅长与员工就绩效问题进行艰难的对话，这是由于他们懂得如何指引和辅导员工实现职业目标并提升职业满意度。HR专业人员应该如何扮演这一潜在的新角色，发展成为*人才和发展专家*，以满足这些要求，仍有待观察。关键要让领导者参与决定由谁发挥什么作用，确保妥善处理人才问题，并确保领导者与HR部门通力合作，将注意力重新放在组织中的个人身上。

领导者的角色

自20世纪60年代以来，和人力资源一样，领导力在实践和概念上也发生了重大变化。实际上，在20世纪60年代，作为负责整个组织的领导者，与四五十年后的今天，作为组织一员的领导者，含义已经截然不同。

20世纪60年代和70年代，所有公司都只有一位领导者，也就是负责领导整个公司的最高领导人。这个领导者是非同一般、遥不可及和独一无二的。组织中其他所有担任监督角色的人，都被称为直线经理或主管——组织中等级森严，每个人都心知肚明。一般来说，组织中有很多直线经理和主管，他们与员工关系密切，参与日常工作并进行监督。人们对领导者和对直线经理的期望非常不同，至今依然如此。1999年，科特（Kotter）以非常简单的方式定义了直线经理和领导者之间的区别：

- 直线经理忙于开展能产生可预测性、秩序和一致性的活动。例如，规划和预算编制、组织和人员配置、控制和解决问题。
- 领导者专注于开展能产生有益而重大的变革的活动，例如，确定新方向、协调众人、激励和鼓舞人心。

领导者提供方向，并将日常执行委托给直线经理或主管。这包括全面负责组织中所有员工的管理，我们称为层级领导者的时代。

20世纪80年代和90年代，为了应对严峻的经济环境，公司形态发生了很大变化。削减成本导致层级结构被拆除，组织变得更加“扁平化”。一层又一层的直线经理被取消，员工与领导者在层级关系上变得更加靠近。自我管理的团队开始流行，其中直线经理或主管的角色被完全取消，改为由团队成员共担，或成为另一项职位工作的一部分。这一切导致公司里的直线经理或主管越来越少，几乎没有人把“管理他人”作为一项全职工作。与下属有质量的相处时间变得稀缺，因为一天中根本没有闲暇来复查员工所做的每一件事，所以员工赋权或自主工作成了默认的方式。处于公司顶层的领导者只身一人，试图在很少、甚至完全没有全职直线经理支持的情况下，管理一个扁平化的组织，其管控幅度也不成比例地扩大了。这一试图将权力下放给明确的一支直线经理或主管干部团队的做法，变得复杂而无效，而且由于许多直线经理或主管忙于扮演不止一个角色，角色和责任的混淆变得十分普遍。

直线经理和员工之间日常密切的监督关系不见了。除了各种会议，还要应对不断变化的环境，几乎没有时间去关心公司里的人，而正是这些人在完成所有事情。人们在项目团队乃至公司之间快速流动，因此，过去需要数周数月才能建立的团队默契，现在不得不在一两天的外出团建活动中就炮制出来，活动的引导者是不认识任何参与者，而且很可能不会再见面的外部专家。

面对压力，许多直线经理和主管的反应方式是他们假设员工有能力，希望他们自力更生。只有在出了问题之后，他们才会介入。虽然这种做法能够在短期内奏效，但人们认识到，其实这为新走马上任的直线经理埋下了隐患。20世纪90年代，根据公司治理要求保证合规性变得非常重要，许多公司花重金确保为自己工作的人员可以被证实是有能力的。各个组织努力营造学习的环境。员工不再受到老板的监督，而是在恰好与老板同处一地时，断断续续地得到“现场实时”的教练和辅导。责任不再止步于直线经理，而是属于公司里的每一个人。这是自我管理团队的时代。

20世纪90年代末，一种流行的观点认为，领导者应成为组织中更为普遍的一种角色。人们期望不仅仅由公司负责人（用科特的话来说）“产生有益而重大的变革”，更开始期望这能在整个公司内发生。

> 领导者能够帮助他人理解正在发生的事情
> 足够好的领导者能够指引方向
> 提供行动路线
> 帮助我们掌控不确定性
> 在混沌中建立秩序
> 创造激动人心的感觉
> 让人产生明确的目标感
>
> Kets de Vries（2009）

马尔科姆·希格斯（Malcolm Higgs）在其2003年的论文《21世纪我们如何理解领导力》中主张，关注“帮助他人理解意义”是21世纪成功领导者的发展方向。从这一角度而言，成功领导者的关键衡量标准，不仅仅是他们对财务业绩的影响，更重要的是他们对追随者的影响。

每个人都必须明白，变革已成为企业生活中的常态，每个人也必须成为实现变革的一部分。每个人都可以成为领导者，每个人也都想成为领导者。我们将这一时期称为人人领导者阶段。

做领导者成了一件司空见惯的事情，但这也很辛苦。在全球快速发展的前提下，身处21世纪的企业中，很多领导者都不具备真正领导员工的能力。个人又一次不见了。要想有时间和技能去真正关心每个人，帮助团队中的每个成员释放出潜力，共同创造非凡成果，变得非常困难。

许多人开始寻求HR部门的支持和帮助。但是，正如我们已经看到的，他们发现那里的情况并非像期待的那样。相反，HR部门似乎要求领导者做更多的工作（去管理流程），而不是接管一些他们的工作。领导者在当地往往无法便捷地获得专家建议，只能靠自己处理复杂的人事问题。

到了21世纪初，人们意识到，在竞争激烈的商业世界里，成功的关键在于组织中的人才，需要重新把重点放到个人身上。

先灵葆雅公司的CEO弗雷德·哈桑（Fred Hassan）说："不管公司规模有多大，CEO都必须把自己看成是首席人才发展者。"（Green 等，2003）

所谓发展人才，不正是释放出每个人内心的能量和潜能吗？为了实现这一目标，杰克·韦尔奇认为，CEO至少40%的时间要和为自己工作的人在一起。

人际关系是人与人互动的基础，需要时间和能量去滋养。让我们把未来领导者称为人际关系领导者。他们要能通过教练和辅导来培养组织中的人才，激发他人的忠诚和承诺，同时自己也成为出色的榜样。

领导者与HR的工作关系

纵观过去四五十年来HR和领导力不同的演变历程，我们可以看到两者之间的关系是如何变得紧张的（见表8.1）。

表 8.1　领导者与 HR 的工作关系概览

年代	业务背景	HR 角色	领导者角色	观察
20 世纪 60—80 年代	• 本地 • 稳定 • 确定 • 角色明确 • 层级分明 • 有组织的工会 • 对抗 • 关注主管和个人	行政关系和员工	层级领导者	• 领导者与HR在战略和组织上协调一致 • 角色明确界定 • 领导者与HR合作良好
20 世纪 80—90 年代	• 变化迅速 • 不稳定和不确定 • 扁平团队 • 员工赋能 • 时间不够 • 关注成本	变革推手	自我管理团队	• 领导者与HR未能共同应对不断变化的环境 • 员工管理出现缺口
20 世纪 90 年代—21 世纪初	• 全球化 • 竞争激烈 • 资源配置灵活 • 外包 • 关注竞争	战略性业务伙伴	人人都是领导者	• 领导者压力大，要管理业务和员工，没有足够时间或HR支持 • 对个人的关注不见了
2010 年	• 如上 • 出现技能缺口 • 关注技能	人才和发展专家	人际关系领导者	• 认识到个人是成功的关键 • 重新开始关注个人

近年来，领导者与HR之间的冲突已经公开化了。2005年8月《快公司》（*Fast Company*）杂志副主编基斯·哈蒙兹（Keith Hammonds）撰文“为什么我们讨厌HR”，从领导者的角度揭露了这一点。他描述了领导者对HR专业人员的失望：流程似乎重复而浪费，最终没有明确的产出；HR的工作重点是寻找“越来越巧妙的方法，来削减福利和工资”；HR的

沟通“经常无视现实”；他们“面对复杂多样的员工队伍，追求标准化的整齐划一”，只是因为这样做从HR专业人员的角度来看更容易、更经济；他们总是追求组织的、而不是个人的利益。他抱怨说HR专业人员对业务根本不感兴趣，他们更重视过程，而不是结果。

如果HR流程和规则限定过多、过于复杂（也许是无意的），员工和领导者就会认为HR部门设计这些流程和规则时，没有考虑到业务需求和驱动因素。为了确保组织能高效地管理员工、不违背当地法律，一些基本的流程和产品毫无疑问是必须的，但真正重要的是，这些流程和产品的设计和实施不能仅仅基于HR部门的视角、语言来进行。相反，关键产品和流程的设计和实施，应该从公司和员工的具体业务和情感需求出发，并以正常开展业务的方式进行沟通。

HR专业人员同样对领导者感到失望。他们的抱怨之一是，领导者经常将HR专业人员排除在决策过程之外，忽视了以人为本的方法所能生成的宝贵见解。事实上，HR专业人员在公司中的地位还是由公司最高领导者决定的。如果公司CEO不是以人为本的倡导者，那么HR专业人员将很难在管理团队中获得并保持受人尊敬的地位。这样一来，HR职能的从属地位就会在整个组织中层层传递下去，于是HR部门就沦为被容忍的必要运营开支。很多人会认为HR部门的成本很高，正当性很难证明，有时会将其与行政、财务部门混为一谈。

令HR专业人员感到失望的是，领导者似乎推卸了管理员工的责任，他们往往被要求介入，替没有做好准备的领导者进行艰难的对话，而领导者却似乎迟迟不愿接受变革、推动进展。很多人担心，领导者没有花时间去了解大多数强制性HR流程背后的劳动就业法律，因而可能使企业面临严重的诉讼风险。HR部门必须对这些强制性流程进行监管以确保合规性，而不是依靠领导者承诺在一定期限内完成这一工作。

回顾过去40年企业中的HR专业人员和领导者的演变过程，再看一看组织中关于谁应该为“人的问题”负责引发的诸多困惑和无奈，也就不足为奇了。这不可避免地吸走了人们的能量，而这些能量本可以更好地用于造福整个组织。

参考文献

Fombrum, CJ, Tichy, NM and DeVanna, MA（1984）*Strategic Human Resource Management*, John Wiley and Sons, Canada

Gratton, L, Hope Hailey, V, Stiles, P and Truss, C（eds）（1999）*Strategic Human Resource Management: Corporate rhetoric and human reality,* Oxford University Press

Green, S, Hassan, F, Immelt, J, Marks, M and Melland, D（2003）In search of global leaders: Perspectives, *Harvard Business Review*, 81（8）, pp 38–45

Hammonds, K（2005）Why we hate HR, *Fast Company*, available at http://www.fastcompany.com/53319/why-we-hate-hr [accessed 10 April 2014]

Hendry, C（1995）*Human Resource Management: A strategic approach to employment*, Butterworth-Heinemann, Oxford

Higgs, M（2003）How can we make sense of leadership in the 21st century?*Leadership and Organization Development Journal,* 24（5）, p 278

Hunter, I, Saunders, J, Boroughs, A and Constance, S（2006）*HR Business Partners*, chapter 1（The Evolution of HR）, Gower Publishing, Aldershot

Jamrog, JJ and Overholt, MH（2004）Building a strategic HR function: Continuing the evolution, *Human Resource Planning*, 27（1）, pp 51–62

Kets de Vries, MFR（2009）*Organizational Paradoxes: Clinical approaches to management* (*organizational behaviour*), Tavistock Publications Limited, Abingdon

Kotter, J (1999) *On What Leaders Really Do*, A Harvard Business Review book, Harvard Business School Press, Boston, MA

Powell, C (nd) *A Leadership Primer*, available at http://net.ucar.edu/nets/intro/staff/ jcustard/jc-la2004/powell-leadership.pdf [accessed 15 June 2014]

Tichy, NM and Sherman, S (2005) *Control Your Destiny or Someone Else Will*, Harper Collins, New York

Ulrich, D (1996) *Human Resource Champions: The next agenda for adding value and delivering results*, Harvard Business School Press, Boston, MA

第3部分

组织的未来

09 领导者的角色

引言

本章中，我们将探讨领导者在组织中扮演的角色、他们的恐惧如何投射到组织中，以及他们处理恐惧的方式如何影响团队。我们发现，领导者对于建设组织中的人际关系、营造组织文化、制定组织战略起到了多么关键的作用。

我们的结论是：要创造无惧组织，关键在于拥有这样的领导者——他们拥有自我觉知，了解自己对他人的影响，并有能力建立和维持信任。

> 河流塑造了河岸，河岸引导着河流。同样地，精神气质塑造了文化结构，并受其引导。
>
> Gregory Bateson（1987）

怎样成为优秀的领导者

爱德华在同一家公司工作了30多年。他在自己的领域里是专家，也是很多人寻求建议的对象。但是，他在同一个团队里待了近十年，已经开始觉得乏味了。更糟糕的是，公司的经营环境急剧恶化，目标难以实现。有传言说，总部准备进行重大调整，于是当地领导团队感到越来越大的压力，开始批准一些短期内有利可图的项目，但从长远来看，这些项目实际上会对业务造成损害。

在这种情况下，爱德华经常被要求从技术和商业的角度出发，批准这些项目。他的老板明确表示，他别无选择。爱德华意识到，如果出了问题，损害的是他的声誉，而不是他老板的。他变得非常紧张，在工作中没有人可以听他倾诉担忧。他晚上睡不着觉，身体变得不健康，开始发胖，还患上了与压力有关的偏头痛。

最终，爱德华决定改变一下自己，在同一家公司申请了另一份工作，换了领域。他想为一个有诚信的、能激励他发挥出最佳水平的人工作。他想在一个能给公司带来积极变化的团队中工作，并从工作中获得乐趣。他的申请成功了，为新老板工作让他感到非常兴奋，因为新老板很有活力，而且很有幽默感。然而，当爱德华发现新老板很快就要离职，自己又将在一个“呆板的主管”手下工作时，心情再次一落千丈。

新的部门主管大卫入职时，要在部门会议上发言，爱德华也必须去参加。爱德华觉得这很麻烦，不值得他费心。没人听说过大卫是谁，也没人对这场会议有任何热情。当爱德华将此事告诉另一个部门的同事时，她的脸一下子点亮了。“哇，是大卫啊！你真

幸运，能和他这么近距离工作，他真的很棒！”爱德华被激起了兴趣，于是去参加了会议。之后的几天里，他一直对这场会议念念不忘。在短短半小时内，大卫在坐满50多名员工的会议室里，与每一个人都建立了联系，他的演讲散发着诚信的光芒，激励着大家全力以赴。他给人们留下的感觉是：每个人都会因自己的努力而深受赞赏；每个人也都可以随时与他联系，讨论遇到的问题，他愿意倾听和帮助。爱德华从没有像那天那样亲眼目睹领导者的强大影响力。这段经历在他身上发挥了很长时间的作用，帮助他很好地适应了新的工作。

在组织结构的最高层和各个部分，有很多优秀的人担任着领导者角色。也有一些人不是那么优秀，或者只是“足够好”。优秀的领导者不常见，伟大的领导者更是难得，而要识别他们很容易。

领导者能帮助他人理解组织内外发生的事情。足够好的领导者能指引方向，提供行动路线（Kets de Vries，2009）。他们帮助人们掌控不确定性，在混沌中建立秩序。他们进行关键决策，并在此过程中，有意识或无意识地将每个人的努力引导到他们重视的事情上。他们创造了一种氛围、文化和心境，他人在其中或是蒸蒸日上，或是每况愈下。他们为组织提供了一种兴奋感和目的感。领导者有时会将HR职能作为一种工具，将其用来按照自己的想法实施对组织的改变，但这并未淡化领导者自身的重要角色。

情绪和依附于经验的情感，会创造出意义，并用语言表达出来。没有情绪，就没有意义，情绪是所有决策的基础。两个人之间相互的影响力，主要来自情绪在他们之间传递和接收的方式。人际关系是人与人之间关键的载波信号，影响着所有变革、发展，甚至是普通的日常行为。

领导者还要帮助团队提升思维能力——不是替他们思考，而是创造条件，让他们为自己更好地思考。人们不想被管理，他们想得到释放。

人们追随领导者的原因各不相同。有些是有意识的，有些是无意识的。2500年前，老子是这样描述领导者的：最好的领导者能帮助人们，让人们最终不再依赖他；其次是受人爱戴和敬佩的领导者；再次是让人感到恐惧的领导者；最差的领导者任人摆布，根本不配称为领导者。

跟随能产生依恋性情绪（信任/爱、兴奋/喜悦）的领导者时，人们在组织中的表现最好。能产生恐惧的领导者可能会在短期内取得成果，但最终会腐蚀组织。被他人或他人的意见牵着鼻子走的领导者，根本不应该被称为领导者。或许很有趣的是，有些现代政客可能正是老子眼中最低级领导力的典范：他们让别人去查明选民想要什么，然后不管是否现实，都向选民承诺将其实现之前调查所得出的目标。

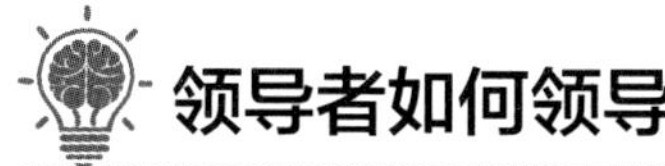

领导者如何领导

正如我们在前几章中看到的，人们采取行动或改变的动机，首先是由情绪触发的。如果他们感到愤怒，就会大喊大叫，也许还会大打出手。如果他们感到悲伤，可能会黯然神伤、泪如雨下。如果他们感到恐惧，就会进入“生存模式”，只求保命。如果他们感到惊奇，可能会创造出意想不到的方案，去解决一个纠缠不休的问题。如果他们感到信任，就会以开放的态度接受各种可能性。

只有通过领导者对团队情绪的影响，团队的行为和动机才能产生改变。正是通过调动人们的情绪，组织的文化才得以健康发展。从神经科学的角度来看，领导者的核心技能是促进人们产生动机和改变，使他们的大脑以建设性的甚至是新的模式工作，从而实现企业目标。在组织中，要想

让事情发生，有赖于领导者根据人们的感受，有目的、有意识地创造机会——不是指挥人们如何行动，而是创造条件，让人们发挥自己的能量和适应能力，从而实现目标。领导者需要引导人们的能量，让人们展现自己的潜能，而不是仅仅为了活下来。

只有通过人际关系，才能调动人们的情绪。领导者必须理解，大脑是人际关系的器官。理解大脑的工作原理，有助于提高领导能力。

正是通过情绪系统，大脑才成为人际关系，以及了解外部世界活动的主要器官。情绪系统是用来体验的，智力系统是用来理解的。大脑将这两者放在一起并整合成一个整体，使之具有连贯一致的意义。右脑主要关注的是情绪系统和可能性，左脑处理的是事实（无论多么复杂），以及已知的事情。

真正对组织产生影响的，是领导者的大脑运作方式。领导者内心情绪的变化，会在他人身上产生条件，让他们也做出相应的反应。协调这种交流的特殊脑细胞称为“镜像神经元”。整个系统由杏仁核控制，实际上它既是发送器，也是接收器。

当你看到别人的手指受伤时，你会立刻退缩并感到同情。当你发现朋友尝某种食物时皱起眉头作恶心状时，你的胃会立刻做出反应。当有人对你微笑时，你也会以微笑回报。这种本能地立即理解他人感受的能力，被称为同步性，它与大脑中的镜像神经元有关。镜像神经元是一类特殊的脑细胞，它不仅在你做某个动作的时候会启动，当你看到别人做同样动作，或者你在想象中做这一动作时也会启动。

当人们的大脑与领导者的大脑同步时，组织的运作状态是最好的：这就是为什么良好的沟通和高昂的士气如此重要。此时，领导者的大脑与组织中其他成员的大脑，几乎像在“共振”。

因为组织中所有人的大脑都在努力理解领导者的大脑发出的信号有何意义，所以领导者首先要有理解和调节自己大脑的能力。领导者需要有敏锐的自我觉知——他们需要理解自己的感受是什么、为什么会有这种感受，并且要对此诚实。当领导者对某种情况感到恐惧或愤怒时，它是会传染的；此类行为在组织中其他人的眼中具有威胁性，也会引发他们的恐惧或愤怒情绪。当领导者对某个项目感到兴奋时，或信任团队中的人时，也是有感染力的；恐惧会被平息，人们会受到鼓舞并全力以赴。

领导者对自己的感受必须要诚实，因为情绪无法伪造。领导者身上的真实感是难以模拟的。人们很善于发现不真诚，而这很快就会导致不信任。

组织中所有人都会感到，自己的生存在一定程度上需要依赖领导者；领导者可以降低或驱散威胁，可以示范如何克服障碍。

这就说明了领导者“以身作则”和“身体力行”的重要性——这是人们感性理解领导者对自己的期望的最佳方式，也为人们创造了适应变化的安全环境。

人们的爬行动物脑会认为一些行为是在制造风险或威胁，领导者需要避免有意识或无意识地表现出此类行为。因为当这种情况发生时，人们根深蒂固的反应是只关注怎样活下去，而不是采取创造性的行动。这样做的结果是，人们会产生防御心理和怀疑，把所有能量用于活下来，而不是展现潜能。

相反，领导者需要有意识地创造条件，让人们产生依恋性情绪——信任/爱、兴奋/喜悦。这将确保所有可用的能量都积极地用于追求组织目

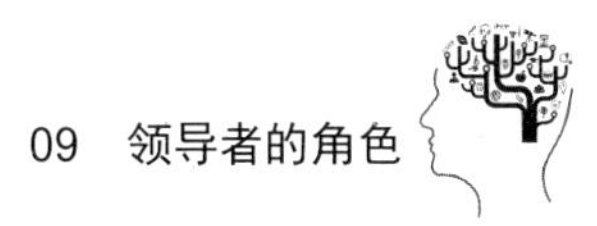

标：从大脑的情绪部分到认知部分，有一条清晰的路径。

兴奋/喜悦与信任/爱是人类所有积极体验的基础，不断启发人们创作诗歌、戏剧、艺术，建立本质上持久的关系，追求生活中所有值得坚持的东西。奇怪的是，尽管这两种情绪具有巨大的人性、文化和社会价值，却没有直接的生存价值。多数人终其一生，大部分时间都在努力追寻这两种情绪。这两种情绪区分了伟大和平庸的组织，创造出最好的可持续性。

在这两种依恋情绪中，最重要的是信任，信任能在组织中激励人们，让能量流动起来，不受压力或绩效焦虑的负面影响。这是因为杏仁核发现危险的主要功能会平静下来。当领导者和团队之间存在信任时，会发生非同寻常的事情——无论设定什么目标都能实现。但是，信任不是一种商品，不受制于组织中事务性的规则。信任是一种支撑行为的情绪，本质上来自组织系统中的领导者。

对于更有创造力的企业，领导者需要注重营造一种充满惊奇/喜悦的环境，给大脑足够安静的空间和时间，让大脑产生意想不到的连接，进而催生的顿悟时刻。

因此，领导者需要能够平息自己的愤怒、厌恶、羞耻和悲伤等属于“逃跑/战斗/僵住”的情绪，尤其是恐惧，以免传递给他人。正如我们在第7章中看到的，神经科学研究表明，领导者可以通过正念练习（一种能集中注意力的冥想形式）来改变大脑的活动。这可以使杏仁核平静下来，让大脑更好地调节情绪，这能够大大改善大脑的工作方式。正念还可以增强同情心和同理心，而它是信任的基础。

第4章中介绍的SCARF模型为建立领导者自我觉知提供了另一个框架。当领导者降低了员工以下几个方面的感受时，他们应该敏锐地感知到。

- 地位感（Sense of Status）：由于提供指导过多、反馈不足——领导需要帮助下属建立良好的自我认知。
- 确定性（Certainty）：由于不提供明确的期望——建立明确而坚定的期望，可以帮助人们聚焦未来，从而获得确定性。
- 自主性（Autonomy）：由于对员工进行微观管理——信任员工，让他们自己做决定，可以提高自主性。
- 关联感（Relatedness）：由于维持等级关系。
- 公平性（Fairness）：由于对待他人考虑不周全。

最后，我们在第7章中讨论的一种“心智”模型，给出了领导力发展的一种总体框架，其中领导力是围绕着管理信息、关系和能量来运作的。

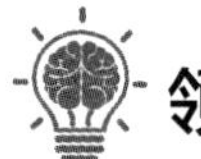领导力和Sofi模型

领导者大脑的运作方式如何与我们在第7章中介绍的“影响圈”（Sofi）组织模型统一起来？请记住，在Sofi模型中，所有影响圈都是相互影响的，就像身体的关键器官是相互依存的一样；一个运作良好的组织，所有各圈之间都会有坚固而平衡的关系。最接近的圈之间互相影响最强，与“领导力”最接近的三个圈是“沟通”、“文化”和“战略”。

1 沟通：领导者通过各种沟通来建立和维护人际关系，从而领导他人。拥有高质量的对话是建立良好人际关系和沟通的核心技能。

2 文化：领导者塑造着组织的文化及其信念和价值观。领导者必须鼓励基于信任的行为，才能促成最好的结果。

3 战略：领导者负责制定组织的方向和目标，即需要做什么。他们必须有清晰的认知性思考，不受五种情绪中任何一种的阻碍，尤其是恐

惧。然而，为了实现已制定的战略，领导者需要获得员工的承诺。

领导者需要在这三个方面真正做到卓越，才能成为伟大的领导者，为组织带来真正的改变。接下来的三节将更详细地研究这三个方面。

人际关系和沟通

人际关系和沟通是领导力的精髓。领导者通过人际关系和沟通调动自己的团队成员，并在他们的大脑中释放出非凡的力量和能量，从而实现非凡的成就。

能否应对组织中的复杂性，并在不断变化的业务环境中取得成功，关键取决于组织中人与人之间如何产生联系，并共同建构意义。人与人之间的关系比人本身更重要。正如我们所看到的，每当你与另一个人互动时，你们都在挖掘对方的大脑。

人际关系建立在一个人和另一个人之间的互动上：一个人的行动，会触发另一个人的反应。这种反应反过来又会触发第一个人的反应，以此类推。建构了好的意义，人际关系就有机会变得充满信任。然后，积极的事情就可能发生。

在决定并采取最佳行动之前，必须先建构并分享意义。但往往这种反应会被人内心的由他们过去的经验和对未来的希望所决定的图景所改变。他们看不清楚。所以意义没有得到创建，也没有被分享。于是，互动出现缺陷，行动不甚妥当，结果不尽如人意。

在组织中，人与人之间的互动和意义构建的核心是对话。思想、感受和意义是通过词语、手势，以及肢体语言来传达的。对话可以激发想法，开启、监督和引导项目。通过对话，可以推迟、重新安排和停止工作。对话可以激励和调动他人，也可以使人沮丧和不安。我们需要对话来进行解释、教导和学习。人们通过对话学会共同思考。只有通过有效的对话，变革才能发生。

使用“对话（conversation）” 这个词时，我们指的是人与人之间为了共同深化意义，所进行的双向互动：深入而真正地表达和倾听。有些作者把这个过程称为“深度会谈（dialogue）”。在我们这本书的语境中，对话和深度会谈是同一件事。

反馈是对话的一种特殊形式，可用于检查行动或言语所发挥的影响力是否符合意图。如果不符合，又将产生怎样的影响力？反馈就是要了解别人如何看待一个情况，了解别人如何理解发生的事情。这是建立信任关系的关键所在，它可以打消不正确的假设，取而代之的是真诚的理解。

讲故事是对话的另一种特殊形式。通过讲故事，可以一下子将事实与价值观和感受联系在一起，大大加深人们对意义的理解。

根据复杂性理论（Stacey，1996），多样性和模糊性是在一个不可预知、不确定的世界中取得成功的关键。只有听到和理解尽可能多不同的对话和故事，人们才能实现最好的意义构建。“集体智慧”因群体内部的多样性而变得更加丰富。

掌握开展良好对话的技巧，是组织中实现高质量互动和人际关系的关键。对话是人类最重要的技能，它能阻止恐惧的发生，创造环境让人们健康发展。为了让解决方案涌现出来，对话是必要的能力。

优秀的领导者离不开对话。正如罗纳德 · 海菲兹（Ronald Heifetz）

（1999）所说：“领导者的工作就是引导大家讨论什么是重要的，什么是不重要的”，这样才能让每个人都能取得卓越的成果。

许多书籍可以帮助个人掌握开展良好对话的技巧。其中最好的包括帕特森（Patterson）等人所著的《关键对话》（2002）和《关键对抗》（*Crucial Confrontations*）（2005），斯通（Stone）等人所著的《艰难对话》（*Difficult Conversations*）（2000），以及艾萨克斯（Isaacs）所著的《深度会谈：共同思考的艺术》（*Dialogue and the Art of Thinking Together*）（1999）。南希·克莱恩（Nancy Kline）在1999年出版的《思考时间》（*Time to Think*）一书尤为突出，该书旨在帮助人们创造良好的倾听环境，而倾听正是良好对话的必要组成部分。较为近期出版的书包括考利（Cowley）和普尔斯（Purse）所著的《5场对话：如何转变工作中的信任、参与和绩效》（*5 Conversations: How to transform trust, engagement and performance at work*）（2014），书中强调了对话能建立人际关系和信任，而良好的领导力正是建立在这样的对话基础上的。

所有这些书都提到，良好对话的根本关键在于能超越自身内心活动的层面，走出自我，去了解世界的本来面目，而不是在自己眼中的样子。梳理你的想法和感受，也就是你讲给自己听的故事并判断这些故事是不是真的。学会如何暂停一切，活在当下。检查自己“脑海中的声音”是否是现实，要有自我觉知、全神贯注和征求反馈。还要真正倾听对方在说什么，体会他们的意思，并帮助他们深入理解他们自己的故事。

通过练习，这种“暂停”在任何情况下都可以在几秒钟内实现。关键在于意识到自己在当下的感受，觉知自己的假设，并实时验证这些假设以确保自己选择的回应适合当时的情境。这是驯服恐惧、不让自己不由自主受其控制的一种方法。

对话有时会变成对抗，特别是当情绪高涨、事关重大的时候，很多人都害怕工作中出现对抗。对于违反规则、给自己太多工作、掌握权力可以毁掉职业生涯的经理，人们害怕直言反对。恐惧挣脱了束缚，应有的结果往往无法实现。帕特森等人在《关键对抗》一书中提出，面临对抗时，关键在于要与你的潜在对手一起合作，试图就已发生的事情达成共识，然后再共同决定下一步该怎么做。解决对抗的关键是人际关系，以及在人际关系中起到重要作用的大脑。

面对一个变得情绪化，表现出愤怒、沮丧、害怕或担心情绪的人，人们必须要找到其情绪的根源。高度表达的情绪是由事件、思想和情绪触发的，是由他们内心世界的观念塑造的。人们都会给自己讲故事，讲述发生在自己身上的事情。所以，人们需要试图理解最初的触发点，以及这个人在情绪爆发的背后给自己讲述的故事。

两难困境会让人们陷在组织中，无法决定前进的方向。两难困境来自根深蒂固的价值观，由情绪驱动，往往难以简单清晰地表达出来，也很难通过谈判解决。解决两难困境时之所以会出现问题，是因为人们有时会从对立的两方论点中都看到价值，所以难以取舍。通过对话来揭示两难困境的本质，是解决困境的第一步。下一步是探索是否有一种更深层次、更根本的，能涵盖两种冲突的价值观，是否有能让每个人都全心全意认同前进的方向。

 建立基于信任的文化

一个组织的文化为“这里的工作方式”设定了基调（Deal 和 Kennedy，1982）。文化包括了组织的价值观、信念、规范，以及语言、制度和习

惯。文化是集体行为的模式，是人们看待事物背后的假设。文化影响着人们在工作中的思维和感受，也影响着他们与组织的联系。

工作文化主要是由领导者塑造的（Schein，2010；Brown 和 Hales，2012）。但文化也存在于一定的背景下——其他因素（包括公司规模、国籍、历史、所属行业、权力结构和风险偏好）也会产生影响，因为这些因素不仅会影响领导者，也塑造着可以被接受的文化线索。

在文献中，有许多模型描述了不同的组织文化（如Hofstede，1980；Deal 和 Kennedy，1982；Kotter 和 Heskett，1992；Handy，1976；Schein，2010），但都没有明确指出恐惧在工作中的重大影响。正如我们所看到的，恐惧会分散组织的能量，使其偏离组织的目的，仅用于保障生存，而充满恐惧的文化会对公司的盈利水平产生负面影响。

时代变了。过去，恐惧是领导者运作工作环境的主要方式。即使到了20世纪50年代和60年代，领导者也还是在严格遵守规则的基础上进行奖惩；在家和学校中，体罚仍是可以被接受的管教方式。然而，自20世纪70年代起，就业岗位从工厂或产业工人向知识或服务型工作者转变，意味着工作文化必须改变。新的工作文化鼓励创造和创新，鼓励良好的人际关系，特别是与顾客和客户的关系变得至关重要。多样性开始受到重视，人们期望在工作中得到公平的对待。不必再通过恐惧来实现对规则的严格遵守，人们开始认识到，通过恐惧进行领导是适得其反的。但是，工作文化可以持续多年，如果没有强大的领导力，很难改变。基于恐惧的旧文化的残余可能仍然保留，这往往是由长期任职、很难或不愿做出改变的老员工使其得以存在的。

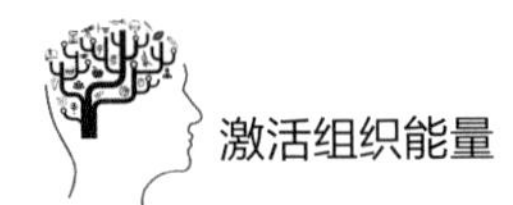

乔治在大学毕业后的第一年加入了一家大型跨国金融服务公司。过去，这家公司的名声很差，被人质疑欺负员工，迫使他们长时间加班；还与客户硬性讨价还价，追求利润最大化。虽然工资很高，但很多人因不堪重压而离职，大学校园对这家公司的评价是：这里不适合开启职业生涯。2008年金融危机后，该公司的许多做法被曝出有违道德，于是开始了变革公司文化的重大行动。四年后，乔治加入了这家公司。

入职第一天，他见到了自己的新老板艾伦，这是经历了公司过去四年大清洗的一员老将。艾伦对乔治说的第一句话就是："抹掉脸上的笑容。不要理会那些人肆宣传的马屁话，那都是表面文章。你在这里是为了赚取最高的利润。这是你的指标，我期望你能实现，否则你会有大麻烦的。"乔治上班的第一天，就已经充满了恐惧。

在无惧组织中，领导者的主要作用是为员工创造被信任的文化。当组织文化建立在信任的基础上时，员工就不必担心由于某个不关心人的领导者不可预知的冲动会导致变动，使自己失去工作或地位。

要建立信任文化，仅有道德操守是不够的；只有当一个人表现出信任他人时，人们才会信任他。对周围发生的事情及其原因，领导者必须持开放和诚实的态度。人们都有恐惧未知的倾向。解药是准确、真实的信息，也就是事实。在缺乏信息的情况下，人们都会倾向填补空白，编造出一些充当现实的故事。因此，领导者必须与员工充分沟通，尤其是就重要的决策问题；如果可能，应让关键员工参与决策过程。坦诚、开放的对话是关键。

我们相信，无惧组织中的文化是由诚实、开放和信任（Honesty，Openness，Trust，HOT）支撑的；我们希望成为HOT团队。

领导者要能倾听和理解团队所关注的事物，以及团队的错误和问题。他们必须承认说过的话，然后收集事实。他们需要为员工创造安全的环境，让员工能直言自己关切的问题，即使这些问题是敏感的，或者可能会激怒领导者，领导者也要让员工能说出自己最恐惧的事情——无论多么牵强，以便自己能够快速、公开地对其加以处理。

害怕谈论错误会滋生谎言——如果领导者都不能承认错误，组织中其他人又怎么可能承认呢？领导者以建设性的态度勇敢承认错误，可以在组织中建立信任的环境。当错误发生时，领导者需要先照照镜子，明确自己在失败中扮演了什么角色。如果领导者没有把期望说得足够清楚，或者期望不切实际，又或者是制度或流程有问题，那么对员工发火是没有用的。最好的办法是与员工一起开诚布公地找出错在哪里，以及如何防止将来再次发生。如果领导者犯了错误，他们应该主动说出来，并且一定要说出真相。

高中毕业后的空档年，奥利弗在一家大型畜牧和耕作农场上工作。他无意成为农民，但在进入大学学习历史之前，有了这个机会，可以让他做一些不一样的事情。他喜欢健身，夏天又刚刚开始，离收获季节还有三个月，食宿全包，一切听起来很不错。

詹姆斯是农场的共同所有者之一，有一次他让奥利弗把拖拉机开出谷仓。此前一年，奥利弗已经通过了汽车驾驶考试，觉得自己开车很棒，于是立即抓住了这个机会。他出发了，当他要将拖拉机开出谷仓，靠近墙壁的时候，却发现找不到刹车踏板。如今的拖拉机动力十足，而这台刚刚启动后处于低挡位，直接穿过了谷仓墙壁的木板结构。奥利弗很幸运，没有被散落的重木板碎片砸到。

当他挣扎着寻找刹车的时候，詹姆斯赶紧跑到他身边，向他指出了踏板的位置。奥利弗带着所有被压抑的能量，在恐惧和混乱中踩下了刹车，拖拉机在农田里突然停了下来。

奥利弗满脸迷茫，看到自己造成的破坏，开始一个劲地道歉。“别说了，”詹姆斯说：“是我的错。我没有好好检查你会不会开拖拉机。这对我和其他小伙子们来说是不用动脑筋的事。但我忘了你以前没开过拖拉机。万幸的是你没有受伤。”

詹姆斯本可嘲笑奥利弗，或者以其他方式贬低他，毕竟修理谷仓要花一些时间和钱。但在那一刻，他表现得像一位真正的领导者。他看到了错误的根源，并公平归结了责任。这样的老板能从员工身上得到巨大的心理收获，员工对他的信任会增长。

创造基于信任的文化时，应该记住员工地位差异的重要性。对于组织中不同层级的员工，需要更明确的行为来鼓励开放和信任。地位较低的员工需要明确的社会和组织提示，而地位较高的员工可能不需要明确的许可。

创造基于信任的文化，不仅可以消除恐惧，还可以促进信息共享、开放与合作，提高思想交流和分享的质量以及数量，有助于改变并协调人们的价值观、思想和行为。

 制定战略和获得承诺

领导者负责制定公司的方向和战略。他们如何做到这一点，在许多其他书籍中都有介绍（如Johnson 等，2010；Hrebiniak，2013；Henry，2011；Mintzberg 等，2008），本书在此不多做讨论。但让人感兴趣的

是，领导者如何履行自己的责任，并争取员工的承诺，同时遏制恐惧。

先来看看“负有责任（being accountable）”这个词组的含义。负责任（accountability）是组织中常用的一个术语，但对不同的人往往有不同的含义。领导者将其视为完成工作的关键，但员工却可能从更负面的角度来看待它。

问领导者怎么看待负责任的含义，他们会告诉你负责任是完成工作的基础，是建立信任的基石，是团队年度业绩的契约。

问团队成员什么是负责任，他们会告诉你，就是出了问题时责怪谁。问他们负责任给人感觉如何，他们会说多数情况下并不好。问他们是否希望有更多的责任，如果他们觉得可以对你坦诚，那么他们很可能会说不。他们害怕如果不兑现承诺会遭到报复、惩罚、排挤。他们会告诉你，领导者想要做成一件事的时候，经常会用“这事要你负责任的”这句神奇的话，哪怕他们对这件事怎么做一无所知，也不打算为了确保能够做成这件事而提供框架和支持。此外，如果你问他们，领导者是否明确说明了新赋予他们的责任到底是什么、相关的背景是什么，多数人会说“不是很明确。”当老板说“只管去完成它”时，很多人的确会这样去做——靠自己的意志力、长时间的工作和蛮力来完成。而在这个过程中，他们会精疲力竭。

负责任通常被定义为“为自己的行为负责的状态；对自己的行动做出交代、接受奖励或惩罚”（Webster，1828）。负责任通常与做交代、责任、受责备、偿债务等概念同义。实际上，这就是“你说过要做一件事，就要去做到”。

大量书籍讨论了责任感（如Kraines，2001；Bustin，2014；Patterson

等，2013；Worrall，2013），作者们都认为缺乏责任感是组织实施战略最大的障碍之一。

实际上，责任感是个人和领导者之间关于实现组织需求而建立的一种“契约”（Kraines，2001；Bustin，2014），是双方对于履行各自诺言的承诺。有效的责任感不是定义“胡萝卜和大棒”，迫使某人实现目标，而是建立一种信任的关系，有明确的、共同的期望，并能在开始出现问题时告诉对方，以便在必要时能重申承诺。不仅个人要承诺按时实现诺言，领导者也必须承诺保证执行任务的个人取得成功，比如确保有明确的目标、有足够的时间和资源以妥善完成工作。

责任、权力和资源的委托授予，贯穿于整个公司的各个部分，从股东到董事会，再到CEO或董事总经理、高层领导等，再到组织中的每一个人。为了使之有效，每一位领导者和每一位员工都必须对履行各自的义务相互负责任。而这个链条的牢固程度，取决于其最薄弱的环节。

如果没有很好地定义，负责任可能会失败。让员工负责实现一个不明确的目标，可能会导致错误、浪费努力或返工；让员工负责在没有资源或权力的情况下完成任务，会导致压力、挫败感和怨恨。在背景不明确的情况下，让员工负责任，可能会导致组织其他部分的成果不尽如人意：即使取得了成果，价值也可能会被侵蚀。所有负责方面的失败都会影响盈利水平。

负责任方面的失败充满了各种借口。有的人声称项目范围扩大了；有的人声称没有足够时间来完成工作；有的领导者坚持认为团队不胜任工作，或预算分配太少。在许多公司里，不交付“成果”，而是交付“没有成果再加上一个好故事”是可以接受的。换句话说，失败加上一个合理的故事被视为成功。

但最基本的一点是，如果一项任务没有按约定完成，也就是没有做到负责任，就是对信任的基本违背。这个人（无论是领导者还是个人）没有履行承诺，没有做到他们许诺的事情。个人和领导者之间的关系变得紧张，很可能会触发逃跑/战斗/僵住的情绪，导致更多的承诺无法兑现。

后果可以用来帮助强化责任感，并改正行动和行为。一方面，正面强化是指个人的行动和行为的结果是得到了他们想要的东西。这可以增强信任、建立承诺和责任感。另一方面，负面强化是指个体的行动和行为会导致他们逃避他们不想要的东西。这会将恐惧引入环境中，并建立起合规，而不是承诺。最好的方法是提供正面强化，而不是负面强化。

在聚焦于大脑的组织中做边缘脑型领导者

为了采用聚焦于大脑的管理方法，领导者应充分理解大脑的工作原理，以便将这些知识应用于自己和团队。最重要的是，他们需要了解情绪对于提高绩效所发挥的作用，以及在信任的基础上建立人际关系的重要性。此外，他们需要做真实的自我，以身作则，为他人树立行为的榜样。

布朗和布朗（Brown 和 Brown）（2012）定义了聚焦于大脑的领导者的六种必要品质。他们将这样的领导者称为“边缘脑型领导者”。其中前五种品质是在领导者信任自己时产生的。第六种品质让他人信任领导者。领导者要能够做到以下几点：

1 **连接**。这意味着领导者具有同理心，能理解他人的感受，并将其融入自己的反应中。他们善于倾听，理解基于信任的对话的重要性。他们相信他人，不挑剔挖苦。他们投资于他人的成长，知道错误往往是成长的基础。他们善于给予反馈。他们知道如何发挥说服力和影响力，带领他人

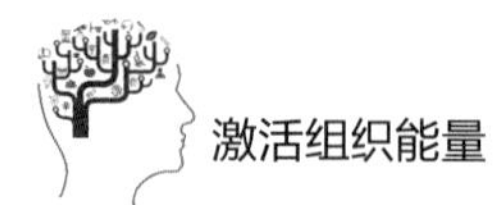

一同工作。

2 **有勇气**。这意味着领导胸有成竹，有坚定的信念带给自己勇气。他们接受自己可能不得不违背现行的正统观念，或者自己可能会犯错。他们以身作则，迅速正视不足的行为。

3 **足够的聪明**。这些领导者具备发达的智力，能过滤无关紧要或不必要的东西。他们喜欢学习。他们明白，领导者就像乐团指挥一样，不一定会演奏所有乐器，但要创造条件，让他人发挥出自己最高的水平。

4 **身体力行**。这意味着领导者要有自我觉知，要做真实的自我，要表里一致。他们鼓励他人给自己提供反馈，以进一步发展自己。他们能把自己生活中的各个环节编织成一个连贯的整体。他们给人的感觉是能够把工作与生活平衡得很好。他们有诚信，常常从道德角度出发，追求双赢。

5 **激发他人的行动**。这些领导者有激情、远见和目的感。他们喜欢发挥创造力，综合复杂的变量，考虑多样的观点。他们明白，人们不希望被管理，而希望自己的能量和才能得到释放。他们的工作对象是人，而不是问题。他们明白如何获得承诺，以及他们在明确责任方面的作用是什么。

6 **值得追随**。这些领导者获得了他人的信任，创造了HOT团队。

领导力和性别

结束这一章之前，笔者不能不开启一个在管理学文献中几乎没有讨论过的领域：男性和女性作为领导者的区别。每当我们开始从神经科学角度，明确怎样的领导者才能创造无惧环境时，神经科学本身也在发展，并开始提供新的洞察和可能性。2013年12月就有这样一个例子。宾夕法尼亚

大学公布了1000名男女老少的大脑扫描的复合结果。他们首次极为详细地展示了男女大脑的运作方式有多么不同（详见BBC新闻，2013）。

大脑两半脑之间和两半脑内部的能量流动和创造通道的方式，具有非常明显的性别特征。

女性的大脑复合显示出两半脑之间的丰富的相互联系，仿佛整个大脑都在忙着与自己对话和互动。男性的大脑则显示出两半球之间的联系相对较少，但每一半大脑内部有大量的活动（见图9.1）。

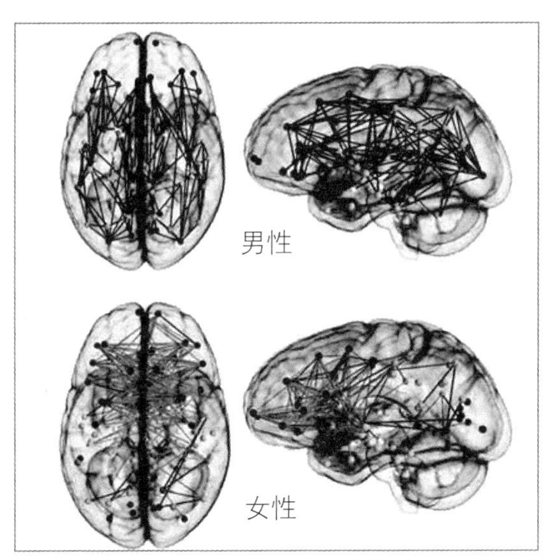

图 9.1 男性和女性大脑半球之间（左图）和大脑半球内部（右图）的不同连接模式

正如特林布尔（Trimble）（2012）指出的，似乎男性大脑的组织方式是指向性和主张性的，而女性大脑的组织方式则是整合性的。男性大脑喜欢问题。有了问题，男性就可以采取行动。女性大脑喜欢解决方案。知道了解决方案，女性的生活就可以继续。

此外，虽然还有待证实，但有证据表明，男性和女性可能以不同方式处理某些情绪（Medina，2009）。这是基于这样的观察：男性的杏仁核（控制我们的情绪和某些类型的学习的区域）似乎比女性更大，而女性的额叶和前额叶皮质区域（决策发生的地方）比男性更大。男性也比女性更快产生血清素（有助于调节情绪和心境）。然而，吉娜·里本（Gina Rippon）教授认为，这些差异可能与环境因素有关，如刻板印象（Knapton，2014），而不是基础大脑结构，因此它是可以被改变的。

这些差异对领导力有何意义?

第一个重大而长远的意义在于，男性和女性很可能以相当不同的方式来处理解决方案。罗宾逊（Robinson）（2014）推测，女性很可能偏好收集更多细节，并更快地将其整合成复杂的模式。她们喜欢归纳和整合，喜欢从更广泛、更全面的角度来看待问题。男性则倾向一次只关注一件事。他们似乎偏好将信息分门别类，摒弃他们认为不相关的东西，以更线性的方式分析数据。也可能是女性会记住与情绪相关的体验细节，而男性只会记住体验的要点（Medina，2009）。

第二个重要的意义是，男性和女性可能偏好不同的组织结构。男性可能更喜欢具有明确目标和指令性沟通方式的等级结构。女性则倾向在允许公开讨论和参与的多层面扁平化组织中表现出色。

要求女性在男性定义的业务系统中工作，可能是一种压力源，当这些发现开始渗透到商业意识中时，可能会引起严肃的法律问题。

几年前，一些女性对一家大型国际私募股权投资公司提起集体诉讼，她们认为自己在该体制内受到了非常恶劣的人际待遇，而媒体对此则常常表达这一观点：如果她们不喜欢游戏规则，为什么要参与其中?

在如今企业提倡性别平等的时代，这种观点将越来越不受支持。机会平等并不一定代表行动也必须相似。如果没有不同的选择作为支撑，多样性就不是一种真正的解决方案。

科学证据表明，男性和女性的大脑确实有不同的工作方式。这一点在得到更充分的理解后，将会体现在工作环境中，包括对相应、合适的领导风格的接受，而一场关于组织行为的新革命也将不可避免地发生。性别特殊性，即多样性的反面，正出现在企业界，而且不会消失。领导层和HR专业人员在深思熟虑、创新地适应之后，需要对这些问题做出回应。

同时必须承认，并非所有男性的大脑与所有女性的大脑之间都有巨大的区别。大脑的男性特征有一个范围，女性特征也有一个范围。很可能与许多生物学特征一样，这个范围也包含在一个正态分布中。如果是这样的话，那么大多数人处于中间位置，男性和女性的大脑之间可能不会显示太大差异。但目前的证据表明，这种情况有点不太可能。宾夕法尼亚大学展示的复合差异是如此非同寻常，以至于难以用正态分布的尾端解释。目前最行得通的假说是，尽管基本的生理组成成分相同，男性和女性的大脑确实有很大差异。

毕竟，身体形状和功能也是一样的道理，而且人们可以清楚地观察到。男性和女性的生理组成成分完全相同，但结果却大不相同。就像19世纪用砖头和砂浆建造的伦敦建筑，与弗兰克·劳埃德·赖特（Frank Lloyd Wright）同样用砖头和砂浆建造的建筑有着明显的不同。

可惜的是，日常生活中，人们无法像观察男性和女性之间的身体差异那样，清楚地观察到大脑。

或许人们可以?

人们可能可以，但真正需要改变的是组织关于男性/女性的观念，转而重视真正的平等和深刻的差异。因为这样人们就可以开始准确地观察，摆脱无意识的假设，避免采用通常的投射立场，期望别人“像我一样”。人们也可能会开始认识到，一起工作时，就像在一个家庭中，男性和女性的差异可以完美互补，使总体效果大于各部分之和。

奇点大学创始人之一、非凡的创新者彼得·戴曼迪斯（Peter Diamandis）在2014年的一篇博客文章中，引用林恩·蒂尔顿（Lynn Tilton）的话（Diamandis，2014），为人们提供了一条初步线索，让人们开始了解这一深刻的差异可能是什么。

林恩·蒂尔顿是一家营收850亿美元的控股公司Patriarch Partners的CEO。谈及女性高管时，她写道：

> 这种“拥有一切”“两全其美”的无与伦比的追求，或者是“舍此而取彼”的难以忍受的妥协，应该将我们（女性）联合在一起，让我们对现代女性精神产生敬畏和欣赏。但相反，当黑暗笼罩着我们、战斗压得我们喘不过气来时，我们中很少有人能找到支持系统、赞助者或拥护我们的人来推动我们前行。
>
> 事情并非必须如此。这条路不应是孤独的，而应充满了代表女性友谊的欢笑和爱。我经常在演讲和写作中谈到，作为女性，从互相善待开始，我们的命运就会发生改变。然后，我们可以期待男性从我们这里得到启示……我们生活在这样一个国家里：我们可以拥抱每一种自由，考入每一所高等院校，进入每一种专业领域。作为女性，我们在本科学习中都名列前茅，不管是法律、商科还是理工科和医科教育中，都能以年级第一名的成绩毕业。然而，当我们把目光投向我们各自领域的最高层时，我们中却很少有人位于顶端……

> 有一个不可否认的事实，我很确定：女性并肩站在一起，是大自然中最伟大的力量。我也知道，当我们不再以政治、宗教和男性注意力为名淡化我们的力量时，我们将活出我们最好的集体自我。
>
> Diamandis（2014）

2014年，南希·克莱恩在她的《有时间思考的生活》（*Living with Time to Think*）中，表述的思考与林恩·蒂尔顿有着惊人的呼应。南希18岁的干女儿正处成年门槛，而她在十岁时曾问过南希："当我长大成为一个女人时，怎样才能过上好日子呢？" 南希作为干妈和长期观察企业生活的过来人，在给她的信中写道：

> 你可以快乐地和男人一起生活，和他们结婚，和他们一起工作、做爱、跳舞、做饭、生孩子、定政策、做决策、进货、积累财富……
>
> ……你不需要效仿他们文化中那种僵化、破坏性的行为。你不需要把领导力与竞争和控制混淆在一起。也不要让你对男人的钦佩引诱你走上"如果我们想成功，就必须像他们那样做"的道路。这个世界正在因为那种领导力模式而流血不止……（第32页）。
>
> ……在考虑过所有的事实之后，要选择快乐（第70页）。
>
> Kline（2014）

从这一新出现的、有科学依据的性别差异领域中，我们初步得出结论：由女性作为领导的无惧组织，与由男性作为领导的组织可能有很大不同；其能量流动也可能有很大不同。当然，检验的标准是看不同模式的组织在多大程度上实现了战略和运营目标——其中的结果可能不仅是量的（盈利），更是质的（可持续性）。

在下一章中，我们将讨论在成为无惧组织的过程中，变革是如何在组织中发生的。

参考文献

Bateson, G（1987）*Steps To An Ecology of Mind,* Jason Aronson Inc, available at http://www.edtechpost.ca/readings/Gregory%20Bateson%20-%20Ecology%20 of%20Mind.pdf [accessed on 15 November 2014]

BBC（2013）Men and women’s brains are ‘wired differently’, BBC News, available at www.bbc.com/news/health-25198063

Brown, P and Brown, V（2012）*Neuropsychology for Coaches: Understanding the basics,* McGraw-Hill Education

Brown, PT and Hales, B（2012）Neuroscience for neuro-leadership: Feelings not thinking rule decision-making, *Developing Leaders*, issue 6, pp 28–37

Bustin, G（2014）*Accountability: The key to driving a high-performance culture*, McGraw-Hill, New York

Cowley, N and Purse, N（2014）*5 Conversations: How to transform trust, engagement and performance at work*, Panoma Press, St Albans, UK

Deal, TE and Kennedy, AA（1982）*Corporate Cultures: The rites and rituals of corporate life*, Addison-Wesley, Reading, MA

Diamandis, P（2014）Please... We need more women in technology, *LinkedIn*, 3 November 2014, available at https://www.linkedin.com/today/post/article/ 20141103165518-994365-please-we-need-more-women-in-technology [accessed on 1 December 2014]

Handy, C（1976）*Understanding Organizations*, Penguin Books

Heifetz, R（1999）*Leadership without Easy Answers*, Belnap Press, Harvard University Press, Cambridge, MA

Henry, A（2011）*Understanding Strategic Management*, 2nd edn, Oxford University Press, Oxford

Hofstede, G（1980）*Cultures and Consequences: International differences in work-related values*, Sage Publications, Beverly Hills, CA

Hrebiniak, L（2013）*Making Strategy Work*, Pearson Education, Upper Saddle River, NJ

Isaacs, W（1999）*Dialogue and The Art of Thinking Together: A pioneering approach to communicating in business and in life*, Doubleday, New York

Johnson, G, Scholes, K and Whittington, R（2010）*Exploring Corporate Strategy, Text and Cases*, 8th edn, Prentice-Hall, Harlow, UK

Kets de Vries, MFR（2009）*Organizational Paradoxes: Clinical approaches to management（organizational behaviour）*, Tavistock Publications Limited, Abingdon

Kline, N（1999）*Time to Think: Listening to ignite the human mind*, Ward Lock, UK Kline, N（2014）*Living with Time to Think: The god-daughter letters*, Octopus Publishing Group, London

Knapton, S（2014）Men and women do not have different brains, claims neuroscientist, *The Telegraph*, 8 March 2014, available at http://www.telegraph.co.uk/news/ science/science-news/10684179/Men-and-women-do-not-have-different-brainsclaims-neuroscientist.html [accessed on 1 December 2014]

JL（1992）*Corporate Culture and Performance*, The Free Press, New York

Kraines, GA（2001）*Accountability Leadership: How to strengthen productivity through sound managerial leadership*, The Career Press Inc, Pompton Plains, NJ

Medina, J（2009）*Brain Rules: 12 principles for surviving and thriving at work, home and school*, Pear Press, Edmonds, WA

Mintzberg, H, Ahlstrand, B and Lampel, J（2008）*Strategy Safari:*

Your complete guide through the wilds of strategic management, 2nd edn, FT Prentice-Hall, Harlow, UK

Patterson, K, Grenny, J, McMillan, R and Switzler, A（2002）*Crucial Conversations: Tools for talking when stakes are high*, McGraw-Hill Education/Open University Press, New York

Patterson, K, Grenny, J, McMillan, R and Switzler, A（2005）*Crucial Confrontations: Tools for talking about broken promises, violated expectations, and bad behaviour*, McGraw-Hill Education/Open University Press, New York

Patterson, K, Grenny, J, McMillan, R, Switzler, A and Maxfield, D（2013）*Crucial Accountability: Tools for resolving violated expectations, broken commitments and bad behaviour*, 2nd edn, McGraw-Hill Education/Open University Press, New York

Robinson, D（2014）Neuroscience and the natural leadership talents of women, EvanCarmichael.com, available at http://www.evancarmichael.com/Sales/4500/ Neuroscience-And-The-Natural-Leadership-Talents-Of-Women.html [accessed on 15 October 2014]

Schein, EH（2010）*Organizational Culture and Leadership*, Jossey-Bass, CA Stacey, RD（1996）*Complexity and Creativity in Organizations*, Berret-Koehler, San Francisco, CA

Stone, D, Patton, B and Heen, S（2000）*Difficult Conversations: How to discuss what matters most*, Penguin Books

Trimble, M（2012）*Why Humans Like to Cry: Tragedy, evolution and the brain,* Oxford University Press, Oxford

Verma, R（2013）Brain connectivity study reveals striking differences between men and women, *Proceedings of the National Academy of Sciences*, available at http://www.uphs.upenn.edu/news/News_Releases/2013/12/verma/ [accessed on 1 December 2014]

Webster, N（1828）*A Dictionary of the English Language*, Black, Young and Young, London

Worrall, D（2013）*Accountability Leadership: How great leaders build a high performance culture of accountability and responsibility*, Worrall and Associates, Carlton, Australia

10 变化、适应力和流动

引言

哈米德不再思考，他的本能现在专注于行动，已不受大脑的干扰。

Paul Coelho（2009）

大脑讨厌变革，却有着非凡的适应能力。本章中，我们将探讨这一看似矛盾的说法，并评估这对组织——特别是试图通过组织变革计划进行变革的组织意味着什么。

做出改变或适应新状况对于大脑是一项艰苦的工作，有时需要很长时间。但在某些情况下，大脑可以毫不费力地工作，并处于最佳状态——神经科学家称之为“流动”。我们将研究当流动发生时，到底会发生什么，以及什么类型的条件可以在组织中促成这种状态。

最后，我们将讨论如何在组织中实现无惧变革。

适应力和变化

有明确的证据表明，社会和环境的变化会影响遗传功能，大脑也在不断地改变，并适应环境和发生在它身上的活动（Hirsch 和 Hirsch，2014）。事实上，大脑对于外界影响有着非常强的适应能力，它会不断地改变和学习。但这些为了适应而做出的改变总是有目的性的。神经网络之所以形成，是为了一切我们关注的事物，而不是为了任何我们不关注的事物（Vorhauser Smith，2014）。留心关注似乎是激活神经元、建立神经网络的前提条件。而进化到如今的我们，只关注对我们而言有趣或有意义的刺激。

最近涉及大脑扫描的研究表明，各类活动可以改变大脑的大小和组织。长期坚持演奏乐器，会增加大脑中负责听觉和保持节拍与节奏的部分。大脑也可以通过“重新布线”来适应损伤：失明者通过声音和触觉找到了“看”的方式，失聪者可以读唇语，将其转化为大脑中的“声音”。

在大脑的不同部位创造新的神经元或新的通路是一项艰苦的工作，需要时间。马尔科姆·格拉德威尔（Malcolm Gladwell）（2008）在他的《异类》（*Outliers*）一书中提出，学好一项新技能至少需要一万小时的练习。如果每天练习八小时，几乎需要三年半。更现实地说，要想真正熟练地掌握一项技能，需要八到十年，而且条件是要有意愿掌握这项技能。

但是，如果将变化强加于大脑，它的反应会大不相同。正如我们所看到的，我们进化了的大脑能让我们远离危险，时刻警惕那些威胁我们身心健康的信号，并以超乎寻常的速度做出逃跑/战斗/僵住的反应，让我们为活下来做好准备。无论是生死攸关的现实威胁，还是感知到可能发生的威胁（可能要发怒的老板、未知但危险的商业竞争者），都会触发那些反应。大脑检测到的每一个变化都是一种潜在威胁，身体反应取决于我们的基因组成、历史和个人经历。除非我们有相反的证据，或者收到了更多信息，否则我们一般会对所有变化都做出负面反应。我们的大脑根据我们自己的经验来感知、理解世界，并相应做出反应。我们信任这种反应，因为毕竟是大脑一直以来保护我们的安全，而且很可能在未来也会这样继续下去。把我们带到了今天的大脑，很可能也会把我们带到明天。

变化代表着对大脑的巨大威胁。对大脑而言，最好的选择总是相信自己的经验，而不是他人的假设。虽然从智力层面，变化听起来可能很激动人心、具有挑战性、合乎时宜，但对多数人的大脑而言，变化意味着危险。而且无论如何，对于大脑，保持不变才是更经济、更容易的选择。

我们在获得新信息时经历的情绪反应，会影响我们感知和处理后续信息的方式——我们天生就有偏见。如果某种变化吓到了我们，那它就会影响我们感知任何后续相关变化的方式。如果我们受到连续相关变化的影响，我们的大脑就会触发越来越多逃跑/战斗/僵住的反应；如果我们无法很好地处理这种变化，最终会因压力而生病。

看见和流动

我们看待事物的方式才是最重要的，而这完全基于我们的经验。这一点值得进一步探讨，或许也值得对目前人们普遍接受的观点提出挑战，因为这将产生十分深远的意义。

1949年，加拿大心理学家唐纳德·赫布（Donald Hebb）对大脑的工作原理进行了一次富有想象力的飞跃（Hebb，1949）。他认为，大脑是一个联想学习系统：它通过神经元通路进行自我建构，而神经元通路是反复

刺激的结果。这个概念称为“赫布式学习”（Hebbian learning），它可以被通俗地总结为“一起激发的神经元，相连在一起”。

我们在第2章中介绍了这个在文献中反复出现的想法。65年的重复往往会建立起一个真理，一个为人熟知乃至获得了正统地位的真理。但是，现在也许是时候修正赫布的观点了。他毕竟没有像细胞生物学家那样，拥有电子显微镜的非凡能力，能够看到和测量出真正发生了什么。

“相连在一起”让人联想到这样一个意象：一张密布着道路系统的地图——就像伦敦城所有大街小巷，在一张巨幅纸片上铺开，然后（从大脑的角度来看）被揉成一团压缩到头骨的狭小空间里，而所有的连接都在其中继续运行；这又像一架大型飞机的线束被挤压成最小的球状，但不知怎的，仍能连接到襟翼、机轮和发动机，让一切照常运转。

但是，大脑的运作不像那样的机械。随着兴趣的转移，一个新的说法开始出现。这个说法似乎是以流动为基础的。

人们已经开始从管理能量流动的角度来看待大脑，也正在慢慢理解决策机制，于是开始有了这样一种说法：注意力流向哪里，能量就流向哪里。

事实是否会证明，在大脑中发生的很多事情不是按顺序发生的过程，而是同时发生的过程？事实是否会表明，这个过程的规律，对我们而言就像量子宇宙一样陌生？

电子显微镜和强大的计算能力，正在慢慢地解读我们大脑中异常密集的系统，其中有860亿个神经元，由总长数千英里的轴突和树突（大脑内电化学信息的发送者和接收者）连接起来。量子宇宙观认为，宇宙中显然有一些我们还很难理解的相互联系。类似地，人脑细胞结构本身可能

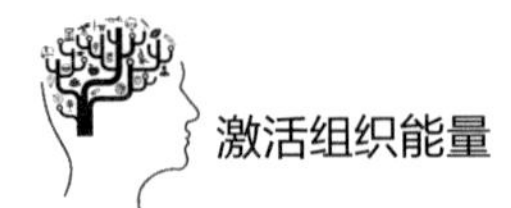

是由一个网状结构支撑的，人们刚刚开始注意到这一结构，但尚未充分理解其作用。

在实践中，这意味着将大脑看作一团有线连接体的陈旧而机械的观点，正在让位于一种更强调流动的概念。当然，流动从本质上就是难以固定下来的。我们试图对大脑做出实用的总结，目前最好的版本是：“一起生长的神经元，一起流动。”甚至可以反过来说：“一起流动的神经元，一起生长。”

遗憾的是，“一起激发的神经元，相连在一起”这句原本还能给人些许安慰的话的确定性因此降低了。但事实上，神经元并没有一起激发。它们只是通过电激发来创造条件，让神经化学物质在突触间隙中释放出来。大脑一直都在通过其内部激活的化学过程来重建自己。尽管从表面上看是稳定的，但它内部的一切都在经由长期使用的通道（因为这比创造新的通道更容易）不断再生。

神经化学传递这一复杂的化学反应，在大脑中发生时所处的空间之小，令人惊叹。任何两个连接点之间的间隙（一个神经元可能有一万个连接点）都不到100纳米。想象一下这有多小：一毫米是一米的千分之一；一纳米是百万分之一毫米，也就是十亿分之一米，更正式的表达是10^{-9}。100纳米不会占用很大空间，这就是突触间隙的大小。

为什么会有间隙？这让我们回到了“布线”的意象。如果大脑真的是由电线连接而成的，一切都用复杂的开关机制互相连接，才将电路联通。那么，想要有所改变就必须要切断一条电路。这可不是创造适应力的巧妙方法。（在大脑中，有一些回路完全是电性的，也就是轴突和树突融合在一起，电冲动不需要产生神经化学过程，不穿过突触间隙。但此类回路的数量相对较少，以这里的一般论点角度来看，可以忽略不计。）

大脑中流动着的能量似乎可以被引导到新的方向。当一个旧的回路（或者说是通道）被单独晾着、不再使用时，其中的能量将以电化学方式被重新引导到新的通道中。

可能正是通过这种方式，人类获得了超凡的适应能力。我们有能力操纵外部世界，使之成为人类想象力的投射——无论是发明家、创业者，还是玩橡皮泥的孩子。这远远超出了达尔文和进化论意义上的“适应”，虽然那种适应也很重要，但并没有把人类与其他动物区分开来。富有想象力的适应能力，是一种改变我们周围世界、让全新事物涌现的可变能力。而大脑中的适应性变化，涉及基因表达方式的变化。

可以说，所有可能的和潜在的发现，实际上都已经存在于大脑中：我们所看到的发现，只是理解这个最复杂器官运作方式的持续旅程。一种认识论的观点是：任何事物在被人们知晓之前，都不可能被认识，否则它就不可能被发现。那么，认识的源头一定是（在）已经知道的大脑中。

在理解大脑的历史上，人们在每一个阶段都用当时最先进的机械隐喻来试图传达自己的理解。近代以来，人们多以时钟、蒸汽机、计算机软硬件作为隐喻，试图从实际层面理解大脑系统的复杂性。但是，所有这些隐喻都不够恰当，因为它们只传达了迄今为止人们已经发现了什么，而不是未来可能会发现什么。也就是说，它们代表了现有发现水平的产物（这是不是尼罗河的源头？），而不是系统的固有特性（雨从哪里来？）。

创造生物计算机的尝试将这一过程扭转了180度。此类计算机的出发点并非数学，而是生物系统和大脑非二进制方式编码信息的能力。生物计算机将基于DNA测序，拥有密集的数据存储、海量的并行计算能力、非凡的能效。一克DNA可以存储的数据，相当于145万亿张CD（假设每张CD存储80GB数据）。如果将这个数量的CD边缘对着边缘铺设，将绕地球375圈。

这就是我们头颅中已经拥有的力量。虽然我们生命中的每一纳秒，大脑都在运转，但它大部分的力量完全不为我们所知。当大脑以最佳状态运行时，我们称其处于“流动状态”。

流动状态

当个体真正与自己的行动保持一致时，就会出现流动状态，这使其所做的一切都不费吹灰之力。体验流动状态，是人们喜欢玩电子游戏或网络游戏的主要原因之一。

当个体与个体之间默契配合，使集体超越个体时，也会出现流动状态。一支优秀的爵士乐队能很好地理解这一点。最好的即兴创作来自大家共同理解可能发生什么，但仍能产生出乎意料的惊喜。在实力最强的运动队中，队员之间有着高度的信任，所以他们能不断地即兴发挥，通过共同取得成就能给自己带来惊喜。

流动是在全神贯注的阶段中体验到的，我们会感到高能量、有兴致和专注力（Csíkszentmihályi，1990）。如此专心致志，以至于其他的一切都会消失。我们的自我意识会消失并且对自己所参与的任何事情都有一种个人控制感。时间似乎变慢了（每一秒都会被注意到），也似乎会加速（三小时似乎在三分钟内就过去了）。这种活动的体验非常有成就感，能让人全身心投入。

流动要发生，既需要注意力，也需要技巧。流动需要人具有同时集中注意力和放松的能力。如果出现漠然、无聊或焦虑，就会失去“在流动中”的感觉。

从根本上说，流动状态让大脑能够适应、不抗拒变化。研究表明，在

流动状态下，大脑会暂时关闭前额叶皮质的活动。这个区域与高级认知功能、自我监控和冲动控制有关。这个区域被关闭后，我们可以变得更有勇气、更少挑剔。与回馈相关的化学物质会涌入大脑，给人一种良好的感觉。

在《为与无为》（*Trying Not to Try*）一书中，森舸澜（Edward Slingerland）（2014）通过儒家和道家学说追溯了中国的历史，讲述了（对一个中国古人来说）怎样达到某种完美状态。奇怪的是，这本书是非常现代性的。

他观察到，孔子坚信雕琢和打磨——长时间付出极大的努力。道教始祖老子给人的感觉，则更像米开朗基罗。人们对他的大卫雕像惊叹不已，他却说，自己并不需要创造雕像，只需把包裹在雕像外的石头去掉，因为雕像早已嵌入其中。后世的儒学大家孟子则鼓励人们发展“四端”——自然的过程，可以适当地加以修养，以发挥最大的功效。

无论选择何种方式，即使表面上什么都不做，目的都是达到“无为”和“德”的境界。两者都意味着 “轻松自如的生活状态”和“自主自发的行动”。然而，两者都散发着某种力量感。这种力量是可以被明确感受到的，它是一种能吸引别人的力量。和现代企业界一样，中国古人也对如何成为有效的领导者非常着迷。

在森舸澜那本书的导言中，用一个现代的例子说明了他的意思。他描述了当地的科学博物馆中的一个思想球游戏。一张长桌的表面上有一个大金属球，下面有一个磁场。长桌两端各坐一个玩家。每个玩家都戴着头带，头带可以接收大脑发出的电信号，可以改变磁场，控制球的位置。游戏的目的是仅靠思想控制球的运动，使球从桌边掉落到对手的腿上就胜利了。

很多时候，表面上会出现这样的情况：当一个人使球越靠近对手的桌边，即将获胜时，却越容易被对手控制住局面，失去控制权。实际的情况是：即将获胜的可能性，催生了焦虑或期待的信号，开始干扰已经让球几乎达到获胜位置的控制力。这就像一位杰出的足球运动员，尽管在长期训练中都能完美进球，却在赛场上的点球大战中，因为紧张而进不了球。思想控球，比拼的是谁能在关键时刻保持冷静，保持有效的流动。专业体育人士称之为“保持状态”。

著有《身心合一的奇迹力量》（*The Inner Games of Tennis*）（Gallwey，1974）的提摩西·加尔韦（Timothy Gallwey）是近代作家中最早观察到这一点的人之一。而且，他当时并没有现代神经科学的帮助。1960年，他曾是哈佛大学网球队的队长，后来成了玛哈拉贾·吉大师（Guru Maharaja Ji）的弟子，向他学习了冥想技巧，并发现了专注力和流动的特点。他的维基百科条目写道：

> “内心游戏”的原则是，一个人对关键变量进行不带主观判断的观察，目的是确保观察的准确性。如果观察结果准确无误，这个人的身体就会自动调整和修正，达到最佳的表现。加尔韦是将综合性的教练方法运用于多种行业情景的先驱者，他面向美国商业领袖的演讲比对体育界人士的演讲还要多。
>
> http://en.wikipedia.org/wiki/Timothy_Gallwey

他所做的是非常准确的观察，这也是所有成熟科学的基础方法。在英国人眼里，他的最高成就是执教了女子网球决赛冠军弗吉尼亚·韦德（Virginia Wade），在盖尔维执教之前，她曾多次在决赛中失利，但在1977年女王登基银禧年的温布尔登网球赛中，她终于获得了冠军。加尔韦写道：

> 在人类的每一次努力中，都有两个领域的交锋：外在的和内心的。外在游戏在外部的竞技场上进行，旨在克服外部障碍，达到外部目标。内心游戏在玩家内心进行，是与恐惧、自我怀疑、注意力不集中、限制性观念或假设等障碍做斗争。内心游戏旨在克服自我设置的障碍，让个人或团队都发挥出最大潜能。
>
> Gallwey（1976）

高绩效的团队经常描述工作顺利时的“流动”状态。每一位领导者都希望自己的员工达到这种状态。为帮助员工做到这一点，要给他们布置能胜任的明确任务，并对他们的工作提供即时反馈和鼓励（Csíkszentmihályi，2004）。另外，创造能让人的注意力完全集中的条件，以及使人放松也很重要。但最重要的是，组织内必须没有恐惧，这样能量才能释放出来并流动起来。

不同的思维方式

加尔韦的理论与现代神经科学衍生出的关于不同思维方式（快与慢、热与冷）的观点不谋而合。这些思维方式则可能与右/左脑主导的过程相关。让我们把快/慢、热/冷，与右/左结合起来。

针对丹尼尔·卡尼曼（Kahneman，2011）所著的《思考，快与慢》（*Thinking, Fast and Slow*），吉姆·霍尔特（Jim Holt）（2011）在《纽约时报》上发表了一篇题为“两个大脑的运行”的书评，综合了卡尼曼的基本理论，即大脑的一个部分工作速度快（系统1），似乎是本能和情绪驱动的，而另一个部分工作速度慢（系统2），是由于逻辑性、深思熟虑、基于记忆的：

> 系统1用联想和隐喻，对现实情况快速制作出一份草稿，而系统2则借助这份草稿，得出明确的信念和合理的选择。系统1提出建议，系统2处理建议。
>
> Holt（2011）

这可能与所谓的“热推理”或“冷推理”有关（Pillay，2011）。热推理与高情绪唤起有关，被认为涉及大脑中的回馈中心，而冷推理与低情绪唤起有关，可能与短期记忆有关。

神经精神病学家、剑桥大学英语教授伊恩·麦基尔克里斯特（Iain McGilchrist）在他的权威之作《主人与他的使者》（*The Master and His Emissary*）中，直接提出了这样一个问题：“我们每个人都是自己的隐喻吗？”（McGilchrist，2009）他接着观察到：

> 右半脑看不到抽象的东西，但总是在上下文中理解事物，所以它对个人化的东西感兴趣；相比之下，左半脑则更倾向处理抽象或非个人化的事情……右颞叶更倾向处理个人化或充满情绪的记忆，也就是所谓的情节记忆，而左颞叶则更关注记忆“公共领域”的事实。
>
> McGilchrist（2009）

他还写道：

> ……左半脑偏好其自身创造的一切（人类发明的成果），右半脑则偏好之前存在的与之后、未来将存在的东西，也就是我们自己、自然界。
>
> McGilchrist（2009）

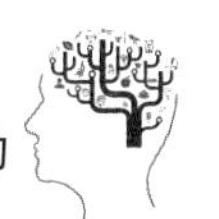

然而，左右半脑并不是孤立地工作。不同的思维和推理方式也并非泾渭分明。这些充其量都是一个综合系统的组成部分：一部分在专心致志，一部分在四处张望，一部分在享受秩序，一部分则想看到混乱的全局，并惊叹于从中浮现的规律。

指导大脑如何对快/慢、热/冷、左/右加以协调和整合的，是个体的自我意识：构成一个人的独特性和本质的全部经验、情绪和思想。

自我是什么

人类在发展过程中，创造了非凡的自我意识。这值得大写的“自我”（Self），似乎对于阻碍或促进流动、对于允许或严正抗拒变化，起到了重要作用。有了“自我”才有身份认同，有了身份认同才有行动。

好的隐喻并不容易建构。但是，一旦建构起来，这些隐喻看起来非常轻巧，因为它们本身就能促进流动。而“自我”的隐喻可能有点笨拙。但让我们尝试一下。

想象一下，在生命的第一天，所有的经验都被编码在一张光盘上，就像一张CD，尽管不是数字的；而大脑有能力制造出巨大数量的、可并行运行的光盘。所有的经验都会被编码，任何特定经验越多，或密切相关的经验越是重复出现，其通道及相关通路就越熟悉，越来越容易访问。

从一开始，第二张光盘就会叠放在第一张光盘之上，然后以此类推。一个巨型光盘堆就这样积累起来了。

必须有某种机制来管理并调取所有的信息，使其以一致和连贯的形式呈现给世界。让我们把这种机制称为中央整合机制，或称为“自我”。

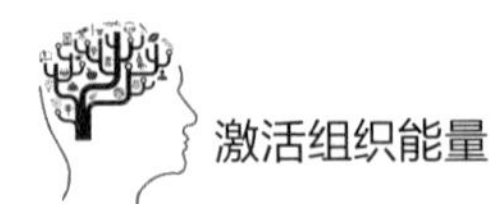

想象一下，在我们的隐喻中，光盘堆的中央孔内能发展出这种机制，以访问光盘上的所有信息。这种机制具有访问这些数据的基本能力，也是由编码在光盘上的经验建立起来的。这种机制在与世界的动态关系中发展（世界是创造“自我”的数据来源，同时也是与新出现的“自我”不断互动的环境）。从经济的角度，它选择只访问一些信息，并在此过程中形成一种模式，投射到世界中，就成了我们在另一个人身上体验到的他们的个性。

这个人如何微笑、如何走路、如何说话、如何反应、如何穿衣打扮、如何像青少年一样装饰自己的卧室，如何努力、如何堕落、如何爱、如何恨——都是由中央整合机制，也就是“自我”，来构建和管理的（我们之所以能识别关于这个人的一切，是因为我们自身具有识别模式的深层次能力）。信息会流动。

这就是人的核心所在。在退行性疾病中，如阿尔茨海默氏症，当大脑内的流动被不断阻碍（相当于在大脑中将树干横放在铁轨上，让火车脱轨），中枢核心不再能运作时，我们所认识的那个人就不见了。同样的情况也会在酒精、娱乐性药物或严重压力的影响下短暂地发生。“自我”不再能够成为它自己。

经验和专注力似乎对“自我”的有效运作非常重要。经验创造了“自我”能够整合的原始数据，专注力将“自我”引导到它要做的事情上。专注于做一件事的能力，本身就是“自我”建构和维护的一种功能，这种建构和维护也在不断自我强化。各种动态的生物系统在相互作用时，会不断地消耗和创造。数字系统在关闭时是一动不动的，直到被打开为止。而生物系统只有在死亡时才会关闭。大脑和“自我”是生物性极强的系统。

我们对“自我”的体验可能是一种可变的整合。最好的情况是连贯一

体的，也可能是连贯但并非一体的。

有时，“自我”无法向自己解释自己。创伤后应激障碍（PTSD）特别生动地展现了这一点。下面就是一个具体的例子。

布莱恩是一位28岁的年轻男子，在一个湿漉漉的、非常黑暗的新年夜晚，他开着车自己来到了一条乡间小路上，那里刚刚发生了一起交通事故。在离他很近的地方，一辆车撞穿了一些照明不佳的道路工程护栏，被埋在了停在道路工程现场的大型重型机械下面。他可以看到有人试图从被堵住的后车门中钻出，透过半开的车窗尖叫。

他跳下自己的车，丝毫没有考虑到自己所面临的危险，走到自己车的后备厢，去拿放在里面的一把大轮胎扳手，他认为凭这把扳手马上就能撬开被卡住的车后门。正当他从后备厢里拿出扳手，准备从自己的车边走向失事车辆时，突然又飞驰而来一辆车，从后面撞上了布莱恩，他被撞飞到空中。事后人们认为，他失去知觉大约有半个小时。

最终，警方和救护车前来处理整个车祸现场。布莱恩发现自己在医院里，严重受伤，但他最终恢复了身体机能。没能恢复的是他的自我。

当严重的身体创伤意外发生时，只要遭受事故的人有一秒钟的预警，整个身体就会立即组织起来，做出逃跑/战斗/僵住的反应。身体绝对知道自己处于危险之中。因此，它会立即理解这一经验。

但是，如果发生创伤时，连一秒钟的准备反应时间都没有，身体后续就不会知道发生了什么。在这种情况下，经验就不会被具体化。理智上，一个人可能听到了事件描述，但对于此人而言，这一描述就好比对一个根

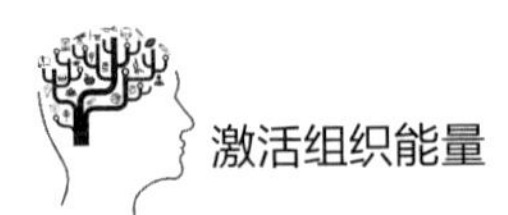

本没有参与到这场事故中的人，反复叙述事情经过一样，没有多少意义。

因为身体没有这一经验编码，自我对所发生的事情没有任何理解基础。布莱恩不断地问："我到底发生了什么事？"直到他被撞飞那一刻，他对之前发生的一切有着清晰的记忆。我们可以想象他在肾上腺素激增的情况下，在湿漉漉的黑暗中，冲向汽车后备厢，抓起扳手，准备冲向失事汽车……然后一片空白。他完全无法理解他的状况。

随着PTSD在现代越来越受关注，人们经常提出这样一个问题：现在公认的由于战斗压力导致的PTSD，为什么在19世纪战争的残酷条件下却没有显现？

在许多可能的答案中，一个非常合理的答案是，这样的战斗发生在很短的时间内，而且发生在感官可及的范围内。尽管滑铁卢战役非常残酷，但它只持续了（漫长的）一天，而一切都发生在感官的范围内。

一个被射断了手臂的年轻鼓手，继续用另一只手击鼓。在战斗的最后阶段，阿克斯布里奇伯爵坐在他的战马上，身边就是威灵顿和他的"哥本哈根"战马，白天已有八九匹马从他身下被射中，他的腿也被敌军的最后一发炮弹击中。"上帝啊，先生，"据说他是这样说的，"我刚没了一条腿。""上帝啊，先生，"威灵顿回答说，"的确如此。"两人都不认为应该因此打断战斗的最后阶段，这只是当天发生的许多恐怖事情中的一件。阿克斯布里奇自己去了包扎站，做了膝盖以上的截肢，活了下来。他唯一的抱怨是器械似乎有点钝，而那把截肢锯被保存至今。

在滑铁卢战役后的一个世纪，第一次世界大战让人们慢慢开始认识"炮弹休克症"。那场冲突将战争带入了一个新的阶段：不仅持续时间长得令人难以忍受，而且超过了感官可及的限度。战士无法在视线范围内理

解战场，对可能从几英里外发射来的炮弹无法做好应对的准备。身体所能做的，就是让自己保持极其高度的警戒，却根本不可能将能量用于有效的行动。在这样的条件下，“自我”被置于最大的压力测试下。无论是经验还是专注力，面对无法控制的事件都无济于事。如果压力实在太大，“自我”将无法继续组织一个人的自我感受。

所有的演员、歌手和表演艺术家都害怕焦虑的感觉，这种焦虑感的产生，不是来自肾上腺素的兴奋流动，而是来自皮质醇的激增，它使肌肉收紧，阻碍了真正的流动。他们知道自己需要放松，才能更好地发挥自己，但如果尚未掌握放松技巧，努力试图放松只会使问题更加严重。在这种情况下，足够的表演技巧可能已经让表演者获得了足够的掌声。但是，对于自己什么时候处于流动状态，什么时候不在流动，表演者心知肚明。

流动来自“自我”内部，但这个“自我”必须先为流动奠定好基础。掌握一项技能所需的一万小时结构化经验，只是为流动的发生创造了条件。当情绪到位，注意力集中时，流动才会发生。

组织一般围绕可预测性和控制性来构建自己的流程，试图将一切都简化为已知、可理解的东西。在组织中，不太可能每一个“自我”都与这些流程实现一致。所以，此类流程一般会削弱流动，进而阻止流动。

组织变革方案

以上这一切是否会影响我们理解组织的变革管理方式呢？

“变革管理”似乎一直是咨询公司的致富利器，但接受变革的一方能受益的却往往少之又少。很多组织对变革感到厌倦，企业的能量也被耗尽了。在约翰·科特的工作成果（Kotter，1996）基础之上，麦肯锡芝加哥和多伦多办事处的斯考特·凯勒（Scott Keller）及卡罗琳·艾肯（Carolyn Aiken）在2000年写了一份重要报告，题目是《变革管理的棘手真相》（*The Inconvenient Truth About Change Management*）（Keller和Aiken，2000）。他们指出：

> 传统的变革管理方法，未能有效扭转大多数变革项目的失败局面。借助一些反直觉的洞察，可以大大提升变革项目的成功率。例如，员工会用非理性但可预测的方式，解读自身所处环境，并选择如何行动。
>
> Keller和Aiken（2000）

这是一则深刻的洞察。在此之前十年，《哈佛商业评论》的一篇文章《为什么变革项目未能产生变革》（Beer等, 1990）就已经预示了这一点。

最近，经济学人智库（Economist Intelligence Unit）的一项研究（Kielstra，2011）发现，44%的变革举措没有取得成效。对600多名管理人员的调查发现："人是问题所在。"57%的受访者称主要问题是未能真正调动人们的情绪和思想；31%的受访者表示变革举措没有考虑到当地的问题；27%的受访者表示变革举措没有考虑当地文化。

最困难的挑战之一是在组织变革带来的不确定性中，如何保持员工的积极性和参与度。

直到现在，我们才开始理解为什么员工选择不接受强加给他们的变革，而是根据他们对环境的解读来行动。

而且，这根本不是非理性的。对于当事人而言，这样做绝对有理由。情绪系统在指导我们的行为时，有自己明确的逻辑，而这种逻辑现在也慢慢为人们所认识。员工之所以选择根据自己对环境的解读来行动，源于细胞生物学：人的感知功能分秒不断地产生神经化学作用，指挥着基因如何告诉身体该怎么做。

当你向一群员工介绍变革方案的时候，多少次听到“这绝对行不通”或者“我不可能这样做”？又有多少变革方案因员工的积极抵制和反抗而失败？我们现在理解了：对于每一位从变革提议中感知到任何威胁性的员工，他们的那些反应都是完全正常的。他们的情绪限制了他们接受变革的能力，因此他们无法适应。他们的“自我”引导着他们的大脑，做出防御性反应，他们的行为是为了保护自己。他们的注意力集中在生存上，他们可能没有意识到自己有能力进行变革：他们“随流而行”的能力受阻了。

 无惧组织中的变革

管理一个组织的变革需要考虑到个人如何看待变革——特别是当他们身上的恐惧感被激发出来的时候。因此，以无恐惧的方式呈现变革是成功的关键因素。根据哥顿（Gordon）（2000）的观点，危险最小化和回报最大化是大脑的一个总体的组织原则，大卫·洛克利用这个原则提出了SCARF模型（地位、确定性、自主性、相关性、公平性）。约翰·巴布托（John Barbuto）（2011）将SCARF在变革管理中的成功应用经验总结如下：

因此，良好的变革管理的一个目标是协调好变革信息的传递，使员工的情绪反应不至于颠覆变革努力。要促进这一目标的实现，首先提供变革信息既要有力（引发关注），又要具有建设性（提供积极解决问题的途径）……

> ……经由精心组织，调动员工积极参与是实现有效变革的第一步。
>
> Barbuto（2011）

任何组织变革方案的第一步都是帮助人们在谈论未来和变革时，不要使人感到威胁。根据大卫·洛克的SCARF模型，领导者需要防止人们认为变革会导致他们：

- 失去原有的地位；
- 对未来缺乏确定性；
- 自主性降低；
- 关联感或信任感削弱；
- 缺乏公平感的情况加剧。

此外，帮助人们用新的方式为自己思考也很重要。这意味着领导者不应仅仅“告诉”团队该怎么做，而应以身作则，践行变革。他们要帮助明确团队应该怎样做，并带领他人找到适应新未来的方法。这很可能会产生出人意料的行动，对此不应拒绝考虑。领导者应该注重调节自己和他人的情绪，让所有人都“活在当下”，没有恐惧，控制住任何可能危及变革的逃跑/战斗/僵住的反应。最后，领导者应该帮助人们养成新的习惯，这意味着他们需要给予他人积极的反馈、认可和强化。

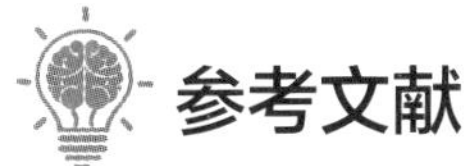

参考文献

Barbuto, J（2011）Engagement, emotion and change management, *LimbicZen*, available at: https://limbiczen.wordpress.com/the-neuroscience-of-emotions-for-change-management/engagement-emotion-and-change-management/ [accessed on 10 November 2104]

Beer, M, Eisenstat, RA and Spector, B（1990）Why change programs don't produce change, Harvard Business Review, 68（6）, pp 158–66

Coelho, P（2009）*The Winner Stands Alone*, Harper Collins

Csíkszentmihályi, M（1990）*Flow: The psychology of optimal experience,* Harper and Row, New York

Csíkszentmihályi, M（2004）*Good Business: Leadership, flow and the making of meaning*, Penguin Books

Gallwey, WT（1974）*The Inner Game of Tennis*, Random House, New York Gallwey, WT（1976）*Inner Tennis: Playing the game*, Random House, New York Gladwell, M（2008）*Outliers: The story of success*, Penguin Books

Gordon, E（2000）*Integrative Neuroscience: Bringing together biological, psychological and clinical models of the human brain*, Harwood Academic Publishers, Singapore

Hebb, D（1949）*The Organization of Behaviour*, Wiley, New York

Hirsch, MA and Hirsch, HVB（2011）The adaptable brain: Biology of social neuroplasticity, Topics in Geriatric Rehabilitation, 30（1）, pp 2–7

Holt, J（2011）Two Brains Running, *New York Times*, 25 November 2011, available at http://www.nytimes.com/2011/11/27/books/review/ thinking-fast-and-slow-by-daniel-kahneman-book-review.html [accessed on 10 November 2014]

Kahneman, D（2011）*Thinking, Fast and Slow*, Farrar, Straus and Giroux, New York

Keller, S and Aiken, C（2000）*The Inconvenient Truth about Change*

Management, McKinsey & Company, available at http://www.mckinsey.com/app_media/ reports/financial_services/the_inconvenient_truth_about_change_management.pdf [accessed on 15 October 2014]

Kielstra, P （2011） Leaders of Change: Companies prepare for a stronger future, *Economist Intelligence Unit*, January 2011, available at http://www.economistinsights.com/sites/default/files/downloads/Celerant_LeadersOfChange_final%20final.pdf [accessed on 10 November 2014]

Kotter, J （1996） *Leading Change: Why transformation efforts fail*, Harvard Business School Press, Boston, MA

McGilchrist, I （2009） *The Master and His Emissary: The divided brain and the making of the western world*, Yale University Press, New Haven and London

Pillay, SS （2011） *Your Brain and Business: The neuroscience of great leaders*, Pearson Education Inc, Upper Saddle River, NJ

Slingerland, E （2014） *Trying Not to Try: The ancient art of effortlessness and the surprising power of spontaneity*, Canongate Books, Edinburgh

Vorhauser-Smith, S （2014） The neuroscience of learning and development, Pageup People White Paper, *PageUp People*, available at http://www.pageuppeople.com/ wp-content/uploads/2012/06/Neuroscience-of-Learning-and-Development1.pdf [accessed on 3 October 2014]

11 无惧组织

引言

南希·克莱恩（Nancy Kline）在她2014年出版的《有时间思考的生活》（*Living with Time to Think*）一书中，对她的朋友比尔·福特（Ford，2002）的书《高能量的习惯》（*High Energy Habits*）做了如下观察。她建议说："不妨每年都读一读，能够确保你在能量方面状态良好"。她接着写道：

> 他的观察中我最喜欢的一个是：要测试你即将做出的一个决定是否合适，可以注意它能否带给你能量。如果能，你很可能在正确的道路上。如果不能，你或许应该在画板上再转一圈。
>
> Kline（2014）

然后，为了回答她最大的干女儿在5岁时提出的关于"我们今天怎么才能幸福"的问题（干女儿现年42岁，这个回答等了37年），南希写道：

> 爱是正文，其他的都是注脚……爱平息恐惧。大脑感到安全了，才会释放血清素、催产素、内啡肽等荷尔蒙。从神经学的角度

来说，爱会让我们幸福。

那么，决定去爱有什么难的呢？爱的对立面——恐惧、愤怒、怨恨、报复，又有什么诱人的地方？

我想这是因为，虽然产生爱能帮助人类健康发展，但产生恐惧能帮助我们生存下去。生存先于发展。

Kline（2014）

所以，恐惧就是我们在情绪不被理解的情况下产生的组织斗争的核心原因。它帮助我们生存，比起善良、同情心、信任或爱，触发恐惧容易得多。它的信号更直接，迫使人产生行动，强行进入人的意识，并以“以防万一”的形式持续存在。依恋性情绪则不会以同样的方式持续存在。没有哪种应激障碍是由于工作中过量的激动、喜悦、信任或爱而造成的。

恐惧是信任的破坏者，信任是恐惧的解药。信任只能来自那些首先信任自己，了解且不夸大自己的长处和短处并且有诚信的人。信任既是无惧组织的出发点，也是其持续的目标。

正如地球上所有的资源一样，可持续性对于21世纪的组织也是一个关键概念。可持续性意味着具备知识和能力，能避免浪费能量；涉及人时，则是创造条件通过组织内部、组织与整个大环境之间的高质量关系，使人的能量供应得到源源不断的更新。

本章最后将提出打造无惧组织的十项设计要求，以此作为在全球各地创建可持续组织体系的一个早期开端。

一则有用的提醒

我们必须始终善待地球，心怀谦卑地行走在大地上。我们是宇宙中转瞬即逝的粒子。然而，不知是幸运还是不幸，我们被赋予了一种意识，使我们觉知到这一事实。在我们能探索的短暂时间里，希望以某种方式理解为什么我们会在这里。

我们所做的工作和工作方式，是理解我们存在意义的重要源头。特别是西方世界，“组织”已经获得了属于自己的目的和存在感；然而，尽管在法律上具有独立地位，但值得铭记的是，组织并不是具有人类属性的实体。组织只因人类赋予它的属性而发挥作用。组织可以成为我们选择使其变成的样子。太常见的一种情况是：组织被赋予了没有任何道德基础的要求，只是为了追求利润而存在，总有各种手段为这样的目的服务。作为人，我们身处其中就有迷失自我的风险。因为归根结底，意义和我们在这个世界上的位置感，完全来自我们建立的人际关系的质量。我们积累了多少物质，可以衡量；而我们在人与人之间创造的关系、得到的爱和铭记，只可珍惜。

过去两个多世纪以来，我们在西方世界构建生活的方式，导致了组织的要求与有意义的生命的要求之间，出现了紧张关系。其中的危险在于，组织变得高高在上，我们发现自己的存在变成了仅限于一个非人类实体对我们的要求。

拥有感觉能力，是人类的一种特权——感受、思考，然后再行动。或者如果先行动，那就后续再理解思考和感受。我们进化出了一套极为敏锐的器官系统来做这件事，它被称为感觉系统，由认知系统提供支持。两个系统一起实现了对意义的理解。

本书的主题是恐惧。但是，尽管恐惧在西方的组织中普遍存在，掌握恐惧、理解恐惧、找到不受恐惧制约的生活方式，并不是西方的特权。因为世界各地所有的人都有相同的情绪，就像我们都有相同的基本生理结构，其他知识和思想体系也都在探讨同样的主题。

长期流亡的越南精神领袖一行禅师（Thich Nhat Hanh）曾撰文讨论恐惧。此文于2013年1月2日刊载于《赫芬顿邮报》（*Huffington Post*）。

> 我们大多数人的生活中，都会经历美好的时刻和困难的时刻。但对于我们中的许多人，即使在我们最喜悦的时候，喜悦背后也有恐惧……所以，即使我们被幸福的一切条件所包围，我们的喜悦也并不完整。我们可能认为，如果我们无视恐惧，恐惧就会消失……但是，我们有能力深入地审视我们的恐惧，然后恐惧就无法继续控制我们。我们可以转化我们的恐惧。恐惧会让我们专注于过去，或者担心未来。如果我们能承认我们的恐惧，就能意识到，现在的我们是没问题的。此时此刻，今天，我们还活着。我们的身体正在精妙地运转，我们的眼睛仍可看到美丽的天空，我们的耳朵还能听到我们所爱的人的声音。
>
> 为了审视我们的恐惧，第一步是不加评判地将恐惧请进我们的觉知中。我们只是平和地承认它就在那里……当我们练习把所有的恐惧请出来的时候，我们就会觉知到自己还活着，依然有很多东西值得珍惜和享受。只要我们不压制和管理恐惧，我们就可以享受阳光、雾、空气和水。如果你能深入地审视自己的恐惧，对恐惧有一个清晰的认识，那么你就真的可以活得有价值。

他在文中进一步写道：

> 无惧不仅是可能的，它就是终极的喜悦。当你接触到无惧的时候，你就获得了自由。如果我在飞机上，飞行员宣布飞机即将坠毁，我会练习正念呼吸。如果你收到坏消息，我希望你也会这样做。但不要等到关键时刻到来时，才开始练习转化恐惧和正念生活。没有人能使你无惧，即使佛陀就坐在你身边，他也不能给你。你要自己去练习，自己去领悟。如果你养成正念练习的习惯，当困难出现时，你早已知道该怎么做了。
>
> Thich Nhat Hanh（2014）

练习无惧也许可以作为打造无惧组织的一个出发点。这并不是说一个人必须以某种方式摆脱恐惧。重要的是培养无惧，而这需要有针对性的能量。恐惧的缺席，是无惧的在场，这是通过练习无惧的在场而实现的。这让我们又回到了边缘脑型领导者的第二种品质，即勇气。勇气是构建在第一种品质“连接”的基础上的，首先要与自己有连接。

核心统一理论的开端

人类行为科学正发生着翻天覆地的变化。20世纪的各种心理学“学派”相互竞争，但没有达成共同的理解；21世纪的神经生物学从理论转向对行为的探索，正在以20世纪根本不曾期待的方式打开理解的大门。无法证实的描述正让位于实验解释。

与此同时，正如我们在第8章中探讨的，组织中对人及其身心健康负有特别和广泛责任的一个部分——现代人力资源部门，似乎让自己陷入了相互冲突的自我期望和雄心壮志的纠结之中，这导致了一种普遍的不满感，以至于在组织的核心，固定流程往往扼杀了多种可能。

现在发生在我们每个人身上的一切，以及我们对未来的想象，都是由过去发生在我们每个人身上的一切所框定的。我们是独一无二的，同时我们的家庭和文化体系也塑造着我们，使我们更像我们亲近的人，而不是疏远的人。

所有行为、思想和感受，都是由我们每个人身上独特的神经化学反应所支撑的。我们的观念，即我们看待事物的方式，会告诉我们基因如何指挥我们的行为。然后，情绪为我们的行动方向提供了动力能量。从神经生物学的角度，即使是不行动也是一种行动，因为它有自己的大脑回路。

现在已经相当清楚的一点是：大脑是一个能量系统。事实上，整个身体也是如此。意识（我们具有对“我们会思考”这一事实进行思考的独特能力），以及知道我们所做的决定既体现又确认了我们拥有“自我”这一事实（“自我”是神经生物学的中央整合机制，将我们的存在整合起来）。这两者都表明，我们尚未完全理解能量的组织方式。尽管如此，两者也都体现了一个核心原则：如果能量没有妥当地组织起来，存在就没有结构。这种组织能力是通过心智来证明的。没有这种能力，我们就是无心智的。

所以，神经科学让我们得以第一次看到了一个关于个体和组织的统一和一般性理论。从这个角度，大脑的作用是组织和管理能量，而组织的作用是将人的能量转化为利润。领导者的主要任务是调动自己和整个组织的能量，并知道如何使其服务于组织的战略和运营目标。神经科学让我们开始理解如何做到这一切并摆脱恐惧，以及如何实现可持续发展。

神经科学也正在开启一个很大程度上未被探索的领域：男性和女性领导组织的不同方式。在关于“领导力”的第9章中，着重介绍了这方面的一些新信息。总体而言，机会平等不应代表行动也必须相似——虽然过去的情况就是如此。我们相信，“按男人的规则行事”将慢慢地（很可能非常缓慢，此类变革都是这样）让位于一个逐渐清醒的觉知：男性和女性可以做出截然不同的贡献，而且在通过人际关系实现可持续性这件事上，女性理解和实践起来可能比男性容易得多。所以，在2008—2012年的银行业危机之后，如果西方世界真的在寻找一种新的组织模式，那么这种新模式的基础，可能是通过人际关系在组织中产生可持续性。我们将看到一种更复杂、更丰富的人际环境将在工作中发展起来，并带来巨大的益处。

当然，如果要成功，信任将是核心，而且这不会一帆风顺。有的女老板可以像男人一样自私、善于操纵和伤害；就像有的男性可以像大多数女性那样注重人际关系。但是，新的数据告诉我们，男性和女性在驾驭大脑能量的方式上，差异要比已知的大得多。这种认识必将促成变化。

鼓舞

我们在解读“情绪（emotion）”这个词时，加了一个连字符使其变成e-motion，从而看到了丰富含义一样，我们在解读“鼓舞（encourage）”一词时，也值得以同样的方式将这个词变为en-courage，并用法语的发音方式强调最后一个音节，这样会给人一种注入“勇气（courage）”的强烈感受，比英语中这个词的一般用法（带有热情洋溢、欢呼雀跃的色彩）更强烈。因此，我们在这里讨论的是如何使人的精神变得更有勇气（en-couraged）。

现在应该很明显的一点是：人的精神是由于高质量的人际关系受到鼓舞的，而人际关系既是一个人与自己的关系，也是与他人的关系。当恐惧不在时，就可以创造信任。同时在持续循环的过程中，源源不断地提供依恋性能量，让真正的信任彻底消除恐惧。通过实验得出关于组织“关键器官”的模型，可以让人们映射和追踪组织中的能量流动，并制定一套衡量标准，让人们能够“看见”正在发生什么，进而使“感知的调频”（perceptual tuning）成为可能——超越词语和数字，培养“看见”的能力。

在我们对于应用脑科学的理解水平的现阶段，早期的规范正在开始形成，针对的是一个长期而分散的测试组合，这些测试是有针对性地设计的，旨在展示一切可能的运作方式。而且，取决于应用的是女性还是男性能量，可能会有不同的实现方式。

 无惧组织的拟议设计规范

以下是为建立无惧组织而拟议的设计规范。

1 拥有一位心地善良的领导者。他愿意去测试和调整自己内心产生的有智慧的情绪，并将这些情绪作为数据来源——这远远不只是数字，更是能有效地读懂他人，并懂得如何运用这些数据。他相信人的精神，以及人既能高度专注，又能深入未知领域的无限可能性。他要能在各个层面充分理解、实践、重视边缘脑型领导者的六种品质。知识、能力和技能也非常重要，但成果交付才是最重要的。有了信任，人们就能充分接受现有条件下最好的成果交付。如果没有信任，无论交付什么成果都无济于事。因此，领导者必须具备触发依恋性情绪的能力，并懂得如果只依靠触发逃跑/战斗/僵住的情绪，取得廉价的胜利，从长远来看是无益的。

2 拥有一个能支撑领导者的人力资源部门。这一部门是根据心智的

工作方式组织起来的，其主要关注点是人的能量。为了体现这一点，可以将其重新命名为“组织能量部”（Organizational Energy，OE）。领导者从根本上负责管理整个组织的信息流、能量和人际关系的质量。在此过程中，OE为各级领导持续提供资源。OE应以自己的方式，记载并证明其支持的是何种活动。领导者可能会摒弃年度考核和绩效驱动的文化，转而支持在一个明确的战略或运营框架内以个人目标为重。领导者的任务是不断集中和整合他人的能量。OE对交付过程进行追踪、赋能、实施和协助。领导层可能要鼓励OE鼓起勇气，打破自己曾经建立的许多制度，不再过度规定人的关系在组织中的建立方式。领导者应该营造一种氛围，将所有行动的责任交还给充分整合的个人，这样就可以期望由冲突导致的投诉数量显著减少，自发、慷慨的支持行为相应增加。个人的责任感、价值感、诚信、学习与个人发展的机会，必然是个人在组织中生活的各个方面的核心。

3 建立一套衡量标准，让人们能用感知的方式准确地“看见”事物，而不只是用认知的方式分析数字。Sofi（影响圈）就是这样一种模型。如果说我们看见（理解、感知、判断）事物的方式，对我们的行为起到了关键的控制作用，那么捕捉感知就变得非常重要。这里所指的并不是饼形图和柱状图等可视化数据，真正需要的是映射和追踪。就像X光或fMRI那样，Sofi模型能捕捉动态的流动并将其冻结在时间中。与饼形图不同的是，它构建的不是一种呈现数字型数据的方式，而是一种捕捉感知的方式。

4 设计所有制度时，应遵循专业上称为“安全型依恋（secure attachment）”的原则。从组织角度，这意味着要让人们明白自己作为个体，是受到欢迎和尊重的，犯错时可以开诚布公，改正错误时可以获得支持。人们可以把工作看作是自己人生旅程的一部分，不断为组织贡献最好

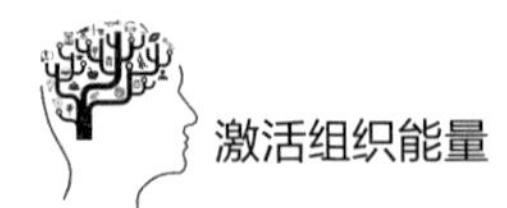

的自己。人们也都知道自己难免犯错，有时会让自己失望，有时也会让自己感到惊喜。英国军队中最优秀的军团处于最佳状态时，在各个层面上都证明了这一点。最好的战舰也是如此。信任造就了最强的战斗力，也促成了深刻的依恋。

5 开始意识到，利润是能量在系统中运用方式的体现。如果人们产生了适当的依恋，就将获得极为丰富的能量供给，让能量向外流为组织服务，而不是向内流进入生存模式。

6 对文化进行深刻思考。结构可以是非常多变的，从等级森严到完全扁平的“教练文化”。重要的不是设计，而是其运作方式带来的动力（dymamics）。

7 召开会议时，应遵循给人留出思考时间的原则。

8 开始践行以下理念：组织的长期可持续发展与工作中的喜悦有关。能量应向外朝着组织目标流动，而不是向内朝着个人保护流动。幸福是一种心境，并没有动机属性。喜悦是有感染力的，处处都能看到可能性。

9 考验边缘脑型领导者的问题是：“喜悦和信任在这里是否明显存在？”但是，边缘脑型领导者是不会允许喜悦和信任被考核的。它们太重要了，不能成为考核的焦点，这样做会系统性地摧毁它们。善良的人会知道喜悦和信任是否存在，也会创造需要创造的东西。

10 请记住，没有最终状态。人的关系永无止境地处于动态之中，各种业务活动都是持续不断的旅程。通过人与人之间信任关系调动起来的高能量，是无法买到的，只能是馈赠的。无惧组织能创造条件，让这种馈赠自由地发生，并让馈赠在投入使用时得到尊重；身处这样的工作环境，让人感到无比满意。

如果这就是无惧组织的总体设计规范，那么在现阶段的应用神经科学中，支撑这一规范的是什么呢？

纵观全书，我们把逃避/回避/生存性情绪与依恋性情绪不断对立起来，前者用能量来保护人，后者是能量向外流动，产生连接，具有创造性。恐惧植根于逃避、回避和生存。信任是依恋的核心。所以，在无惧组织的核心部分，有一个关于情绪如何驱动能量和动机方向的组织原则。关于这些基本过程，此前的组织理论从未如此清晰地阐明过。令人兴奋的未来，将取决于我们能否将这些知识融入组织实践，并从中受益。

大脑的生物学特性、神经化学结构，以及作为一种有效心智的运作方式（或没有被很好地对待，运作时就是无心智的）是所有商业活动的行为基础。我们的观点是，调动人的潜能——能量的最佳方式是在人与人之间创造条件，使之发生，然后聚焦产出。在为组织的战略和运营目标服务的过程中，管理成了一种释放能量的任务。这样一来，组织将不再损耗和浪费能量，不再造成应激障碍，不再让人感到绝望。相反，组织将激发和利用能量，享受能量的生产力，看到个人目标和组织目标如何实现一致，并使潜力自然发挥。

指导我们所有组织行动的，是每个人“看见”事物的方式。我们看待事物的方式，来自生活经验以及我们从中理解的意义——情绪创造感受，然后使经验依附于语言，创造出意义。从组织角度而言，这是男性和女性领导者都要承担的任务。我们也提出，他们可能需要更多的空间来用不同的方法工作，而迄今为止还没有实现。

这一切的核心是信任——消除恐惧的最佳解药。信任虽然容易受到恐惧的影响，但在安静的兴奋和喜悦的支持下，信任能创造出任何外在要求都无法实现的可能性和潜力，因为信任是个人对高质量关系的反应，信任能产生神经化学物质，维持所有身体系统的最佳状态，而恐惧则会系统性地腐蚀它们。

所以，当行为生物学进入了组织生活时，我们得到的启示是：关系对于可持续性是最关键的要素，而关系的关键在于信任。这正是无惧组织的核心所在。

参考文献

Ford, B（2002）*High Energy Habits: The busy person's guide to more energy*（*without diets or exercise*）, Pocket Books. Simon and Schuster, New York

Kline, N（2014）*Living With Time To Think: The god-daughter letters*, Octopus Publishing Group, London

Thich Nhat Hanh（2014）*Fear: Essential wisdom for getting through the storm*, Harper Collins, New York, available at: http://www.huffingtonpost.com/2013/02/01/thich-nhat-hanh-fear_n_2502265.html#slide=1613277 [accessed on 15 October 2014]

后记

自2014年年底我们将本书的手稿发给出版商之后，我们注意到了弗雷德里克·莱卢（Frederic Laloux）在其当年出版的《重塑组织：进化型组织的创建之道》（*Reinventing Organizations: A guide to create organizations inspired by the next stage of consciousness*）（Nelson Parker，Brussels，2014）一书中所做的杰出工作。在没有特别提到应用神经科学的情况下，莱卢发现并描述了组织如何以关系、信任和合作责任为基础，正在创造并践行21世纪新范式。他展示了如何使固定流程让位于多种可能，以及这对盈利能力的巨大益处。人的能量被释放出来并得以明智地利用而不是被浪费，工作模式则体现了以使命感作为组织存在的核心。这是他带来的一种新的观念，这也许和达尔文一样具有革命意义。两者皆始于不停歇地探询，继以严谨深入的研究。

倘若在写完本书之前就看到莱卢的书，我们可能会就此辍笔。而在我们写完之后才读到他的书时，我们获得的是一种发现的喜悦。阅读它，检验它，践行它。他与我们不约而同地描述了无惧组织的实时运作状态。我们和许多人一样，因他的发现所带来的喜悦而感到激动不已。应用神经科学作为一门新兴的学科，正在开始为人们之前的许多一知半解提供科学支撑，然后为个人经验重新设定基调，为认知奠定事实基础。通过莱卢的工作，在组织的各个层面上，我们可以开始看到官僚的绩效型文化正在终结，而有尊严的、真正的职业生态正在重新出现。人们再次发现，可以爱自己所做的事，做自己所爱的事。

Frederic Laloux

翔知羽白OD中心

Innovative OD Center (IOC)

翔知羽白OD中心（IOC）致力于成为最具中西创新融合的组织发展（OD）咨询和最专业的OD实践者的学习平台

我们的使命
Our Mission

将世界领先的组织发展理论和实践方法带到中国，为国内的相关从业者提供最专业的组织发展（OD）学习培养体系，并对融合了东西方智慧的本土OD创新技术率先进行探索和实践。翔知羽白OD中心为中国企业提供领导力提升和组织发展相关的咨询服务，助力组织战略有效落地，帮助组织快速适应外部变化并绽放出活力。

我们的愿景
Our Vision

成为最专业的OD实践者的学习平台和最具中西创新融合的组织发展（OD）咨询服务提供者。

我们存在的独特意义
Our Unique Purpose

催化新生态领导力和组织发展！

何谓新生态组织

新生态组织的企业家和领导者视组织为生命体，崇尚道法自然的理念，以假借修真的胸怀和修为引领组织可持续发展，焕发组织的使命感，激发组织中人的潜能，使之绽放生命的活力。

翔知羽白OD学院

翔知羽白OD中心与国际领先的组织发展研究中心及学院缔结了战略合作伙伴关系，并与多位组织发展领域的资深教授/顾问成为了长期的合作伙伴。自翔知羽白OD学院成立以来，不断把西方领先的组织发展课程及培训引入国内，并且在这个过程中生成了更多融合了东西方智慧的课程，形成了独具特色的翔知羽白OD学院，为中国OD专业人才的培养贡献了一份力量。

目前翔知羽白OD学院拥有包含OD核心专业能力、完形组织系统发展（OSD）、混沌复杂下的领导力和组织变革，OD实战等系列课程，助力HR/OD实践者和业务领导者提升组织发展的视角和能力。

翔知羽白OD系列丛书

本书由国际上深具影响力的顶尖专家张美恩（Mee-Yan Cheung-Judge）博士和琳达·霍尔比奇（Linda Holbeche）教授撰写，是一本实操性强且浅显易懂的书。它是为所有HR和OD实践者而写的。

对于刚刚进入相关领域的新手而言，本书提供了该领域发展、进化等方面的基础知识。

对于经验丰富的实践者来说，本书可以供他们回顾和实践相关领域的核心理论。

对于企业的HR来说，这本书的下半部分将向他们展示如何用OD和人力资源的方法工作。例如，可以使用组织设计来驱动业务和业绩增长。

无论你是经验丰富的实践者还是刚刚进入相关领域的新手，由于这本书包含了一系列理论、技巧和国际案例研究，都可以帮助你促动组织变革，指导你的OD实践。

组织变革常以失败告终是因为我们经常把目光聚集在变革的理性及显性面，而忽视了隐性的或非理性因素所拥有的巨大力量。众所周知，隐藏的议程、盲点、办公室政策、隐含的假设、秘密希望、请求及恐惧这些隐性的过程通常会影响变革的效果，但谁都不能提供一种处理这些隐性过程的可靠方法。

本书作者罗伯特·马夏克（Robert J. Marshak）曾在跨国企业及政府机构担任了近三十年的组织变革顾问。他在本书中确定了隐性过程的五个方面，为从根本上解释隐形过程提供了完整模型，本书还展示了判断您的企业是否存在隐性过程的技巧。《隐性过程》是一本容易理解而且实用的指南，它为掌握这些隐性过程，以及建立良好的组织环境提供了详细的工具及技巧。企业经营者、管理者及顾问都可以用它处理组织中遇到的难题。

21世纪，人们对大脑机制有了更深入的了解，脑科学的发展让我们了解了大脑如何掌控身体并塑造出每一个人。

本书有三位作者，保罗是组织神经科学教授和高管教练，琼是临床和组织心理方面的治疗顾问，而苏在公司中工作了多年，有着丰富的企业领导经验。三位作者在超过30年的时间里致力于研究大脑系统与心理生活，以及组织中的绩效管理之间的联系。本书通过脑科学研究揭示了恐惧在各个方面给个体带来的破坏性影响，分析了人际关系对大脑的影响，以及信任背后的生物学基础。信任是恐惧的最好解药，也是新型组织范式的内核。

领导和管理者通过阅读本书，能更加理解工作中人际关系的真正意义，从而有效调动组织和个体的能量，实现组织目标。本书希望管理者及人力资源工作者不仅把人看作生产者、执行者或生产力模范，而且把人看作拥有无限潜能的个体，让人的大脑能够被释放出来，用于追寻有意义的目标。正如后记中所言，有证据表明没有恐惧的系统能催生非凡的业绩，为企业带来健康的可持续发展。